あるくみるきく双書

田村善次郎・宮本千晴【監修】

宮本常一とあるいた昭和の日本

4

中国四国①

農文協

はじめに
――そこはぼくらの「発見」の場であった――

「私にとって旅は発見であった。私自身の発見であり、日本の発見であった。書物の中で得られないものを得た。歩いてみると、その印象は実にひろく深いものであり、体験はまた多くのことを反省させてくれる。」これは『私の日本地図』の第一巻「天竜川にそって」の付録に書かれた宮本常一の「旅に学ぶ」という文章の一節である。これは宮本先生の持論でもあった。近畿日本ツーリスト・日本観光文化研究所に集まる若者の誰もが幾度となく聞かされ、旅ゆくことを奨められた。そして「どうじゃー、面白かったろうが」というのが旅から帰った者への先生の第一声であった。一生を旅に過ごしたといっても過言ではないほど、旅を続けた宮本先生にとって、旅は面白いものに決まっていた。それは発見があるからであった。発見は人を昂奮させ、魅了する。

この双書に収録された文章の多くは宮本常一に魅せられ、けしかけられて旅に出、旅に学ぶ楽しみと、発見の喜びを知った若者達の旅の記録である。一編一編は限られた村や町の紀行文であるが、こうして地域ごとに集めてみると、期せずして「昭和の風土記日本」と言ってもよいものになっている。

日本観光文化研究所は、宮本常一の私的な大学院みたいなものだといった人がいるが、この大学院は学歴も職歴も年齢も一切を問わない、皆平等で来るものを拒まないところであった。それだけに旺盛な好奇心と情熱をもった多様な性向の若者が出入りしていた。『あるく みる きく』は、この研究所の機関誌的な性格を持った月刊誌であり、所員、同人が写真を撮り、原稿を書き、レイアウトも編集もすることを原則としていた。編集者もデザイナーも筆者もカメラマンも、当時は皆まだ若かったし、素人であった。公刊が前提の原稿を書くのは初めてという人も少なくなかった。発見の喜び、感激を素直に表現し、紙面に定着させるのは容易なことではない。何回も写真を選び直し、原稿を書き改め、練り直す。徹夜は日常であった。素人の手作りからの出発であったが、この初心、発見の喜びと感激を素直に表現しようという姿勢、は最後まで貫かれていた。

月刊誌であるから毎月の刊行は義務である。多少のずれは許されても、欠号は許されない。特集の幾つかに宮本先生の古くからのお仲間や友人の執筆があるし、宮本先生も特集の何本かを執筆されているが、これらは欠号を出さず月刊を維持する苦心を物語るものである。

『あるく みる きく』の各号には、いま改めて読み返してみて、瑞々しい情熱と問題意識を感ずるものが多い。それは、私の贔屓目だけではなく、最後まで持ち続けられた初心、の故であるに違いない。

田村善次郎　宮本千晴

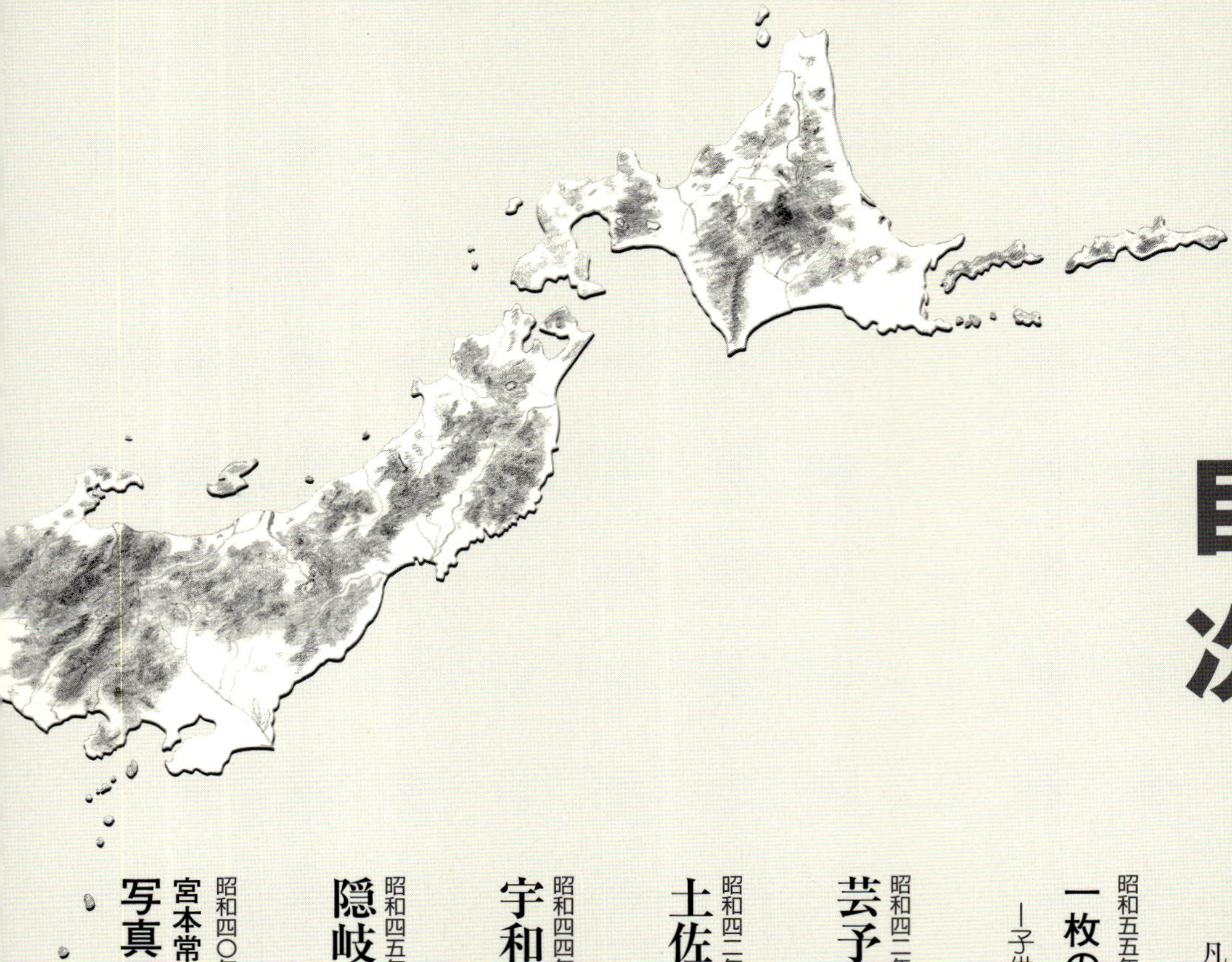

中国四国①

目次

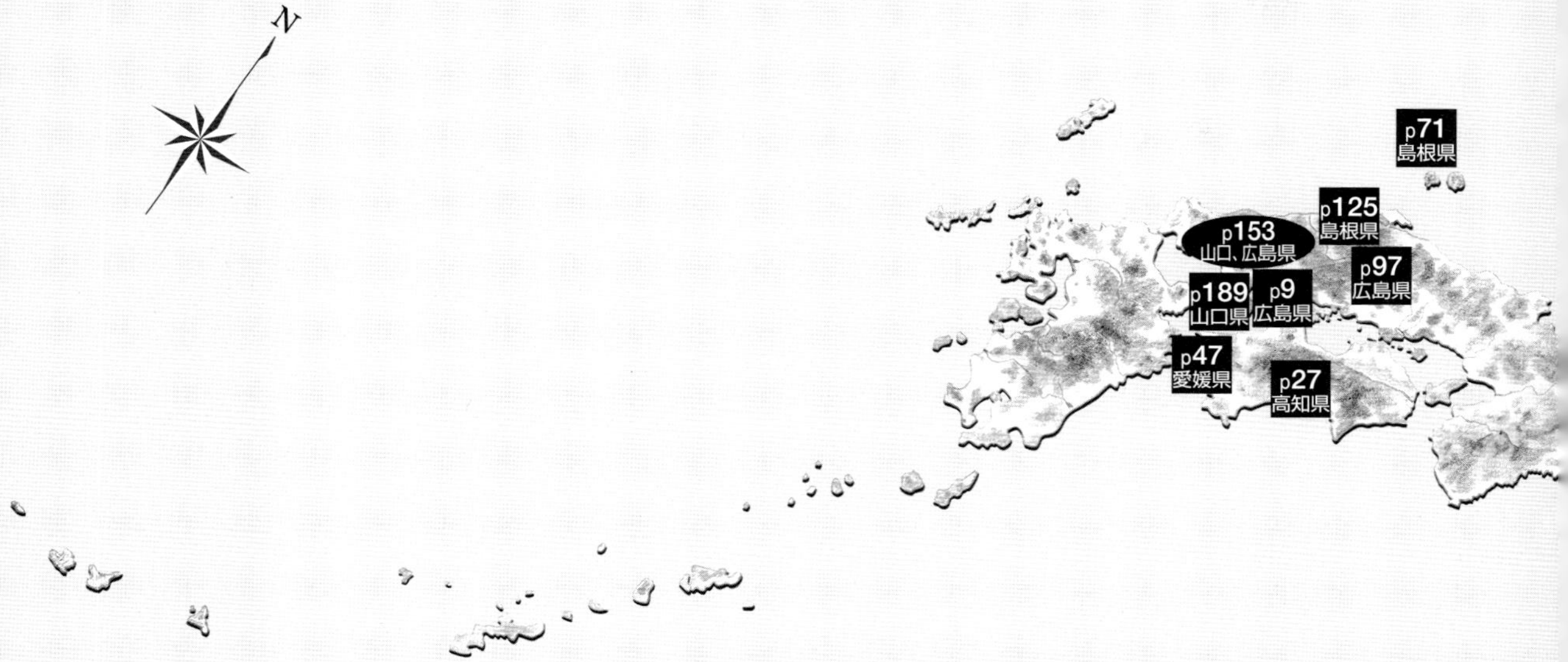
N
p71
島根県
p125
島根県
p153
山口、広島県
p97
広島県
p189
山口県
p9
広島県
p47
愛媛県
p27
高知県

凡例

○この双書は『あるくみるきく』全二六三号の中から、日本国内の旅、地方の歴史・文化・祭礼行事などを特集したものを選出し、それを原本として地域および題目ごとに編集し合冊したものである。

○原本の『あるくみるきく』は、近畿日本ツーリストが開設した「日本観光文化研究所」（通称　観文研）の所長、民俗学者の宮本常一監修のもとに編集し昭和四二年（一九六七）三月創刊、昭和六三年（一九八八）一二月に終刊した月刊誌である。

○原本の『あるくみるきく』は一号ごとに特集の形を取り、表紙にその特集名を記した。合冊の中扉はその特集名を表題にした。

○編集にあたり、それぞれの執筆者に原本の原稿に加筆および訂正を入れてもらった。ただし文体は個性を尊重し、使用漢字、数字の記載法、送り仮名などの統一はしていない。

○写真は原本の『あるくみるきく』に掲載のものもあれば、あらたに組み替えたものもある。原本の写真を複写して使用したものもある。

○掲載写真の多くは原本の発行時の少し前に撮られているので、撮影年月は記載していない。

○写真撮影者は原本とは同一でないものもある。

○市町村名は原本の発行時のままで、合併によって市町村名の変わったものもある。また祭日や行事の日の変更もある。

○日本国有鉄道（通称「国鉄」）は民営化によって、昭和六二年（一九八七）四月一日から「ＪＲ」と呼ばれる。『あるくみるきく』はほとんどが国鉄当時の取材なので、鉄道の路線名・駅名など国鉄当時のものが多い。民営化によって廃線や駅名の変更、あるいは第三セクターの経営になった路線もあるが、それらは執筆時のままとし、特に註釈は記していない。

○この巻は須藤功が編集した。

一枚の写真から

宮本常一

—子供の領分—

鳥取県佐治村。昭和49年（1974）9月　撮影・須藤　功

思いおこしてみると、昭和二十年（一九四五）以前には子供たちの間に実に豊富な遊びがあった。その遊びも年齢に応じ、また四季のうつりかわりに添うて展開していった。まず正月には追羽根つき、凧あげ、コマまわし、穴一《あないち》などがあり、春になると生育してくる草木を利用した遊びが多かった。女竹《めだけ》を利用した杉デッポウ、紙デッポウ、苦竹《にがたけ》を利用した石ハジキ、竹トンボをはじめ竹刀などがあり、竹馬や水鉄砲もある。そのほか草を利用した遊びも多い。夏は春の延長であるが、水遊びがふえてくる。笹舟・刳舟《くりぶね》・水車・水唐臼《からうす》などをはじめ、貝をほり、魚をとり、日も足らぬほど遊ぶことが多かった。秋になると遊びはさらに多くなる。栗ひろい・柿とり・茸とりをはじめ野に山に子供の心をひくものが多かったのである。

そのほかまりつき・ボール投げ・輪まわし・鬼ごと・

陣取り・ネッキ・バイまねし・ベッタ（メンコ）・かくれんぼ・盲鬼などかぞえあげれば際限がないほどあった。そしてそれらは一人で遊ぶものは少なくて大てい仲間を作って遊んだ。多くは同年輩の者で、勝負ごとなどは年長者が加わると、その人に勝を独占されてしまうから、ほぼおなじような仲間で遊ばざるを得なくなる。

ここに見られるコウコ（メンコ）などは勝負をともなう遊びの一つで、子供にとっては魅力あるものの一つである。コウコは他の地方ではベッタといっているところが多い。私の生れは周防大島であるが、そこではパチンコといっていた。パチンコにはまるいものと四角なものがあり、四角といっても長方形で、表に絵が描いてある。明治時代の終り頃までは四十七士をはじめ、武者絵が多かった。その四角な札が明治の終り頃からまるいものになっていったようで、その頃から武者絵ばかりでなく軍人絵が多くなる。遊び方は仲間の一人一人が一枚ずつベッタを出して地上におき、ジャンケンでベッタを打つ順番をきめる。そして順番にあたったものが、自分のベッタを他のベッタのそばへたたきつける。そのあおりで相手のベッタがひっくりかえることがあり、あるいは相手のベッタの下へ喰い入ることがある。そんなとき、ひっくりかえったもの、すくわれたものはとられてしまう。するとと持っているベッタを出して補わねばならぬ。

上手なものになると実に上手に相手のベッタをひっくりかえすことができる。しかし下手だとひっくりかえすことができない。ひっくりかえすことができないときは一回だけでおしまいになるが、相手のベッタをひっくりかえした場合にはつづいて次のベッタを攻撃することができる。年少で腕に力のない者はベッタをとられてしまうことが多いが、それでも親にせがんで買ってもらい、できるだけ自分より弱い者をえらんで勝負する。上手な者になると次々にベッタをとって何十枚というほど持っている者があるが、そういう子供はたいていおおらかで、弱い者に何枚か返してやる。返してやるというのではなくて「貸してやる」という。貸してもらっても返すことはほとんどない。そのようにして兄貴分らしいほこりを持つことができる。

私の子供の頃にはベッタ仲間が四人ほどあった。その中で私が一番弱かった。そしてたいていとられてしまう。実は仲間の一人に強いのがいて、彼にかかるとまけてしまう。だから彼には頭があがらない。ところがよくしたもので、私は学校では学課の成績がよい。そして彼にむずかしい字のよみ方や算術のやり方を教える。その点では彼に尊敬されている。人はそれぞれすぐれたものを持っているもので、二人はそのために大変仲がよかった。

小学校も高等科へゆくようになると、もうベッタはしなくなる。それで何かあたらしい遊びがしたい。あるとき、仲間たちと中学生が野球の試合をしているのを見にいった。そしてすっかりおどろいた。こまかなルールがあって、それを守りつつ競技をおこなう。ほんとに感心して自分たちもやってみようということになってチームを組んだ。ところが球を投げても思うところへいかず、またうけとめることができなくてするっと後へぬけてしまう。そこでキャッチボールの練習をしなければいけないということになってそれをはじめた。すると学校中でキャッチボールが盛んになった。用いるボールは硬球ではなかったが、ゴムのかなり硬いものであった。それを素手でうけると手が痛み、時には突き指をすることがある。ミットもグローブもない。ところが、ベッタの大将には町の方によい叔母がいて、その叔母にミットを送ってもらった。ミットを持っているのは彼だけで、彼は見る見るうちに捕球が上達し、チームの捕手になった。

私は運動神経がまるで発達していないので彼から「おまえは駄目だ」とチームからはずされてしまって応援団長になった。彼は捕手で主将である。ユニホームなども作ってまことにさっそうとしてきた。そして学校の中では私たちのチームが一番強くなった。そこで他校へ試合を申し込むことになった。その頃大きな小学校には野球チームができかかっていたから、放課後偵察にいって相手の力量をしらべ、あまり強くないようだと試合を申し込むのである。そういう渉外事務は私がとる。そして応援団を組織して乗り込んでいく。

はじめのうちは大いに成績をあげていたのだが、相手がだんだん強くなってきて、なかなか勝てなくなった。時には中学生グループと試合することがあったが、これには到底勝てなかった。それでもチームを作って一年あまりたった頃にはみなユニホームをつくり、ミットを持ち、バットも木を削って作った手製のものではなく、買い入れたものになって来た。

そしてベッタ仲間は四人であったが、野球仲間は九人にふえた。その九人の中に町から来た少年がいた。彼は身体がよわくて療養がてらに村へ来ていたのであるが、元気のいい子供たちが、彼を他所者というのでよくいじめていた。そこで私たちの野球チームの仲間にしてセンターを守ってもらうことにした。彼はユニホームもミットも持っていた。彼がわれわれの仲間へはいると彼をいじめる者はなくなった。同時にぐんぐん元気になって一年たらずで町へかえり、中学校へはいった。一年たらずの田舎の生活が彼の生涯の心の支えになったようである。

ベッタ仲間の四人は私を除いてみな死んだ。野球チームに加わった後の五人のうち、四人までが死んでしまって、いまは私のほかもう一人しか残っていない。戦争が私たちの仲間のいのちをちぢめさせたようである。

子供たちの遊びの中にはそれぞれの歴史がある。この一枚の写真の中にこの子供たちのあたらしい歴史がはぐくまれていることを祈ってやまない。

僕がメンコを勝ち取った。群馬県片品村。昭和42年（1967）10月　撮影・須藤　功

アビ漁で獲った鯛

芸予叢島

文　姫田忠義

写真　相沢韶男

アビ漁の海と漁船

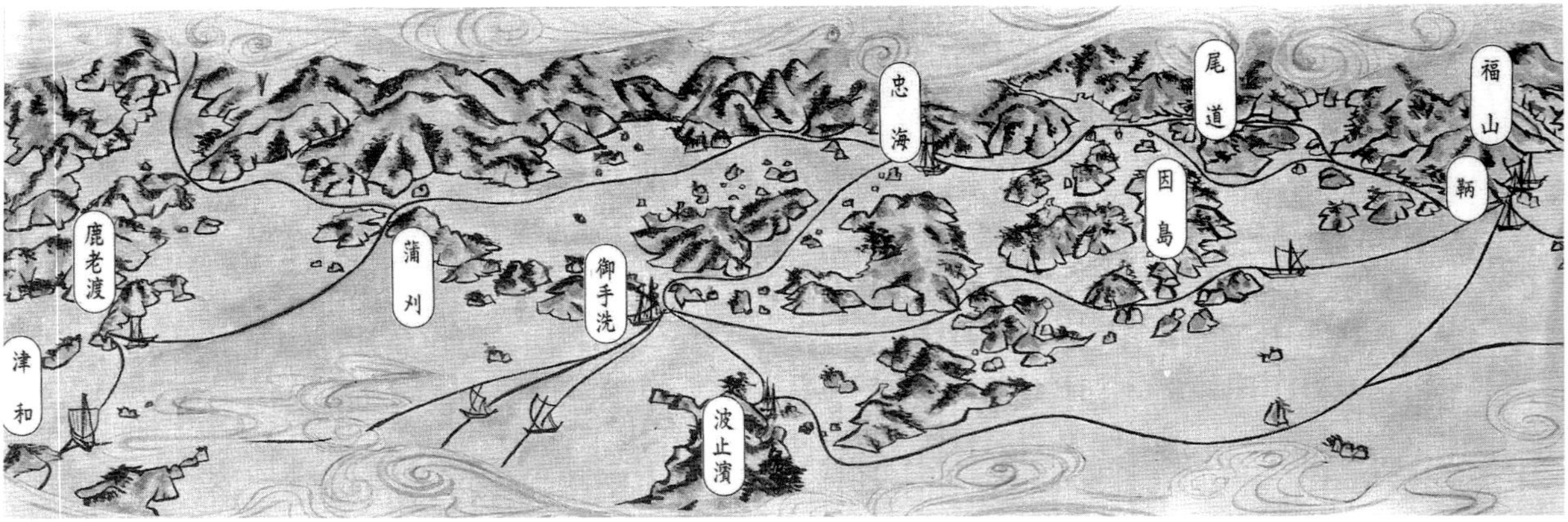

江戸時代の主要航路

海賊のふるさと芸予《げいよ》叢島《そうとう》へ　瀬戸内海には島が多い。大きい島、小さい島、かわいい無人島などあわせて七一〇。島の多さが、この海の風光に独特のやわらかさと美しさをあたえている。

今はほとんど裸同様になっている瀬戸内海の島々は、かつては昼なおくらい原始の木々におおわれていたという。そのおもかげは、たとえば芸予叢島の大三《おおみ》島にある大山祇《おおやまづみ》神社の境内などにわずかにのこっているが、そういう木々におおわれた島々の姿は、今では想像できないほど神秘的なものであったにちがいない。

古代の人は、島を神のいますところ、というより神そのものの姿とあがめた。そして瀬戸内海は、全体が一つの広大な神域とおもい、えがかれていた。

東西の長さ約四四〇キロ、南北の幅の最もせまいところで五キロ、広いところで五五キロという細長い内庭のようなこの海はまた、古来、人と文化の往来のはげしい天然の道路であった。あるいは遠い南方の島々から、あるいは朝鮮や中国大陸からとうとうと流れこんできた古代以前からの人と文化は、すべてこの海を通って日本の中央部（大和地方）に達した。七百余の島々は、天恵の航路標識であった。

もちろんこの内庭のような海にも突風がふき、船をくつがえすこともあった。また島々のかげにひそむ暗礁が船底をかみくだくこともあった。けれど怒濤逆巻くおそろしい外洋をわたってきた人と船にとって、何といってもこの海はやさしい平和な水路であった。島を神と見、瀬戸内海を一大神域とおもいえがいた人々の心のなかには、おそろしい外洋での苦難の記憶がまざまざとのこっていたのではないだろうか。

中世にはいると、にわかに荒々しいざわめきがこの海におこってくる。勇猛果敢な瀬戸内《せとうち》海賊の登場である。静かな島かげから、突如はやてのようにおそいかかってくる海賊船の群れ。彼らは、後には遠く南支那海の彼方にまでのりだしていく。いわゆる和寇であり八幡船《ばはんせん》だが、この海賊たちが最も多くたむろしていたのがこれから訪れる芸予叢島であった。

広島県福山市の海岸にある鞆《とも》から西、広島湾にかけての沖合いの島々をふつう芸予叢島といっているが、ここは瀬戸内海でも最も多くの島が密集している水域である。旅する船はどうしてもこの島々の間のせまい水路を通らねばならなかった。船人たちにとっては魔の水路であり、海賊たちにとっては絶好の活動舞台だったのである。

はるかな時代の海賊たちに思いをはせながら、瀬戸内海のなかでも最も瀬戸内海らしい光景をもつこの島々のあたりをあるいてみよう。

島への渡船口

この島々への渡船口はいくつもある。広島県では東から鞆、尾道《おのみち》、三原、忠海《ただのうみ》、竹原、仁方《にかた》、音戸の瀬戸、呉、広島。四国では香川県の多度津《たどつ》、愛媛県の今治《いまばり》など。

主な島々の名前をあげておこう。東から田島、横島、百《もも》島、加島、向《むかい》島、岩子《いわし》島、因島《いんのしま》、弓削《ゆげ》島、生名《いきな》島、佐島、赤穂根島、岩城島、生口《いくち》島、佐木《さぎ》島、小佐木島、高《こう》根《ね》島、津和《つわ》島、伯方《はかた》島、大三《おおみ》島、越智《おち》島、大崎上島、大《おお》下《げ》島、小大下島、岡村島、大崎下島、豊島、上蒲刈《かみかまがり》島、下蒲刈島など。このほかにも人の住む小島は多く、さらに小さな無人島も多い。

福山

あるく順序も東の鞆からはじめたい。山陽線福山駅からバスで約三〇分。ここからは多度津、尾道へひんぱんに船がでる。尾道への船旅の途中に田島、横島、百島、加島などがある。

鞆へのバスの起点である福山駅の近くには、駅のすぐそばにそびえる堂々たる福山城をはじめ、平安時代初期から鎌倉時代にかけてのすぐれた仏像や建造物をもつ明王院などぜひ見ておきたいものがある。

明王院へ寄ったら、すぐ前を流れる芦田川の中州に目を注いでほしい。今はただ萱などのおいしげる荒地にすぎないこの中州あたりは、平安時代末期から鎌倉、室町時代にかけて非常ににぎわったといわれる「草戸《くさど》千軒《せんげん》」の跡である。芦田川の川口から数キロさかのぼった地点にあるここは、背後の平野や島々の産物を集散する市場町であるとともに朝鮮や中国ともつながる重要な港町であったが、度重なる芦田川のはん乱のために水没をくりかえし、すでに江戸時代にはこの地点から完全に姿を消していた。ごく最近の発掘調査で実際に存在した町であることを確かめられたが、それまではただ名前が伝えられているだけの幻の町になっていたのである。

「草戸千軒」は、いわば今の福山市発祥の地であり、しかも千軒の家並みでにぎわうといわれたほど繁栄した町であった。すぐれた国宝や重要文化財をもつ明王院も、この町なくしてはなりたたなかったはずである。にもかかわらずわずか二、三〇〇年の間にここが幻の町と化し、その実在をもうたがわれるようになったということは、一介の旅行者にすぎないわたしたちにも何か強い感慨をもよおさせる。川という自然の力のもつ力の大きさにくらべて、何と人間の歴史のはかないことか。そういう思いが強くなればなるほど明王院や福山城など長い年月にたえてのこってきたものの姿が貴く、いとおしく思われてくる。

鞆《とも》

「草戸千軒」の南で芦田川をわたった福山駅からのバスは、ほぼ真南にむかって走り、鞆の港につく。

鞆港の背面の山を走るスカイラインからの眺望はすばらしい。眼下に点在する仙酔《せんすい》島、つつじ島、皇后島、弁天島、玉津島、津軽島などの小島。それによりそうようにさらに小さい無人島の群れ。雨にけむる姿もよし、朝

古いたたずまいの鞆の港

日をうけたシルエットもよし。やさしく、おだやかな島と海のひろがりが旅行者の心をなごませる。「日東第一の景勝」と絶讃した江戸時代の朝鮮使節もあった。

美しいこの海に悲しい伝説がのこっている。弁天島（別名百貫島）の頂上にたつ苔むした〝海人の石塚〟にまつわるものである。

多分、平安時代のことであろう。近江の国の武士が安芸の宮島に参拝の帰途、鞆にたちよった。船が弁天島をすぎるころ、船ばたにたっていた武士は、周囲の景色があまりに美しいので思わず讃嘆の声をあげ、その途端に手にしていた家宝の刀を海中におとしてしまった。武士は、鞆の漁師たちに刀をひろってくれるように懇願したが、漁師たちは誰も引受けなかった。この海にはフカがすんでいたのである。それを知らない武士は怒り、漁師たちをののしった。身よりのない一人ものの若い漁師が名のりでて海にもぐった。そして刀をひろって浮きあがり、船ばたで待つ武士に手わたした途端、追いすがったフカに下半身をくいちぎられ、再び海にしずんで上がってこなかった。思わぬできごとに仰天した武士はおのれの無知を恥じるとともに若い漁師の勇気に深くうたれた。そして百貫の金をなげだして十一重の石塚をつくり、若い漁師の霊をとむらったという。この悲しい伝説の海は、今は有名なタイ網の漁場である。

鞆の港をあるいてみよう。

江戸時代にきずかれたという長い石のガンギ（船を横づけにするための石段）、その突端にたつ巨大な石灯ろう。大名たちが参勤交代の途上の宿にしていた本陣。軒をつらねる古い商家。そのところどころに、鞆の名物である保命酒の看板が目につく。店先をかざる古風な保命酒の樽。ここに立寄った昔の船のりたちに最も喜ばれた一種の地酒である。

「港々に女あり」。町並みの端に古い遊廓の一部がのこっている。昔の気配をかすかに感じさせるシトミ格子や二階の手すり。だが、せまい路地をはさんでならぶこれらの家々は意外に小さい。がっしりした商家の表構えや土蔵の立派さとは対照的である。ものの本によれば、この鞆の遊廓は瀬戸内海屈指の繁栄ぶりだったという。けれど、たとえば大崎上島の木之江（現木江）にのこる三階建の旅館や遊廓、あるいは大崎下島の御手洗《みたらい》にのこる大名屋敷のような門構えの遊女屋にくらべても鞆のそれはひどくささやかに見える。

　鞆は近世以前から活躍した港。御手洗や木之江は近世、ことに徳川時代のなかごろ以降栄えた港。その時代の差が、遊廓のたたずまいのちがいになっているのであろう。

尾道には由緒ある古刹が多い。

尾道

　鞆から尾道へでる。船で約一時間二〇分。すぐ目の前によこたわる向島《むかい》が天然の防波堤になっている尾道の港は、鞆や「草戸千軒」よりも古く、瀬戸内海でも最も古い港の一つである。今は、因島《いんのしま》や生口島《いくち》、大三島《おおみ》など芸予叢島中心部の島々や、四国の今治への定期船で港は終日にぎわっている。海のターミナルという言葉がぴったりする港である。

　山が海にせまっているため尾道にはほとんど平地がない。そして急な坂道が多い。迷路のようにまがりくねった坂道からは、たえず港が見える。そしていたるところで古い大きなお寺にぶつかる。最盛期の江戸時代にはその数八一（現在は二五）。こんなせせこましいところにどうしてこんなにお寺が多いんだろう、そう誰しも首をかしげたくなるほどである。

　尾道は西国一の寺の町。その最も古いのは、港からも見える浄土寺である。奈良時代のはじめごろ（七世紀）、難波の四天王寺や大和の法隆寺などとともに聖徳太子の発願によって建立されたという。難波や大和から遠くはなれた尾道に、こんなに古く、由緒あるお寺が建てられたということは、ここが瀬戸内海中央部の大事な港だったからであろう。日本の国家形成に大きな役割をはたした奈良時代の遣隋使、遣唐使、遣渤海使《ぼっかい》などの船は、すべてこの港にたちよったのである。

「ぬばたまの　よはあけぬらし　たまのうらに　あさりするたづ　なきわたるなり」（万葉集一五　三五九八）

　尾道の夜明けをうたったといわれる遣唐使の歌だが、長い、厳しい船旅にあけくれる人々にとって、美しい松のみどりに映えるこの尾道の海がどんなにいとおしく、わすれられないものであっただろう。

鎌倉時代の初、尾道の奥にある大田庄《おおたのしょう》が高野山領となり、尾道に高野山へおくられる物資の倉庫がつくられ、港はいよいよ栄え、寺はますます多くなっていった。西国寺、千光寺、光明寺、西郷寺、常称寺、天寧寺……。西浄土寺に次いで古い西国寺にはおもしろい古文書がのこっている。武士の入部を禁じる、つまり武士が町へはいってきてはいかんという町衆の強い意志をあらわす記録である。港の繁栄によって巨万の富をきずいた尾道の町衆（商人）は、それを実行できるだけの勢力をもっていた。町に武士がいなければ、彼らの勢力争いである戦乱にまきこまれることは、ない。尾道は太平を謳歌し、おびただしい数の寺をつくり、後世に伝えた。港町特有の世知辛さをもちながら、どことなく悠長な尾道人の気風もそのなかから生れた。

「巷にくれば憩あり　人間みな吾を慰めて煩悩滅除を歌うなり」

尾道をうたった林芙美子の歌である。

因島《いんのしま》

陸の港の話にかまけて島へわたるのがおそくなった。けれど島を知るには陸を知らねばならない。島は島独自の運命を生きてきただけでなく、たえず陸の運命とかかわりあいながら生きてきたからだ。そしてこの両者の運命は、往々にして皮肉な陰陽の関係とうつる。たとえば繁栄する尾道の港を見下す向島の山の上には、瀬戸内海賊のなかで最も勢力のあった因島村上氏の山城があり、向島のすぐとなりの因島にその本城があった。尾道と因島、繁栄する港町と海賊。その対照は皮肉であり、暗示的である。

尾道から因島まで船で約二〇分余り。島の東側につけてまわる東まわり航路と西側をつけてまわる西まわり航路がある。島の中央部にある中庄《なかのしょう》が因島村上氏の本拠地であった。

今は海への出口が干拓によって閉ざされ、山にかこまれた盆地のようになっている中庄は、もとは海から大きくいりこんだ入江の奥であった。多くの海賊船がひそむにはうってつけの場所であり、一番奥まったところにそびえる青影山の頂上に因島村上氏の本城があった。その城趾に立てば向島などまわりの島々や尾道方面、それに四国の山々まで見ることができる。

中庄部落の北側の山あいに金蓮寺《こんれんじ》というお寺がある。因島村上氏の菩提寺だが、この寺の門前にある史料館には、如何にも海賊のものらしい帆立貝型の前立てをもった冑《かぶと》や鎖かたびら式の鎧など因島村上氏ゆかりの品々がおさめられている。また海での戦法を記した水軍戦法要領もあり、日露戦争の日本海海戦で用いられた丁字型陣形はこの村上氏の海賊流戦法に学んだといわれている。それほど因島村上氏は実力が高く、百戦錬磨のつわものだったのである。

この因島村上氏は、南北朝時代に活躍した村上三郎左ヱ門義弘にはじまる。義弘は、讃岐の塩飽《しわく》海賊とともに瀬戸内海賊のなかでも最も古い歴史をもつ伊予の河野氏の一門で、もとは伊予の能島《のしま》に居をかまえていた。因島はその分家で向島や因島、横島などをも領有し、鞆附近

因島にある村上家の墓

にも多くの分家をだすほどの勢力にのしあがるとともに、遠く東支那海の彼方にまでのりだしていく和冦のはしりにもなった。

「武士の入部を禁ずる」ほどの実力をもった尾道商人と、和冦の先達となり中心勢力となった因島村上氏の顔合わせは、わたしたちに深い興味を感じさせる。陸に生きるものと島に生きるものとの運命のわかれ方が、これほどはっきりと感じられたことはないからだ。

生口島《いくち》

因島の西、最短距離で一二〇メートルという至近の位置にある生口島は、鎌倉時代以来、瀬戸内海で活躍した商船団瀬戸田船、生口船の根拠地で、領主小早川維平は朝鮮との貿易によって内海の王者となった。小早川氏は、鎌倉時代のはじめに地頭として関東から下ってきた武士団で、下ってきた当初は安芸の国沼田《ぬた》庄（今の本郷附近）におちつき、海賊鎮圧の任務を負い、竹原、三原、そしてその沖の島々へとしだいに勢力をのばしていった。生口島、佐木島、高根島、大崎上島、大崎下島、豊島などがそうで、これはちょうど因島村上氏やその一族である能島村上氏、来島《くるしま》村上氏などの支配する島々を西北からガッチリとおさえる位置にあった。

海になれない関東武士と伝統的な伊予海賊とのはげしいつばぜりあい、そういうスリルにみちたドラマが静かな島々に展開されていたのである。

生口島の北端、瀬戸田の港を見下す山の中腹に向上寺の三重の塔（国宝）がある。この朱塗りの塔は、壮麗である。室町時代のはじめ（永享四年）小早川信元と信昌によって造立。その資金は、おそらく対韓貿易によってえられたものだろうといわれている。

藤原純友が塩飽海賊などをひきいてあばれまわってい

た平安時代ならともかく、もうこのころの瀬戸内海賊は、ただ近くを通る船を掠奪したり通行料をとったりするだけではなく、自ら朝鮮や中国へでかけていって貿易する力をもっていた。小早川、村上、あるいはもっと大きな陸の勢力である讃岐《さぬき》の守護細川氏や周防《すおう》の守護大内氏などがそうで、和冦も実は掠奪と貿易の両面をもっていたのである。そしてそういう貿易の利益の大きさは、たとえば「売買の利、百千倍」とまでいわれ、それを獲得するために各海賊や豪族ははげしくあらそった。ことに瀬戸内海の二大勢力である大内氏と細川氏は応仁の大乱以後敵味方となり、そのあらそいは激烈で、瀬戸内海の西の出入口をおさえる大内氏は、朝鮮、ことに明（支那）から貿易品を満載してかえってくる細川氏の船をねらいうちして積荷をうばった。そのため細川氏は、明から九州の南端、土佐沖、紀伊水道、堺へとたどる全く新しい航路を開発しなければならないほどであった。それは、後に日本人の南方発展に大いに役立った航路だが、瀬戸内海航路とはくらべものにならないほど危険なものであった。

生口島の御寺十三重塔

美しいなかにもどっしりとした腰をすえた強さを感じさせるこの三重の塔からは、はげしい生存競争にまけないとした当時の人のねがいがひしひしとつたわってくるようである。

向上寺が朝鮮貿易によって栄えた瀬戸田を象徴したのに対して、今日の瀬戸田の繁栄に貢献しているのが耕三寺である。前者が繁栄の所産であるのに対して、後者は繁栄を生産したのである。普通なら、今はさびれて見るかげもないはずの島の港に、一年間七〇万人の観光客がやって来る。耕三寺は大衆にわかりやすい。美しくてまとまっている。しかもこの寺を個人が建てた。寄付金ではなくて拝観料で内容を充実していく。京都や奈良の寺々のように先祖の遺産をわがもの顔にして食いものにしているのではなく、自分で造り出して自分で成長している。そこには大衆との対話がある。ウソと思うならいってごらんなさい。日本中の坊さんにこの企画性と大衆性があったら、日本の仏教は今でもきっと栄えているに違いない。昔だってこんなにはなやかな宗教はなかったのだから。この寺は坊さんの緋の衣、金らんの袈裟をそのまま建物にしたような寺である。しかも生き生きしている。

向上寺のある瀬戸田からバスで約四〇分、生口島の南部に、ふつう御寺《みてら》の名でしたしまれている光明坊というお寺がある。そしてその本堂の庭前に、向上寺三重の塔とは対照的に立姿のすらりと美しい高い十三重の石の塔がある。高さ二丈八尺。永仁二年（一二九四）の秋、忍性菩薩という坊さんによってたてられたという。

　永仁二年といえば、二度目の元寇があってから約一〇年後（向上寺三重の塔がたてられる約一三〇年前）日本中がまだ元寇のショックから立ちなおれないでいるころであった。元寇の戦いでは、この瀬戸内海からも多くの人たちが出陣し、死んだ。この十三重の石塔は、その死者の霊をとむらうためにたてられたものだろうか。もちろんこの石塔建立の直接の理由は伝わっていない。忍性は大和の人、西大寺の叡尊について学んだ真言律宗の名僧で、奈良から尾道に来てさらにこの島にわたっている。北条時頼にまねかれて鎌倉に移り極楽寺を開基した。

　本堂の縁に立てば、この石塔ごしに明るくひらけた海が見える。そのむこうに岩城島や伯方島などがあるにもかかわらずこのながめはひどくのびやかである。瀬戸田は、すぐ鼻先に佐木島《さぎ》があったためひどくせせこましく、せっかくの向上寺三重の塔の姿もまわりにおしつぶされそうな気配もあった。その点この御寺のあたりは、遠い奈良時代に行基菩薩によってひらかれ、かつては広大な伽藍と七坊の末寺があったといわれるほどのひろさといい雰囲気をもっている。山門から海に向って真直ぐにのびている幅二間、長さ三町の参道は、せまい島のなかではふつう考えられない大道だ。長野の善光寺さんのよりもええ道じゃ、土地の人はそう言って自慢する。

　寺内にのこる後白河天皇の皇女、如念尼公やその侍女松虫、鈴虫の墓。庭にのこる巨大な白檀の老樹とそれにまつわる法然上人の伝説など、しみじみとした雰囲気がただよっている。

　因島とはちがって、この島には海賊に関してそのものズバリの遺物などがない。けれどその背景になったものはちゃんとある。塩田である。

　瀬戸内海の島々に人が住みつくようになった一番大きな理由は塩をつくることであった。ことに海賊の島とい

生口島の「お大師講」

生口島の流下式塩田

われるようになった島々は花崗岩質のために砂浜が多い。そこで塩田をひらき、各地に塩を供給した。因島など最も古い塩の庄園であったし、生口島も塩の産地として早くから知られていた。生口の人たちは塩をつくるばかりでなく、内海の各地に塩浜をつくってあるいた。

大三《おおみ》島

生口島のすぐ西の大三島は愛媛県に属する。生口島も、大三島の西の大崎上島も広島県だから、ひとり大三島だけが他県のなかへグイと頭をつっこんだかたちになっている。大三島と伊予（愛媛県）との古い歴史的なつながりが、明治以後の新しい行政区分ではどうしようもなかったのであろう。とにかく大三島は、淡路島、小豆島、周防大島に次ぐ瀬戸内海で四番目に大きい島で、しかも古く、ぼう大な歴史をかかえている。

生口島の瀬戸田から大三島の東岸・瀬戸港へ約三〇分。井之口港へはもっと近い。井之口港から島を横断した西岸の宮浦に有名な大山祇《おおやまづみ》神社がある。宮浦、井之口、瀬戸をバスが一時間ごと位につないでいる。

島にこんな立派なお宮さんがあるのか、はじめてきた人は誰でもそう驚くにちがいない。全くその通りで、石の大鳥居から見る境内の奥は、うっそうとした原始林の趣きである。樹齢三〇〇〇年という楠の超老木が正面に腰をすえ、以下古く、大きく、それぞれに風格をそなえた木々がならぶ。

かつて瀬戸内海の島々は、こういう深い原始の森におおわれた神秘的な相をもっていたという。その木々をきりたおし、島を裸にしたのは人間であった。生きんがために塩をつくり、その塩をやくために木をきった。それは、今日からは想像もできないほどの木の量であった。この神社の神域は、島に人が住みつく以前の姿をしらせてくれる。

木々の奥に質素でしかも重厚な拝殿と、それとは対照的にせんさいでしかもけんらんたる造形美、様式美をもつ本殿がある。そしてこの本、拝殿から向って左前方の立木の外に、おびただしい数の武具類を納めた国宝館がある。

日本古来の武具である甲冑、刀剣は、また日本独得の古美術品である。たとえばうすい鉄片を美しく染めた糸でつなぎあわせた日本の鎧は、鉄片を蝶番《ちょうつがい》でつなぐ西欧や中国風のものとは非常にちがったせんさいさと優美さをもっている。また独特の反りをもつ日本刀は、それぞれのものが美の対象でもある。その刀剣、甲冑類が約千余

村上水軍の冑。因島・金蓮寺

点。ことに日本にある国宝級、重要文化財級の甲冑の約八割がここに集まっている。平重盛や源頼朝の甲冑、源義経が壇の浦の戦いで着用した有名な八艘とびの甲冑、あるいは平安時代の女性用の鎧など。また刀剣では、古代の直刀から反りのある日本刀にかわりはじめた平安時代なかごろのものや、刃わたり一九二・五センチという想像を絶する大太刀や武蔵坊弁慶のなぎなたなど武具の歴史を知るうえでも全くすばらしい品々である。

この神社の祭神・大山祇命《おおやまつみのみこと》は、もともと鹿児島県の吾田《あだ》郡吾田村にまつられていたものだという。子孫の吾田氏が命《みこと》を奉じて神武東征に従軍し、一たん河内の国におちついたが後に摂津の国へうつり、吾田氏の子孫乎知命《おちのみこと》が伊予の国造《くにのみやつこ》に任命されたとき大三島にまつられたと伝えられている。瀬戸内海の中央にデンと腰をかまえたこの島の位置と、氏子である河野氏（河野水軍とか伊予海賊とよばれる）の活躍によって大山祇神社の名声はたかまり、瀬戸内海の海賊たちはもちろん瀬戸内海賊を通じて中国、四国、九州をおさえようとした源氏以下の権力者たちの非常な尊崇をあつめたのである。おびただしい数の奉納武具類はそのあらわれであった。

大山祇神社は、一見武神や戦さの神に見える。けれど江戸時代の有名な俳人・松尾芭蕉は、はじめて松島（宮城県）の風景に接したとき、「まことに大山祇の神のなせるわざにや」と讃嘆したという。ということは、芭蕉は大山祇神をたんなる軍神や戦神と考えていなかったことになる。軍神や戦神が松島をなした（つくった）など珍妙な話になるからだ。松島をつくったのは天地創造の神とでもいおうか。大山祇神はそういう神だということになる。事実この神社に伝わる古式ゆかしい祭事儀式にはそういう性質が濃厚である。旧一月七日に行なわれる生土祭は、神社の後方にそびえる安神《あんじん》山麓の赤土と榊をいただいてくるもので、日本全国に共通の自然神崇拝である。また旧五月五日に盛大な御田植祭が行なわれ、御田植角力とよばれる一人角力が奉納されるが、これは稲の精霊と角力をとり神をなぐさめる意味をもっている。大山祇神の故郷である薩摩はもちろん、はるかその南方のインドネシアの島々を連想させる稲の予祝行事である。

旧八月二十二日の産土《うぶすな》の大祭は、かつては伊予国（四国全土）の国祭日であったが、それは古代の一国一社制（一国に一つの大社）のあらわれであった。要は、海の彼方からわたってきた造物の神が、瀬戸内海における大三島の位置の重要性と伊予海賊の活躍によって、もとも

足摺岬の上一六〇キロから見下したもの。

夕陽を追う　豊島沖

夕映え　大三島

芸予諸島

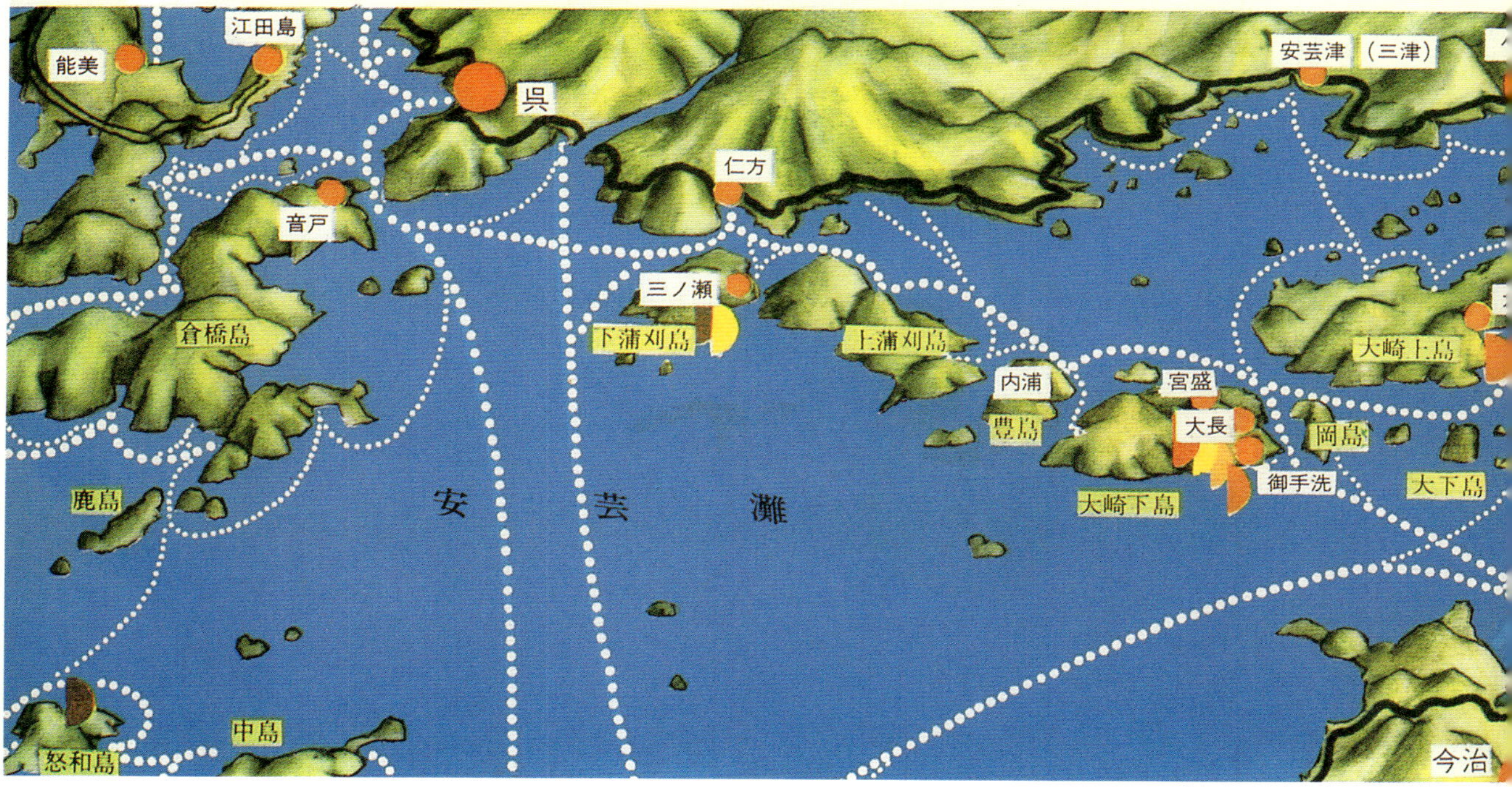

のどけき歩み　生口島

神域　大三島大山祇《づみ》神社

耕三寺　生口島

ともっていた航海の神的な性質やそれから派生してきた戦さ神的な性質を強くしたということであろう。

原始の木々がおおっていた大三島へ室町時代の末頃南九州からみかんがつたわって来る。河野家からきた「みかんをもらってありがたい」という手紙がのこっているという。現在、井之口部落には、「小みかん」とよばれる天然記念物の大木がある。

この島は作物の上でもう一つ重要な役割をはたす。江戸時代のなかごろ下見《あざみ》吉十郎によって薩摩から甘藷が導入されてからであった。現在瀬戸の部落に「いも地蔵」としてまつられている吉十郎のおかげで、この島は享保の大飢饉にも餓死者をださなかった。以来甘藷は瀬戸内海の島々をうるおし、海賊行為の禁止された江戸時代以降の島を救ったのである。

大崎上島、大崎下島

大三島の宮浦港から船で約三〇分、おちょろ船で有名な大崎上島の木之江港へつく。

おおらかな性信仰。大三島・阿奈波神社

江戸時代のなかごろ、瀬戸内海から関門海峡をまわって日本海岸を北上し津軽方面へ行く北前船の航路がひらかれてからは、それまで陸づたいにはしっていた瀬戸内海の航路が沖の島々をつたっていくようになった。木之江の発展は明治の初にここへ造船所ができてからで、以来昭和三十三年（一九五八）、売春禁止法によって廃止されるまでおちょろ船が活躍する。

木之江やとなりの大崎下島・御手洗《みたらい》には、今もおちょろ船のことをおぼえている人が多い。（木之江では）夕方六時ごろ、けたたましいラッパが鳴り、それを合図にべっぴんをのせた女子船が一せいに沖の船へこぎよせた（木之江ではおちょろをべっぴんさん、おちょろ船を女子船とよんでいる）。「多いときには三〇ぱいから四〇ぱいの女子船が、べっぴん屋（置屋）の岸からでるんじゃが、そりゃきれえなもんじゃったで。べっぴんの数も、多いときは二〇〇人位もおった。それがわれ先に沖の船に上るんじゃが、着物の裾をうまーく足ではさんで、男よりもうまく上ったもんじゃ、上った船で相談がまとまればそのままその船に泊った。朝は朝飯や味噌汁までつくってかえってきたんじゃ」

おちょろ船のべっぴんは木之江のものではなく、四国や九州からきた女たちだという。

木之江から船で約五〇分の大崎下島の御手洗は、木之江よりも古いおちょろ船の港で、江戸時代末ごろにでた「かくれ里雑考、東西南北・遊君・遊女・いろさとばん附並にあたい附」という印刷物には、長崎の寄合町を筆頭に、備後尾道や御手洗が上位に記されている。豪壮な「若胡屋《わかえびすや》」の表のかまえや傾城町のたたずまいが今もの

大崎上島の港

島に囲まれた御手洗の港

こり、港には鞆にあったような大きな石灯ろうやガンギなどものこっている。

遊女が小船で客船をおとずれる風習はすでに平安時代からあった。大阪淀川の川口にあった江口にはそういう遊女が多かったし、播磨室津の遊女が小船にのってこぎ出している絵は法然上人絵伝の中にも見えている。そしてこういう遊女を江戸時代には船まんじゅうとかピンショなどとも言っている。遊女屋が陸にあったところもあるが、瀬戸内海でおちょろが昭和時代まであったのは木之江、御手洗のほかに糸崎、竹原、鮴崎《めばるざき》、安居《あい》島、上関などであった。

おちょろ船でにぎわった木之江は、盛んな造船の港である。瀬戸内海の島々にはこういう造船所が多いが、それは古代からの伝統であった。因島には、内海唯一の浮きドックがあり、因島島民はもちろん生口島南部の人たちが大挙して因島の造船所に通っている。また御手洗のすぐそばの大長《おおちょう》部落は、県下随一のみかんの産地になっている。かつてはべっぴんをのせたおちょろ船でみかん船に転用されているのがあるのも土地柄であろう。

豊島

大崎下島のすぐ西、最短距離でわずか六〇〇メートルぐらいのせまい水路をへだてて豊島がある。そしてここでは、アビ漁というめずらしい漁法が今も盛んに行なわれている。

毎年一月はじめから八十八夜までが漁期である。これは、瀬戸内海名物の鯛の産卵期で、瀬戸内海の外からくるものや底つきの鯛が豊島周辺四ヵ所のアジロに群れあつまる。各船に二人

鯛はアビの群れの下にいる。

ずつの小さい手こぎ船にのった漁師たちがその鯛やスズキをねらって釣糸を下げる。そのかぎりでは特にかわったところも見えない一本釣り漁だが、それにアビという渡り鳥が加わり、人と鳥と魚が三ツ巴になった絶妙の漁法が展開する。

アビは、毎年冬にシベリアからやってくる。日本のほとんどどこにでもやってくるのだが、そのなかでも瀬戸内海が多く、豊島附近にことに多い。一日中海面を遊泳しながら海中にもぐってはイカナゴをとる。そのイカナゴはまた鯛やスズキの大好物である。アビ漁の餌もイカナゴをつかう。

朝陽が上り、海面がすっかり明るくなると、どこからともなくアビたちがあらわれる。はじめはポツンポツンとした波間の黒点にすぎなかったものが、漁師の船があらわれるころになると急速にその数がふえ、数十、いや数百の大群になる。アビたちをおどろかさないように静かに船をこぎながら、漁師たちはアビの様子に注意深い目を注ぐ。アビが「あそんでいる」ときはダメ。アビがイカナゴを追うのに夢中になりはじめないと鯛は釣れないのだ。アビが夢中になるということは鯛もイカナゴ追いに夢中になることを意味する。そしてアビや鯛が夢中になるほどイカナゴが大量に群れあつまったことを意味する。そうなるまではアビも鯛も、餌なんかには見向きもしない顔をしている。が、イカナゴが食いあまるほどあつまったとみると一せいにおそいかかる。上からはアビ、下からは鯛たちに攻められ、イカナゴは必死ににげまわる。時にはにげ場をうしない、一かたまりになって

アビ漁の準備をする二人

海面にもりあがる。もうそうなるとアビも鯛も無我夢中の「あばれ食い」。そして鯛は、目前のイカナゴに釣針がかくされているかいないかの見さかいがなくなってしまうのである。激しく速い潮の流れの上で漁師たちの動きも急速に熱をおびてくる。

豊島の漁師たちは、アビを神さまか神さまの使いとまでおもっている。アビさまが魚のようすを教えてくれ、魚が釣れるようなお膳立てをしてくれるからだ。何も鵜飼いのように首に綱をつけなくても、アビさまはちゃんとやってくれる。導いてくれる。

船にのる二人は夫婦ものが多い。小さな子どもや赤ん坊も一緒につれていることもある。夫婦、親子ともども、アビさまと一緒に、広い海で生きるのである。

またいつの日にか

豊島の西、上蒲刈島《かみかまがり》の宮盛《みやざかり》港でおびただしい数の島の人が船にのりこんできた。朝七時。もよりの陸の港へ通う通勤者である。

上蒲刈島やその西の下蒲刈島は、島内に造船所などの工場をもたない農業の島で、今では陸の工場とのつながりなしには生きていけない島だ。その通勤者が朝夕の船にあふれる。島ではほとんど行きあわない若い娘さんたちにもお目にかかれる時だ。

上蒲刈島から下蒲刈島へ。その間のわずか二、三〇〇メートルの瀬戸を、縄で腰をしばった老人が小さな渡船でわたしてくれる。鼻水をすすりすすり、早い瀬の流れを漕ぎわたる老人の姿は、あわただしい通勤者とは対照的な島人の姿であった。

　渡船のつく下蒲刈島の三の瀬は、港に古いガンギののこっているかつての海の関所で、今は瀬戸内海でも数少なくなった一本釣り漁の村である。アビ漁をつづける豊島の内蒲部落やこの三の瀬のようにあくまで一本釣りに生きる村や人が少なくなったのはさびしい。細く、はかなげな釣り糸にすべてをかける一本釣りには、がさつな網漁にはないデリケートな人間のいとなみが感じられるからである。

　下蒲刈島から西へ、船は芸予の島々を去っていく。見過した島はあまりにも多い。みかんに色づく春がいいか、素裸になれる真夏がいいか、とにかく次にはさらに細かく島々をあるいてみたいものである。

鞆の男の魚売り

朝のひととき

土佐路

文・写真 須藤 功

椿山《つばやま》の集落。池川町

段々畑の柏島。大月町

目の前の海で獲れた片口鰯を煮干しにする。土佐清水市下ノ加江

辺土の国

「土佐は鬼の国」それは土佐人自身が口にしたことばであった。それを「土佐はよいとこ南をうけて薩摩嵐がそよそよと」とうたいはじめたのは幕末頃のことで、北はすべて山にかこまれ、南は太平洋の荒波のよせるところ。まさに辺土であり、遠流の国であった。

平安時代の終頃、京都を中心にした下級の僧たちは僻地をもとめて難行苦行の旅をすることが流行したが、土佐はその苦行の旅にふさわしいところであった。このような僧を辺土の僧といったという。今でもこの地方では乞食のことをヘンドと言っている。ちかごろは遍路とかいてヘンロとよみ、ヘンドとヘンロを区別しようとしているが、明治時代までは乞食も巡礼も方言ではともにヘンドといっていた。そうした乞食僧たちの巡回におのずから道ができて八十八ヵ所が成立する。伝説では弘法大師がひらいたということになっているがいわゆる八十八ヵ所が成立してくるのは鎌倉か室町時代のことであったらしい。

土佐は江戸時代に入って山内氏が支配するようになったとき、野中兼山によってほとんどの仏寺がこわされ、神道の国になったが、八十八ヵ所の札所と古刹の少々が

雨の日の足摺岬。土佐清水市

足摺岬の先端にある金剛福寺。土佐清水市

のこされた。土佐路へはいっての風景の一つの特色は村の中に大きな屋根の寺を見かけないことである。薩摩とともに、これは日本の中でも特異な現象である。

さてその数少ない寺の一つ金剛福寺は足摺岬の先端にある。多くの巡礼者たちはここまで来て海の彼方の極楽浄土に祈りをささげたのであったが、いまは全く観光地化している。ただ昔の人も今の人も陸地のギリギリのところまで来ないとあきらめのつかない気持を持っている。その向うは海だから仕方がないと思うことによってはじめて引きかえすのだが、中には入水往生をとげる者も少なくなかった。

紀貫之《きのつらゆき》と一条教房《のりふさ》

土佐という国の名が都の人たちの意識につよくのぼって来るようになったのは『土佐日記』からであった。『土佐日記』は平安時代初期の歌人として名高い紀貫之が土佐守（土佐の国をおさめていた長官）の任期を終えて、承平四年（九三四）十二月国府をたって翌年二月十六日京都へ帰りつくまでの旅日記であるが、当時は男は漢字のみを用いて文章をかくことになっていたので、貫之は一行につきしたがう女のように見せかけて、仮名でこの日記を書いた。それが多くの人にしたしまれるもとになり、この日記とともに土佐の名が人々の心にきざみつけられたのである。そして陸からゆく辺土の僧たちの道もけわしかったが、海からゆく土佐もまた海賊や暴風雨のためにいのちがけの世界であることを思わせた。だから昭和二十年（一九四五）以前までは巡礼者たちをのぞいてこの土地をおとずれる者はなにほどもなかった。用事のない者のゆく土地ではなかったのである。

そういうところへ文化の光のさしそめたのは応仁の大乱（一四六七年にはじまる）以後であろうか。この乱のために京都をおわれて兵庫にいた関白一条兼良の子教房は長曽我部《ちょうそかべ》氏に迎えられて幡多《はた》郡中村へおちつく。そこは一条家の荘園で縁故の地であり、教房は長曽我部氏をはじめ土豪たちに守られて国司として土佐一国の政治を

青田のなかにある紀貫之邸跡。南国市

つかさどり、中村は市街を京都になぞらえて土佐の中心をなした。そして房家、房冬、房基、兼定とつづくのであるが、もとより武力はもっていなかった。

いっぽう、土豪たちは長岡郡岡豊《おこう》(南国市)に城をかまえていた長曽我部氏によって次第に征服せられ元親《もとちか》のときには長曽我部氏に刃向う武士はいなくなっていた。そこで元親は兼定を性格が粗暴で支配者としての資格にかけているとして追放し、天正三年(一五七五)年についに土佐を統一してしまった。

南海路

一条教房が土佐へやって来たころ、土佐の沖を明への貿易船が通るようになる。応仁の大乱で、周防、長門(山口県)にいる大内氏は明へゆく讃岐(香川県)その他の貿易船の下関海峡通過をこばんだ。そこで細川氏をはじめ瀬戸内海東部の貿易船は九州の南をまわり、土佐の沖を通り、紀伊水道をぬけて大阪湾に入り、堺へ船をつけるようになる。瀬戸内海航路の終点はそれまで兵庫であった。ところが土佐まわり航路がひらけてから堺がターミナルになり、土佐は堺に直結されて発展する。その入口が浦戸であった。そこで長曽我部氏は城を浦戸にうつした。

土佐まわり航路は南海路といわれたが、この航路は東南アジアへ向ってもひらかれることになって、江戸時代の鎖国がなければ、浦戸は海外貿易港として大きく発展したであろう。

桂浜辺に太平洋に向って胸をはって立つ坂本龍馬の銅像にも天正の終頃の土佐人の海外に思いをはせた時代をしのび、彼もまた海の子であろうとした気概を見ることができる。

そういえば明治の海運業を背負い、やがて世界有数の海運国としての基礎をきずいた岩崎弥太郎も土佐の出身であり、幕末の開国通商に重要な役割をはたした中浜万次郎も土佐の出身である。

その土佐へこれという用事のないものまで出かけるようになったのは戦後のことで、ペギー葉山の「南国土佐を後にして」という歌謡曲がヒットしてから、観光客がドッとおしよせて来た。

土地の人たちはあわてふためいてその受入れに大わらわになった。しかしまだ素朴な姿がのこっていて、それが旅人の心をひく。それに風景もすぐれている。室戸岬、浦戸湾、横浪三里、五色松原、竜串《たつくし》、宿毛《すくも》湾、そして足摺岬へ足をのばす。

ジョン・万次郎

足摺岬の手まえの中浜というところはさびしい漁村だが、そんなところで中浜万次郎は生れた。

中浜万次郎、一名ジョン・万次郎は数えで十五歳になった天保十二年(一八四一)の正月、高岡郡宇佐浦のカツオ船に乗り、出漁中暴風にあい遭難。数人の仲間と一緒に無人島に漂着し、その島で五ヵ月ほど暮しているうち、たまたま通りかかったアメリカの捕鯨船に救われて彼地で教育をうけ、十年余在米の後、嘉永五年(一八五二)六月に帰国した。

彼の生家跡には訪れる人もないらしく、朽ちた標識が立ってそこは畑になっていた。おそらく、彼の幼少の頃は家の近くまで波が打寄せていたろう。家のすぐ後は小高い丘になっていて、幼い万次郎は二階にあがるような気安さでそこに登り、はるか水平線を眺めたに違いない。今ではテレビのアンテナが乱立している。

　彼の帰国した翌年、嘉永六年（一八五三）六月にはペリーのひきいた黒船が浦賀に入港し、日本は鎖国の夢を破られ、日本の夜明けがはじまる。大きく揺れ動く開港か攘夷かの嵐の中に彼のもたらした新しい知識が多くの人の眼をひらいたことを見逃すわけにはいかない。

　この万次郎についての土地の人の記憶はまだのこっている。古老の話によると、

中浜万次郎出生地。土佐清水市

「万次郎は小さい時から悪賢い子だった。ヤッコ（この場合はカツオ釣りを練習している子）の万次郎はある日玄米をつくように親方にいいつかったが、小石をいれてついたのを見つかってボサ（カツオをたく時の柴木）を背負わされてつかされた。その仕返しをねらっていた万次郎は、親方が風呂に水をいれてくれというのをチャンスとばかり、親方の頭から水をぶっかけた。親方はカンカンになって追ってくる。万次郎は逃げる。家にかえる

万次郎を生んだ中浜。土佐清水市

にかえられず浜の岩の上にたたずんでいた時、丁度通りかかったのが下の船（その地以外の船をいう）、わけをはなしてその船に乗せてもらったが、途中で遭難して万次郎はアメリカへわたるようになった」

という。海の向うはアメリカなのである。

足摺の宿

足摺は春あらしで雨戸をたたく風音がさわがしかった。それでも、さびれた宿のうすあかりの下だけはそこはかとなく暖く、雨風で散る桜の花を心配しながら、タヌキのこと、昔日の足摺のことなど、話はいつまでもつきそうもない。

そこは足摺岬の少し手前、足摺松尾という部落にある宿で、岬の旅館を除くと、土佐清水から岬の間に宿はそこ一軒だけしかない。

宿の老夫婦はどう見てもそんなとしとは思えない元気さで、主人のささくれた手は、まだ若い者には負けられないという言葉のように力強かった。女主人は少し前に高知まで土地の歌をうたいに行ったとかで、何のためらいもなく民謡をうたってくれた。なかでも、鰹節にするカツオの骨を抜きながらうたったという仕事歌は響きもとくに美しかった。

〽くまのなだべを　いそげよーかつお
　ヨヤノー　ヨヤノー
〽うすばいで　まちうける
　ウスバイデネーヤ　トサデマチウケル
〽とさのうすばいで　いわしとる
　ヨヤノー　ヨヤノー
　ヤレー　メモート　ヨー
〽ありやーたかのめー　えーさるまなこー
　タカノメネーヤー　ウオノメヨー
（かたかなは返し）

おなご衆が、たらいのまわりを囲んで互に返しをいれながらうたったもので、盛んな時にはあちこちから聞えたが、今ではもう耳にすることもできなくなった。

遠洋漁船に乗組んでかせいでくる金で十分くえるからで、中学校を出たばかりの若者でも一回出漁すると何十万もとってくる。この二、三年の間に新しく建直した家が多く、夫の乗組んだ船が入港すると連絡がはいると、女房達は装いをあらたにしていそいそと港まで出掛けるのが勤めになったと笑顔である。

女性は岬が好き

足摺岬は田宮虎彦の小説『足摺岬』で一躍有名になった。

戦時中は敵機の集結目標地点で、あちらこちらから数機ずつ飛んできた敵機が、足摺の空で大編隊を組んで本土に飛んでいった。その数分後、大本営発表のラジオが「敵機は足摺岬に集結中…」と放送する声が人々の心を不安にした。

最近は土佐清水から岬までスカイラインの話さえでていて、もはや最果ての感じはない。それでも、岬の先端に立つとさすがに淋しさをおぼえるし、椿林のトンネルをそぞろ歩きながら垣間見る白い灯台は人の心をロマンチックにしてくれる。

バスを降りる客の半分以上は若い女性で、土佐路の観光コースというと、高知、室戸を経てまっすぐに南下し、足摺で一泊して翌日は竜串・見残《みのこし》を見て柏島まで足をのばすのがきまりらしい。竜串・見残は海蝕作用による奇岩が並び、柏島の大堂海岸は雄大な景観で見る者をあきさせない。

海が刻んだ見残海岸の岩肌。土佐清水市

一領具足《いちりょうぐそく》

土佐はもともと男の国であった。男の生きるのにふさわしいというか、男でなければ生きられぬようなきびしい国であった。土讃線を汽車で入るにしても、バスを利用して松山から入るにしても、山と山との間のせまい谷間を何時間というほど行かねばならぬ。しかもその谷の両側の急傾斜を田畑にひらいている。そんなところで百姓するのは一通りの苦労ではすまぬ。よくひらいたものだとひそかにおもわずには居られないし、その田畑をひらき、また耕して来たことによってイゴッソウという土佐人気質の生れ出たことも思い知らされる。とにかく生きてゆくためにはきびしい天地であった。

長曽我部元親はこの山民の土根性のたくましさに目をつけ、彼らに武器を与えて、事あるときには徴発して戦場に働かせた。百姓たちはいざ合戦というときには馬にまたがり家来一人をつれて、主君のもとにはせ参じた。これを一領具足といった。戦がすめばまた帰って百姓をする。イゴッソウは一領具足のなまったものであろうというが、あるいはそうであるかもしれない。

だが一領具足は土佐だけでなく、伊予(愛媛県)宇和島地方にもあったから元親の発明したものとのみは言えないが、土佐では長曽我部氏のあとに来た山内氏がこの制度に輪をかけて補強した。

泊屋《とまりや》

慶長五年(一六〇〇)、長曽我部元親の子盛親は、豊

村を守る若者たちの根城だった泊屋。宿毛市浜田

山田堰の用水取入口。土佐山田町

臣氏に味方して徳川家康をうつため関ヶ原へ向った。郷里の人たちは勝って帰って来るものとのみ信じていた。ところがやって来たのは盛親ではなくて、徳川方の武将山内一豊であった。土佐人は狸にだまされたような思いであった。しかもその山内氏が力ある一領具足たちを浦戸におびきよせてみな殺しにしてしまった。

どこからともなくやって来た領主の理不尽な態度に怒った武士たちは高知の東北にある本山《もとやま》を中心にして一揆をおこした。その抵抗は頑強であったが、武器の上では比較にならず、本山方がまけてしまった。討伐軍が本山に入ると、そのあたりの村々をことごとく焼き、また十歳以上の男子はみな殺しにしてしまったといわれる。

それから難をのがれた者、あるいは他の地区の武士たちは今日のゲリラ戦のような抵抗をたえずつづけてきた。山内氏はこれに対していろいろな防衛策を講じた。まず見張を強化した。治安地区の村々には若者宿（泊屋）をつくり、そこに若者を寝泊りさせて、見張りと防衛にあたらせた。この若者宿はヤグラ式で高い柱の上に家をつくった。もとは山間地方にはいたるところにあったというが、今は幡多郡に少しばかりのこっている。

郷士《ごうし》の国

今一つは長曽我部遺臣の宣撫工作である。これにあたったのが、あらたに本山の領主となった野中兼山で、兼山は山内氏の一族、若き日母とともに上方を放浪していたが、まねかれて二代藩主持豊に仕え、土佐藩政の基礎をきずいた。

兼山はまず高知の東にひろがるあれはてた湿地帯の開拓を志し、この事業に参加する者は郷士にとりたてるであろうと宣言した。この宣言は大きな効果をもたらした。長曽我部の遺臣たちがすすんでこの事業に参加することになったからである。これがいわゆる百人組で、主として、後免《ごめん》の町に屋敷を与えられ、湿地開拓に従事する。

水は物部《ものべ》川中流の山田に堰堤をもうけてそこからひいた。大きな川に堰をして分水するのであるから大事業だった。長さ三六〇メートル、これをしあげるのに二五年を要したといわれる。水路は左岸に一本、右岸に三本、その水がいわゆる香長平野をうるおして美田と化したのである。

この成功に勢を得た藩では山中にさらに多くのこっている長曽我部遺臣によびかけて、仁淀《によど》川、四万十《しまんと》川、松田川などの流域にも用水路をもうけて開墾にしたがわせ、これをとりたてて郷士とし百人組格とした。そればかりでなく山中にあっても広く開拓をおこなったものは郷士にとりたてた。その中には長曽我部遺臣ばかりでなく、一般農民も加わっていた。こうして藩内いたるところに郷士がいるようになったのである。と同時に耕地にひらき得るところはあまさずひらき、耕して天にいたる風景をうみ出した。こうして中世の一領具足は兼山によって郷士として再生せられた。

郷士たちは城下に住む武士とちがって日常は殿様に奉仕する仕事もない。田舎にいて百姓を相手にし、正月に年始の礼のために登城するだけである。正月は高知の城下はにぎわったそうである。いかにも百姓くさいのが馬に乗りお供に槍をかつがせて田舎道をポクポクとやって来る。殿様はそれを天守閣の上からながめている。高知城は市中の低い丘の上にあって周囲の見はらしがよい。その田舎道をあるいて来るのが、みんな殿様のまえに忠誠をちかいに来るのだから、殿様もさぞ愉快なものであっただろう。

百姓武士の学問

郷士をこのように飼いならしたのは学問であった。土佐には中世末期周防山口から来た南村梅軒によって儒学がもたらされたが、それを母体にし、野中兼山や谷秦山が京都の山崎闇斎に学んだことから、その学風が取入れられ、それが郷士の間に武士のたしなみとしてひろめられ、やがてその道徳的な規範となっていった。これが土佐南学である。この学問が土佐から寺をなくしていったのである。山崎闇斎は漢学の立場にたつ垂加神道という

高知公園にたつ板垣退助銅像。高知市

桂浜にたつ坂本龍馬銅像。高知市

室戸岬にたつ中岡慎太郎銅像。室戸市

新しい学説をとなえた神道学者でもあった。そのことから南学はまた勤王の思想にも結びつき、郷士の中から多くの勤王家を輩出することになる。武市半平太・吉村寅太郎・那須信吾・坂本龍馬・中岡慎太郎ら近頃テレビや映画の人気者はほとんど郷士出身で、城下在住の藩士に比較的人材のとぼしかったのが土佐藩の特色であった。土着の思想のこれほど見ごとに生き、それが大きなエネルギーになった藩は他に例を見ない。そしてそれが板垣退助らによって自由民権思想として展開していくのである。こうした武張った世の中にも美しい恋ものがたりはあった。しかしそれは悲恋に終った。

ゆらぐ花かんざし

「よさこい節」にうたわれた〝はりまやばし〟は、播磨屋と櫃《ひつ》屋という二軒の小間物屋が掛けた長さ四十間の木橋であった。いまは下を流れていた堀河も埋立てられて花壇が並び、いろとりどりの花が行きかう人の足をとめ、かんざしのデザインされた欄干が観光に一役かっている。

それは今から百余年前の安政二年（一八五五）のことである。

中年の坊さんがはりまや橋の北詰にあった櫃屋ではなかんざしを買った。もらった娘は

武市半平太旧宅。高知市

今も土佐の大地を潤す山田用水。土佐山田町

物部川上流のたたずまい。物部村

みやげ店の純信とおうま。高知市

十七歳のおうまさん。

〽おかしなことよな、はりまや橋で

坊さんカンザシ買いよった……

よさこい節の純信・おうまの仲がちまたに知られるようになったきっかけである。

純信は高知市の東方にある五台山竹林寺の脇坊、妙高寺の僧。おうまは五台山のふもとにあった鍛冶屋の長女で天保十年（一八三九）の生まれ。彼女はその附近で一、二をあらそう美人だったという。やがて噂がひろまっていたたまれなくなった初夏の宵、おうまは稚児姿に身をかえて二人は手に手をとって駆落した。だが、まもなく香川県琴平町で役人につかまって、高知城でサラシ者にされたのち、純信は愛媛県に追われ、そのまま消息をたった。おうまは後に須崎町の大工と結婚し、明治十八年（一八八五）に上京、その子孫という人が今も東京に住んでいる。

高知名所

高知の町には幕末から明治へかけての志士たちの史蹟は少ない。人材が農村から出たためで、鹿児島や山口や萩のように町中が史蹟だらけというわけにはいかぬ。武市半平太は高知にも住んでいたことがあって、その旧宅は見物にいく人も多い。半平太は瑞山と号し、土佐勤王党の首領で学もあり実践力もあり、開港論をとなえる藩主山内容堂の側近吉田東洋を仲間の者に斬らせ、藩論統一をはかったがとらえられて獄につながれ、慶応元年（一八六七）閏五月十一日に獄中で切腹した。重厚で誠実な人柄と夫婦仲のよかったことと非業な死のために、いまも土佐では人気がある。そしてその旧宅には、

花は情香によって愛せられ
人は仁義をもって栄ゆ
幽囚何ぞ恥ずべけん
只赤心の明らかなるあり

という詩碑がたっている。瑞山の人柄がしのばれる詩である。

土佐近世の史蹟は高知の町の外にひろがる。長曽我部氏の居城浦戸は浦戸湾口にあり、いまそこに国民宿舎がたっている。その城址をおりた松林の中に六地蔵がひっそりとならんでいる。山内氏に抵抗して殺された長曽我部氏の一領具足たちを供養するためにたてたものだが、

おとずれる人は少ない。

　浦戸岬の先端、太平洋に面するところが桂浜で坂本龍馬の銅像はそこにたっている。この浜の小石は美しい。五色石といっている。ちかごろはその石が土産として売れる。土地の人たちはそれをひろうのを一つの副業にしていたが、最近はジャリ船が夜中にやって来てぬすみはじめた。高知市役所がとめても業者は平気だそうで無法者横行が土佐の静かな空気をふるわせている。そして毅然として立つ龍馬の足もとをゆすぶりはじめた。

兼山遺跡

　海援隊長龍馬の相棒、陸援隊長中岡慎太郎の銅像は最近室戸岬にたてられた。二人とも慶応三年（一八六七）十一月十五日、京都河原町近江屋の二階で刺客のために斬られ、明治維新を見ずに死んだ。

朱塗りの欄干だけのはりまや橋。高知市

　土佐をあるくと明治維新の志士たちよりも野中兼山の遺跡の方が多く眼につく。志士たちは藩の外で働いたのだし、兼山は藩の内で働いた。室戸岬のすぐそばにある、室戸の港をつくった。これは掘込式の港で、岩を割って掘り込んだもので、火薬の十分にない時代に岩を割る事業は容易ではなく、岩の上で里芋の乾した茎（イモジという）を焼いて岩にヒビを入れて割ったという。農家はそのイモジの供出にほとほと困った。いまでもこのあたりでは無いものねだりをして苦しめるのを「イモジ十連」というが、十四戸一回十連ずつ供出させられたのである。このほか香美《かみ》郡の手結《てい》港や幡多郡柏島の防波堤もつくって水産王国としての基礎をかためた。

板垣退助らが廃藩置県などを協議した開成館の正門。高知市

　このほか伊野や宿毛《すくも》付近で大きな用水路が人目をひくようであれば、たいてい兼山が手がけたものと思ってよい。

　そうした土木工事ばかりではない。木材、水産物、紙などの生産物の専売制をしいて、量と質の向上をはかっ

観光客も混じって五色石拾い。高知市

た。今でも土佐紙の声価は高い。その中心地伊野へいってみると、今日もこの町の重要産業になっている。

いわば土佐の近世産業経済文化の基礎は兼山によって築かれたのであるが、功をいそいだために、かえって周囲の人々や領民の反感を買ってしりぞけられ、香美郡中野で寛文三年（一六六三）十二月十五日に死んだ。またその遺族は幡多郡宿毛に流され、男はめとることを、女はとつぐことを禁じられて四十年、元禄十六年（一七〇三）、生きのこった女三人がゆるされた。その一人婉は高知に帰り、高見山（高知市高見町）に祖先の墓をたてた。大原富枝の小説『婉という女』はその流罪の生活を描いてあますところがない。大原富枝の描く近世の土佐、上林暁の描く明治末から大正へかけての風物の数々は、いまも生きていて人びとの美しい人情とともに感慨をおぼえさせる。

土佐路あちらこちら

土佐の女性は働き者である。どこへ行っても日焼けした顔をみかける。もっとも、南国の強い太陽ではどこにいても黒くなるだろうし、若い者は勤めに出て、夫は遠洋に乗組んで留守とあってはいきおい女性が働かざるをえないだろう。でも、楽しそうにやっている姿を眺めていると、無理に働いているという感じがなく、根っからの働き好きらしい。

土佐の人々は人なつっこい。傘をささない旅人には傘をさしかけてくれるし、どしゃぶりのなかを宿まで一緒にあるいてくれる。

楮《こうぞ》や三椏を原料に和紙を漉く。伊野町

土佐清水市下ノ加江に行った時には舟を出して漁場までつれて行ってくれた。おかげで「曳網」を見られたし、思わぬ写真もとれた。

海辺の子は舟遊びが好きらしい。小さな帆舟をはしらせ、ひとり乗りの舟をこいで岸をはなれて行く。海は一番の友達らしい。

宿毛市芳奈《よしな》では四つある泊屋（若者宿）を子供が案内してくれた。重要民俗資料になっている「浜田の泊屋」は先年（昭和四十一年）修復したそうで立派になっていた。中には新しい畳がしかれ、電燈もついていた。他の三つはさすがにいたんでいたが、現在も集りに使っているらしかった。

泊屋は嫁をもらうまでの若者達が夜毎に泊って共同生活の訓練をうけるところであった。

吾川郡池上町に行った日は雨だった。和紙の原料になる三椏《みつまた》をとるのを見に行ったのだが、時期が遅かったのか「この辺ではもう見れないな」というおじさんのはなし。そのかわりよく整理された民俗資料館を見ることができた。

桂浜で会ったおばさんが言った。

「土佐の偉人は元親に龍馬に吉田さん。一豊はよそ者で、兼山は町人や百姓に残酷すぎた。あとの人はあまり知らん。元親は四国をおさめたし、龍馬はえらかった。吉田さんはワンマンといわれたけれど、戦後の日本を建て直す基礎をつくった」

しかしえらいのはこの三人だけではない。高知の東の龍河洞《りゅうがどう》という鍾乳洞を見にゆくと、そこの博物館に東天紅という尾の長い鶏がいる。よくもまあこれほどまでに尾を長くしたものだとおどろく。五メートルはあろう。どこにもいる鶏の尻尾を改良か改悪かわからないが、これほどまでにして見せた執念。それがイゴッソウである。土佐をあるいておもしろいのは天然の風景ばかりでなく、イゴッソウ精神がいろいろの風物を生み出していることである。

紙《かみ》漉《す》き

和紙の原料のコウゾは土佐の山中いたるところでつくられている。皮をはぎ、そのあら皮をとったものを川でさらしてほし、商人たちに売る。それはほとんど伊野の町の製紙工場にあつめられ、皮についている雑物をとりのぞき、薬品で処理してさらし、繊維をみじかくし、トロロアオイといっしょにして紙すき槽の中にいれる。それを簀にすくいあげて上手にゆすっていると簀の上に紙が定着する。美しい和紙、そこに女たちの心がにじんでいる。

道路は遊び場だった。土佐清水市下ノ加江

高知城の下にたくさんの店が並ぶ日曜市。高知市

宇和海

—南伊予の風土

文　秋田忠俊
写真　須藤　功

石応《こくぼ》（手前）と九島《くしま》の段々畑。宇和島市

一ヶ月遅れの雛《ひな》の節供の日（4月3日）、大人は牛突き（闘牛）、子どもたちは山遊びをする。一本松町

南伊予の入りくんだ海岸沿いに築かれた段々畑。ミカン畑に変わりつつある。
宇和島市石応《こくぼ》

宇和島というところ

四国の島の西のはしは、ほそくするどくとがって九州の佐賀関《さがのせき》半島と向いあい、南の豊後《ぶんご》水道と北の瀬戸内海を区切る。岬十三里といわれる三崎《みさき》半島、またの名佐田《さだ》岬半島である。この二つの半島の向いあうところを豊予《ほうよ》海峡とよび、ふるくは速吸瀬戸《はやすいのせと》ともいった。

豊後水道の四国寄りの海を四国側の人びとは宇和海とよんでいる。じつに屈曲の多い海岸である。そういう海岸は陸地が沈降していく運動の中で生じたもので、平地はきわめてとぼしい。この海岸の屈曲にとみ山地のかぎりなく起伏する地方を、ふるくから宇和の郡とよんだ。愛媛県の人びとは南予ともいっている。

陸路を徒歩にのみよらなければならないころにはことのほか不便なところであった。海路をとるにしても佐田岬を遠くまわらねばならない。いまは鉄道も通じ、自動車路も完成して便利になってきたが、それでも汽車で伊予市をすぎるあたりから急にさびしさを増す。山が海にせまって平地らしいところもない単調な海岸を肱川口までくると、そこから川にそうて山中に入る。ここには河口平野のゆたかさがない。やっと大洲《おおず》盆地に入ってやや視界がひらけたかと思うと、また谷間に入る。そして夜《よる》昼峠《ひるとうげ》のトンネルをぬけて、宇和海漁業の中心地八幡浜《やわたはま》にでる。そこから汽車は南に向うのだが、宇和島までほとんど海岸を通ることはない。車道も海岸をゆくものはまだきわめて不便である。山が海にせまっているうえに、あまりにも屈曲が多いのだ。

さらに南へ、土佐の宿《すく》毛《も》行きのバスの右手にリヤス式海岸がつづく。さまざまな形をした島が夕陽の海にシルエットのように浮び、海面に真珠養殖の筏が模様をえがいている。

　その海に面した山の急傾斜は、渚《なぎさ》から山頂まで段々畑にひらかれたところが少なくない。見た目にはそれが美しい景観をつくりだしている。しかしまたその美しさは人びとの苦労の多い生涯をつげてもいる。にもかかわらずそこには目をうたがうほど多くの人が住んでいる。どうしてこのような土地にそのように多くの人びとが住みついたのか。そこにはなにかがなければならなかったはずである。その何かをさがしもとめることにこそ、この地方をおとずれる旅のおもしろさがあるように思う。

九州からの文化

　陸を旅してくるものにはきわめて不便と思われるこの地方にも早くから人は住んだ。そして国の中央から見れば不便であっただろうが、大陸文化の入口であった九州から見れば、海をへだてたすぐ東の世界であった。したがってここは九州からの文化の影響をもっとも受け入れ易いところにあった。

　御荘《みしょう》町の平城《ひらじょう》貝塚から出土した磨消縄文土器は、福岡県鐘《かね》ガ崎系のものに近い様式だし、宇和島市伊吹《いぶき》町や八幡浜市覚王寺遺跡から出た土器は、熊本県西平貝塚を中心とする西平式のものである。また青銅器なども宇和平野から多くでており、きっさきの広い（広鋒《こうほう》）銅鉾《どうぼこ》が多いのだが、これは大分県に多い形なのである。

　そればかりでなく、由緒ある神社には八幡神社が多い。八幡浜市の八幡浜浦八幡宮、宇和町多田の岩崎八幡、吉田町の立間《たちま》八幡、宇和島市の伊吹八幡、津島町の高田八幡などの神社である。おそらく北九州の宇佐八幡や筥崎《はこざき》八幡とつながるものであったのだろう。高田八幡は徳治二年（一三〇七）からの史料をつたえ、伊吹八幡には嘉元三年（一三〇五）の舞楽面が、八幡浜浦八幡には文明十五年（一四八三）書写の「八幡愚童記」がのこっている。中世末にはそれぞれ栄えていたものが多かったことを物語るのである。

　北九州の文化は宇和海を渡って直接この地にもたらされたのであった。

都は遠し

　九州が地理的にも文化的にも近いのに比して、都は遠かった。この地方が都の人々の意識にのぼるのは、中央では聞くことのできないようなかわった話とか、都人をてこずらせるような騒動のもちあがったときであった。藤原純友《すみとも》の反逆もそうしたものの一つであった。

　純友は伊予掾《いよのじょう》としてこの国に赴任してきたが、任期の四年がすぎても都へはかえらず、承平六年（九三六）のころ宇和海にうかぶ日振《ひぶり》島によって反乱をおこした。

　もともとこのあたりの民は中央の統治の外にあったといってよかった。そしてそこで自由にふるまう生活をしていたのであろう。彼もまたその自由さと野生的な生活に心をひかれたものであろうか、そういう仲間の頭領《とうりょう》となって政府の命にしたがわず、思いのままの行動をとるようになった。しかも彼に組するもの日に多く、日振島を中心にして千余艘の仲間があつまったといわれる。

　日振島はハマユウ・ハマウド・アコウなど暖帯性植物

のしげる、陸からかなりはなれた島である。島に拠《よ》り船をもったということによって、その行動はいちじるしく拡大される。そして讃岐国造《さぬきのくにのみやつこ》をおかし、備前、備中を荒し、周防の鋳銭司をせめ、土佐幡多郡の郡役所をやき、九州太宰府の財宝をうばっている。根拠地が島であるから周囲からせめられる危険も少ない。

そのような状況が四、五年もつづいたが、郡から討伐軍もさしむけられて次第に旗色がわるくなる。そしてついに天慶四年（九四一）、むすこの重太丸とともに伊予国警固使橘遠保に殺されて、この反乱はおさまる。しかし橘遠保もまたそれから三年後に暗殺された。

いま、日振島の明海《あこ》に「純友の井戸」とよばれるものがある。その上の城ガ森は当時の城址と見られ、山下汽船創立者山下亀三郎のたてた「藤原純友籠居之跡」の碑がある。そして島は世間からも忘れさらされたようにひっそりとしている。もともとこのような事件がなければ、世間の意識にのぼることのないような島なのである。

昔は都に遠い世界には怪異にみちた話が多かったし、そのことがまた都からの遠さを思わせることにもなった。『古今著聞集』（一二五四年）巻二十に八幡浜沖の黒島の鼠の話がある。

夜、島の磯がたいへん光って見えるので、網を入れてひいてみると、魚は一尾もとれず、おびただしい鼠がかかった。陸地に鼠がいるのはうなずけるが、海の底にまで鼠がいるのは想像もできないことだという話である。

事実島には鼠が異常に繁殖することがよくある。昭和二十年（一九四五）から三十年代にかけて、宇和島沖の

日振島の集落のひとつ喜路。日振島の名は、昔、宇和海を行く船に、島民が夜間に火を振って燈台の代わりをしたことからついたといわれる。宇和島市

藤原純友が使ったという日振島の明海にある「美なかわの井戸」。宇和島市

戸島《とじま》、遠戸島《とおとじま》、御五神島《おいつかみじま》、日振島などに異常繁殖した鼠を退治するために、ヘビ二〇〇匹、ネコ四〇〇〇匹、イタチ五〇〇匹が島々に送りこまれ、フラトール、カルチット毒ガスなどももちいられた。しかし効果は容易にあがらなかった。昭和三十五年（一九六〇）にこれらの島々になお一五〇万匹の鼠がいるものと推定され、子供たちは鼠を釣りあげる工夫までしたのである。御五神島、遠戸島は戦後入植者がひらいた島であったが、この鼠との戦いにやぶれてひきあげ、島はふたたび無人島になってしまった。だが、もとから人の住んでいた島々はついに島を守りとおした。

世は移る

このような異変をのぞけば、容易に政権争奪のおこるほどみのり多い地ではなかった。宇和荘は純友をほろぼして功のあった橘氏の領有となり、およそ三〇〇年ほどつづいたあと、嘉禎二年（一二三六）西園寺氏が領有することになった、それから天正十五年（一五八七）まで、三五二年の間その領有がつづく。その間大津（大洲《おおず》）には宇都宮氏がおり、土佐の長宗我部《ちょうそかべ》氏の伊予への進出などもあって、戦国時代には合戦の場となったこともあった。とはいえ関東・中部・近畿の諸地方にくらべれば、じつに静かな日々がつづいたといってよかった。

長宗我部元親が伊予へ軍をすすめていた頃、豊臣秀吉もまた小早川隆景をして北から伊予をうたしめた。元親はこれに抗すべくもなく、元親に味方した西園寺公広は宇和をすてて宇和島沖の九島《くしま》に退き、そこで腹を切って死んだ。こうして西園寺氏の治世は終り、かわって戸田勝隆が領有する。検地をおこない在地勢力の抹殺に力をそそいだことから、しばしば百姓の反抗がおこる。その後も領主は藤堂氏、富田氏と目まぐるしくかわり、慶長二十年（一六一五）伊達秀宗が宇和島に入城するまで、この地は長い平和の夢をやぶられておちつかぬ日々がつづいた。この地の人びとにとって西園寺氏滅亡から伊達氏入城までの二八年はじつに長い月日であった。そしてその間に古い制度は大きくくずれていった。

さらに変化はつづく。伊達氏はこの地方にクジ持ちあるいは地坪《じならし》とよばれる土地割替制度をおこなう。一カド分の単位は六反六畝であった。これによってそれまで多くの下人を持っていた地主層の力をよわめ、また下人層をクジ持ち百姓にして生産を高め、ひいて藩財政をゆたかにしようとしたのである。

しかしこの山と谷ばかりのところでは農業生産は何ほども高まらなかった。しばしば凶作や災害に見まわれた。そのなかでなおその生活をたかめるためのいろいろな試みと努力がつづけられた。たとえばこの地方へは一六世紀のおわりにはすでにミカンがはいっている。それから間もなくサツマイモも伝わっている。さらにハゼの栽培もすすめられ、その実を原料として蠟燭の製造が盛んになる。つまり商業的農業の発達がうながされたのである。

イワシのつくった段々畑

それにもましてこの地方を活気づけたのは漁業であった。瀬戸内海に入る魚は宇和海を通って豊予海峡をこえ

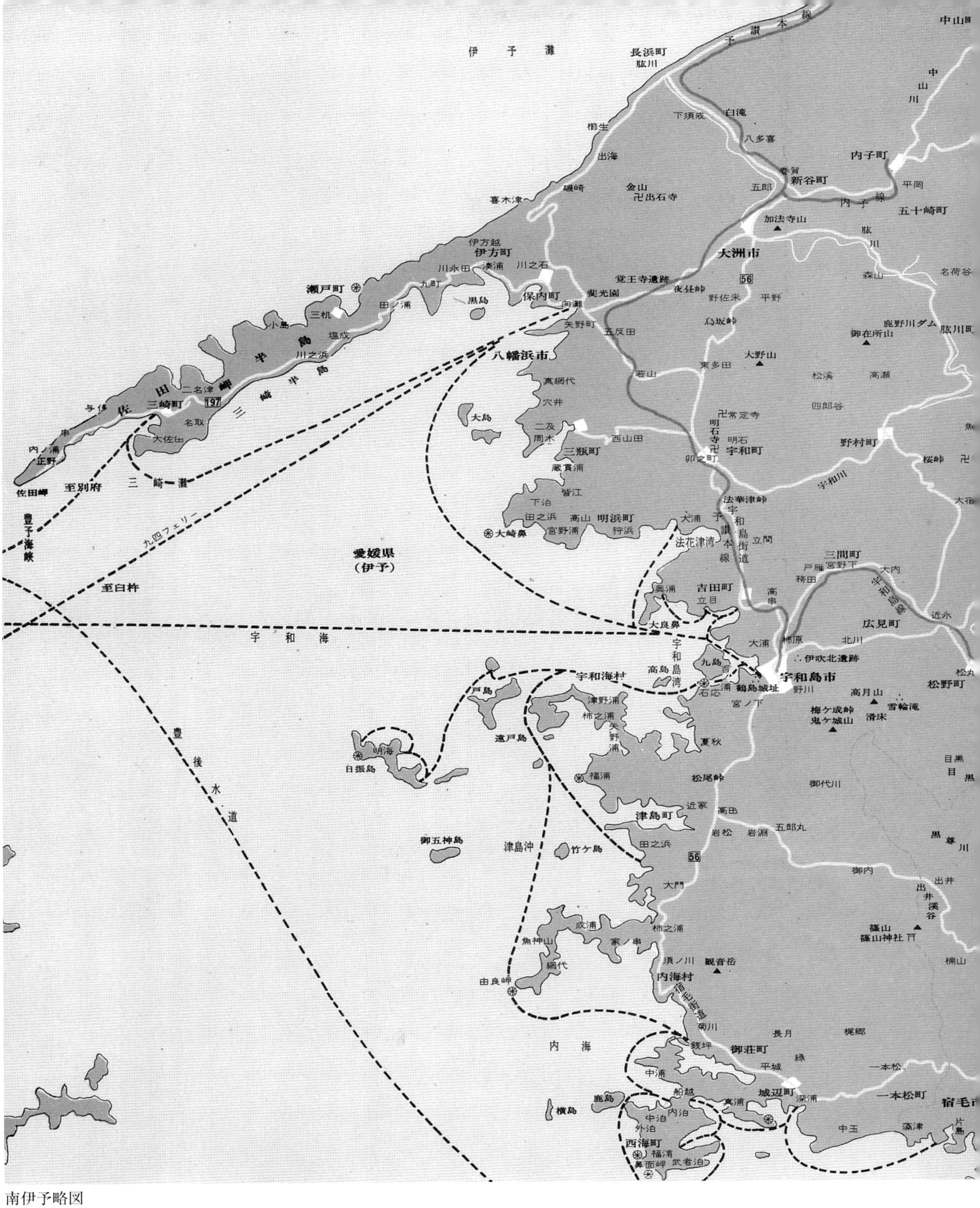

伊予灘
予讃本線
長浜町
肱川
中山町
中山川
下須戒
白滝
櫛生
八多喜
内子町
出海
春賀
新谷町
五郎
平岡
金山
出石寺
磯崎
喜木津
内子線
五十崎町
加法寺山
肱川
伊方越
伊方町
大洲市
川永田
湊浦
川之石
名荷谷
覚王寺遺跡
56
森山
瀬戸町
九町
夜昼峠
野佐来
平野
黒島
保内町
向灘
斐光園
田ノ浦
三机
小島
矢野町
鳥坂峠
鹿野川ダム
肱川町
御在所山
佐田岬半島
塩成
五反田
川之浜
八幡浜市
大野山
三崎半島
二名津
真網代
若山
東多田
松渓
高瀬
与侈
三崎町
197
穴井
四郎谷
名取
大島
常定寺
明石寺
串
二及
周木
大佐田
西山田
明石
宇和町
野村町
内ノ浦
正野
三瓶町
卯之町
桜峠
蔵貫浦
宇和川
佐田岬
至別府
三崎灘
皆江
下泊
法華津峠
大宿
豊予海峡
田之浜
高山
明浜町
宮野浦
狩浜
大浦
大崎鼻
九四フェリー
予讃本線
宇和島街道
法花津湾
立間
愛媛県
(伊予)
三間町
戸雁
宮野下
大内
務田
宇和島線
至臼杵
奥浦
吉田町
立目
高串
近永
大良鼻
広見町
宇和海
大浦
柿原
北川
宇和島湾
九島
伊吹北遺跡
松丸
宇和海村
高島
石応
鶴島城址
宇和島市
松野町
野川
高月山
雪輪滝
戸島
津野浦
宮ノ下
柿之浦
梅ケ成峠
鬼ケ城山
滑床
矢野浦
遠戸島
夏秋
明海
日振島
福浦
目黒
豊後水道
松尾峠
御代川
近家
高田
津島町
岩松
岩渕
五郎丸
御五神島
津島沖
竹ケ島
田之浜
56
黒尊川
御内
大門
出井
出井渓谷
成浦
柿之浦
篠山
篠山神社
魚神山
家ノ串
須ノ川
観音岳
楠山
網代
内海村
由良岬
宿毛街道
菊川
長月
梶郷
内海
銭坪
御荘町
中浦
平城
一本松
船越
城辺町
深浦
一本松町
宿毛市
横島
鹿島
内泊
中泊
外泊
真浦
中玉
藻津
片島
西海町
福浦
鼻面岬
武者泊

南伊予略図

佐田岬の川之浜の鰯《いわし》干し。春先にはこの浜に牛が遊んでいる。瀬戸内町

る。したがってこの沿岸は昔からすぐれた漁場として知られた。玉葉和歌集巻二十神祇歌に

いよの国うはの郡のうをまでも
我こそはなれ世を救うとて

という歌も見えている。そしてその魚の中でもイワシが多かった。イワシはほして食糧にもしたが、江戸時代には肥料として上方《かみがた》地方にも多く送られた。そのためでもあろう、この地方の沿岸には大阪湾あたりからきた漁民もきわめて多かったといわれており、その子孫だとのいいつたえをもつ家も見かける。

南宇和郡西海町外泊《そとどまり》は近ごろ石垣の村として知られているが、ここにも淡路からきた人びとが住んでいる。

外泊は風のつよいところで、その風を防ぐために家のまわりに高い石垣を積んだ。畠もまた石積みの段々。道は敷石と石段。それが美しい一つの風景をつくりだしている。それは自分たちの生活を少しでもよいものにしてゆこうとしての工夫の結果であったのだが、このような海岸に多くの人が住みついたのも、海にイワシがたくさんとれたからである。そしてこのことは宇和海沿岸全体に見られた現象といってよく、そこに想像をこえるほどの人を住まわせることになったのである。

歴史をひもといて見ると、寛文十一年（一六七一）には明浜町田之浜、八幡浜市大島、延宝二年（一六七四）には宇和海《うわうみ》村の竹ガ島、同三年には内海《うちうみ》村魚神山《ながみやま》、元禄二年（一六八九）には吉田町大良鼻、四年には宇和島市高島、九年には西海町の中泊が開発され、また在来の浦々の人口もぐんぐんふえていった。わずかばかりの平地は

外泊の家並。石垣はそのまま壁や門になっている。石垣のなかに畑もある。西海町

浦として人が住み、浜としてイワシと網の干場になった。そしてほしたイワシ（ホシカ）は藩が専売品としておもに大阪にだした。人が住めば食糧もまたそれだけいる。しかもその当時は自給をたてまえとしていたから、漁民たちは背後の山をひらいて段々畑をきざんだ。山はだは浦の住民の〝勝手次第に開き申すべき〟土地であった。そしてそこにムギやアワをつくり、サツマイモが伝来してからは夏は主としてサツマイモを作った。イモやムギで辛棒すれば、食糧はそれでまにあったのである。

この海岸をあるいてみると、いたるところに海から山の頂近くまでひらきつくした段畑を見ることができる。そういう畑は佐田岬の長い長い斜面をもほぼ埋めつくしている。由良半島をたずねるもよい。割り石の一つ一つを積みあげて、その石垣の面積よりも狭い畑を一段また一段ときずきあげ、石垣に草一本もはやさぬよう手入れするのは、そしてこの畑にのぼったりおりたりして耕作するのは、人びとをつかれさせたばかりでなく、足も手も肩もゆがめてしまうものであった。

岬にとざされて

宇和地方は都へ背をむけても生きてゆけるところではあった。平安時代には矢野荘、宇和荘、三間荘、御荘などがあって、そのうち宇和、三間はやがて西園寺氏の所領となる。西園寺氏は領地に在住することによって所領を長くもちつたえることができたのだが、領家が都に住まなかったために都との関連もうすかった。そしてそのような日が長くつづいたあとに富田氏や伊達氏がくる。

瘠薄《せきはく》の地を与えられて藩の財政を維持するには、どうしても大阪と密接に結びついて産業をおこす必要があった。それには佐田岬が

外泊の石垣。石の一つひとつに築いた人の魂がこもっているような感じがする。西海町

大きな障害になる。岬の中程を断ちきって運河をつくったならばどれほど便利であろうと考え、その計画を立ててみるが、ついに成功にいたらなかった。

最初の計画は伊達秀宗が宇和島にはいる五年前（一六一〇年）に、大洲宇和島の領主であった富田信高によってすすめられた。半島のうちで一番幅のせまい塩成から三机までの間を掘りきろうとしたのである。岩盤のために工事は容易にすすまなかった。岩を割るためにサトイモの茎のほしたものをたくさん集め、それを岩の上で燃した。大変な難工事であった。多くの人をつかれさせ、また犠牲にして、三年間に幅四〇メートル長さ六〇〇メートルをけずりとることができた。しかし工事は富田氏の改易で中止のやむなきにいたった。

その後直接この工事に手をつけたものはなかったが、この掘割りを夢みたものは多かった。大阪をはじめ瀬戸内海の諸港につながりを求めれば求めるほど、この岬は宇和海の人びとにとって大きな障壁としてうつったからである。

しかしこの岬に住む人びとの生活はさらにきびしいものであった。昔は陸路はきわめて悪かったから、多くは船を利用して岬の村々にいったものであった。だから陸つづきでありながら離島のようなものであった。こんな半島に多少とも明るい光がさしはじめたのは、サツマイモのかわりに夏ミカンを植えはじめてからである。この岬には夏ミカンが多い。そしていま南予の沿岸全体にひろがろうとしている。

カイコとミカン

いま南予のミカン栽培の中心地は宇和島の北吉町立間《たちま》である。急傾斜によくミカンを植え、その出荷にケーブルを盛んに利用したのもこの村である。

それにしてもこの傾斜地ではなお能率的になり得たとは言えない。そこでこの地の人たちは大分県国東《くにさき》半島に土地をもとめて、理想的なミカン園の経営をすすめはじめている。

だが、ミカンをつくっているのは海岸地方で、すこし奥地にゆくとミカンは少なくなる。そして養蚕にかわる畑作はなお見られない。その分だけ山地への依存が大きくなって、パルプ材しての松の伐りだしや村々のチップ

佐田岬の委託郵便配達人。上り下りの多い岬の道では地下足袋が一番。三崎町

南伊予のミカンの中心地、立間の夏ミカン。吉田町

南伊予の玄関口で、漁業基地でもある八幡浜港。倉庫が並び活気に満ちている。八幡浜市

工場が目につく。

もともと山地のかぎりなく起伏する南予は、谷間谷間の水田につくる米や、段々畑につくるイモやムギだけではとうてい生活のたち難いところであった。だからそれ以外のものをつくって金を得ようとする意図は藩当局にもつよく、農漁民たちの間にもつよかった。ハゼもそうして植えられたのであるが、明治時代に入ると養蚕がとりあげられてくる。

イモをつくる畑にクワを植え、蚕を飼いはじめたのは大きな工夫であった。しかしはじめのうち養蚕はかならずしも成功ではなかった。この地方で養蚕がうまくゆくようになったのは、魯桑《ろそう》という桑の栽培に成功してからといわれる。葉の大きく厚い、見るからに栄養に富んでいるような桑である。病気につよく、その害をうけることが少なくなって、農家のものは蚕に桑を十分与えることができるようになったのである。

養蚕には多くの知識と研究と工夫を必要とする。養蚕の発達がこの山中の人びとの眼を大きくひらかせた。そして養蚕だけでなく、製糸工場も発達したし、蚕の種紙の製造も盛んになった。八幡浜の北の川之石などでは、その種紙を県内ばかりでなく大分や瀬戸内海の島々にも売りだしている。大洲の東の内子《うちこ》の町は明治から大正へかけて、養蚕と製糸、そして製ロウで栄えたところである。その当時はきわめてモダンであったろうと思われる建物が、いまも町のメインストリートにならんで、それが一つの風格をつくり出している。そしてその風格を通して、この山中の養蚕がいかに盛んであったかをしのぶことができる。

この養蚕が昭和初期以来不況になると、こんどはミカンにきりかわってくるのである。

しかし変ったのは山はだだけではない。かつては山はだに段々畑を積みあげさせた海もまた変った。戦後イワシがとれなくなり、あとをうけて浦々に新しい風景をつくった真珠養殖もまた斜陽化し、八幡浜がトロール漁業の基地としてさかえてくるのである。

かつての町の繁栄を物語る内子座（芝居小屋）の上部。内子町

闘牛とおはなはん

南予が一つの別天地であり、しかもその自然が人びとに苦労を与えるような中にあっても、なお人がそれに屈服しないで生きゆくとき、そこにはおのずからみちあふれた積極性が見られる。自然のきびしさは人間を暗くのみするものではない。そこに逆に楽天的で明るい人間像をさえつくりだしてくる。

牛に角突きさせてたのしむことなどその一つといえる。牛の角突きをちかごろは闘牛と言っているが、もともとここのみの特殊行事ではない。奄美大島、隠岐、新潟県古志郡、八丈島などにものこっている。いまでは観光客のよびよせに利用されているが、もとは村人たちのたのしみにおこなわれたものである。

南予の闘牛はいつ頃からおこなわれていたものか明らかではないが、いまから二百年あまりまえに南宇和郡西海町福浦にオランダ船が漂着したことがある。台風にいためつけられた船の修理のお礼に、村に一つがいのデボン種の牛が贈られた。デボン種は日本の牛よりはずっと大きい。首がたくましく、足がみじかく、尻は小さくひきしまって、つらつきは精悍そのものである。村人たちは〝おっとろしや、がいな（すごい）牛じゃ〟とたまげた。この牛を種牛にして牛の品種改良をおこなうとともに、角突きに利用したといわれている。

農漁民たちにとってそれはたのしいなぐさみの一つであった。そしてよい牛を育て、勝負に勝つことをほこりにした。時には家業を忘れるものも多かったとみえて、

南伊予で盛んな闘牛。みんな楽しんでいる。一本松町

安政三年（一八五六）には藩から禁止令が出ている。しかし明治十八年（一八八五）には開催を出願制にして再開し、今日もなおおこなわれている。春さきのまだ田畑の仕事のひまなときに、百姓たちはそれぞれ自慢の牛をかざりたてて闘牛場にあつまり、勝負をたのしむ。

この地方の人びとの生活をやや戯画化して描いた獅子文六の小説『てんやわんや』『大番』は世人に大きな人気をよんだ。それは獅子がその妻の郷里である津島町岩松に、昭和二十年（一九四五）に疎開し、この地方の人びとの生活に接して得た印象が中心になっている。明るくてお人好しでそれぞれ英雄気取りの若者たちの心情の中に、この地方の人たちの気質を見ることができる。

ともすれば世間から忘れられがちな世界にいて、自己顕示欲を持つとすれば、一風かわった生活をしたり、世間からみとめられたことに便乗して、周囲もそれにあやかろうとするような気風も多分にある。

大洲出身の大江健三郎が芥川賞をもらって有名になったころ、郷里の駅前には彼の日常の動静を報ずる掲示板がつくられていた。そしてテレビで「おはなはん」が放送されると、駅前には早速「おはなはん」の胸像のレリーフがつくられた。テレビドラマのおはなはんの故郷は大洲ということになっている。虚構でも何でもいい。それがその町につながってその町を有名にすれば、そのための記念碑をつくって長く人の印象にとどめようとする。しかもおはなはんの胸像には

美しい町には

美しい女が生まれる
美しい町は伊予大洲
美しい女はおはなはん

と作者のことばが刻まれている。一つの虚構が事実になろうとしているのである。それがどのようなことであれ、有名になることはこの地方の人びとにとって大切なことであった。

伝統にもえつづける火

しかし人びとは虚構や虚名をばかり追いかけていたのではない。そこには多くの人材も生まれていた。宇和島のように別天地同様の世界に一つの文化がもたらされると、それはその中で火がつき、いつまでもふつふつとも

ＮＨＫテレビから生まれた菓子の「おはなはん」。大洲市

トッポ話　岩松から南にはトッポ話というのがある。南伊予の風土と心情が醸しだした、突飛でばかばかしいはなしである。たとえば、

〝そうじゃ、御荘《みしょう》の相撲のすきな男が宇和島にきよったときに、菊川までくると道のまんなかに人だかりしとったけんど、小男じゃけん中が見えんけに、コーモリ傘の先に自分の眼ん玉をくりぬいてひっつけたら、トンビが飛んできよって眼ん玉をくわえて舞いあがったけに、たまげて大きな声出したら、トンビがアーとたまげて眼ん玉を落したけに、川の水でジャブジャブ洗うてはめこんだけんど何も見えりゃせんがに、ぐじゃぐじゃしたもんばかりしか見えりゃせん。たまげたもんじゃ、眼ん玉、裏おもてにはめこんどんたけにわが腹わたが見えたがに…あん男、ひとの腹わたがよう見えるちゅうことじゃけに評判になっての、がいに病人がやってきたけに、とうとう医者になってしもうたというぞい。〟

すぐに底が割れる程度に狡猾ではあるが、とにかく奇抜で、親切で、人なつっこいのが南伊予人の心情であろうか。

大天狗の目。御荘町

東北地方の鹿踊りを彷彿とさせる「五つ鹿」の踊り。御荘町

えつづける。そして時にはそれが大きく爆発することもある。

宇和島の城主であった伊達氏は奥州仙台の伊達からわかれてきた家である。したがってその家臣たちは奥州出身のものが多く、東北方言をもってこの町に移り住んだのである。その方言は明治大正頃まで生きていて、在来の南予人たちとは言葉が少しちがっていた。そしてこの人たちのもってきた鹿踊りはいまもこの地に生きている。東北地方に広く見られる民俗芸能が、はるかはなれた宇和島に飛地となってのこっているのだ。

哀切な調べにのって、雌鹿を恋うて雄鹿が舞う。

廻われ廻われ水車
遅く廻わりて
関に止るな　関に止るな

とうたわれる歌詞は九番までである。繊細で幻想的である。踊る鹿の数は宇和島が八つ鹿、吉田が仔鹿をふくむ七つ鹿、城川町が六つ鹿、城辺町《じょうへん》鯆越《いるかごえ》が四つ鹿であるほかは、五つ鹿が多い。鹿の頭に長い布をつけたものをかぶり、胸につるした締太鼓をトントコ、トントコ、デンデコ、デンデコとたたきながら唄い踊る。だから土地の人たちはトントコ踊りともデンデコ踊りともいっている。

この踊りをはじめ、南予の名物とされているグロテスクな牛鬼や闘牛まで同時に見られるのが和霊神社の夏祭りである。和霊神社は藩の家老職で暗殺された山家《やんべ》清兵衛公頼をまつった社で、昨今では宇和島市の鎮守神のようになっている。その夏祭は七月二十三・四日にとりおこなわれる。

長い角のある鬼、土地でいう「牛鬼」。南伊予の多くの秋祭りに登場する。御荘町

爆発した火

鹿踊りのように伝統的な芸能は、もえつづけはしたが爆発をおこすことはなかった。だが幕末のころここにもたらされた蘭学の火は、それが宇和島人の爆発的な目ざめに大きくつながってくる。

この地で最初に蘭学をまなんだのは二宮敬作であった。長崎にでてシーボルトについた。シーボルトは若い人びとの眼をひらき、やがて日本を開国へとみちびいていった、忘れることのできない学者である。敬作が郷里宇和町へかえって間もなく、高野長英が敬作をたよってやってきた。長英は陸奥水沢の人、やはりシーボルトについて蘭学を学んだ。江戸にでて医者となり、渡辺華山・小関三英らとまじわって、進歩的文化人として幕政を批判する。捕えられて獄に投ぜられたが、のがれて宇和島にきたのである。嘉永元年（一八四八）四月のことであった。藩主伊達《だて》宗城《むねなり》にかくまわれた長英は、伊東瑞渓の変名で御荘町天嶬鼻《てんぎのはな》の久良砲台の構築を指導し、また『砲家必読』など十一冊の書をかいて、翌年一月にこの地を去った。

ついで嘉永六年（一八五三）には宗城のまねきで、蘭学を講ずるために村田蔵六（後の大村益次郎）がやってきて、安政三年（一八五六）までいた。益次郎は日本の陸軍を創設した人である。

敬作の甥には三瀬周三がいる。敬作のもとでまなび、のちシーボルトについた。安政五年（一八五八）郷里の大洲肱川で九八〇メートルの銅線をひいて、電信の実験に成功した。日本人による電信実験の最初であると見られる。

このような先駆的な人びとの学問的な活動が、せまい世界に大きな影響を与え、学を好み愛して一家をなすものが輩出することになった。啓蒙期文学者の末広鉄腸、須藤南翠、漢詩人中野逍遙、鉄道唱歌の作者として名を知られた大和田建樹、また法律進化論をとなえた穂積陳重、護法の神といわれた児島惟謙、ダダイストの詩人高橋新吉、俳人富沢赤黄男、「字源」を編んだ簡野道明らである。その中に偉大な政治家、偉大な実業家たちのいないのが特色である。

しかしこの人たちの活躍の舞台は宇和島ではなく東京であった。英才たちが郷里をすててしまうと、小さな世界はまたもとの静けさにたちかえった。古い城がこのままこの町のシンボルとしてふさわしいかに見える。

だがそのはじめについた火は消えない。学問好き、議論好きの気風は形をかえて今日までのこった。宇和島には日本でもめずらしいほど小さな新聞が多い。時には六〇紙以上にものぼっていたという。文字を通して見ることで信ずることができたのだが、それが噂ずきという姿になって生き、町の中に話題のきわめて豊富なところである。まるで人びとは話題をつくるために日々を生きているのではないかとさえ思える。

外にひらく

封鎖されたようにせまい世界に生きる人びとがひろい世界へつながろうとする意欲は、生活力が旺盛になればなるほどつよくなる。が現実にはなかなかその実現はむずかしいことであった。

宇和島藩は海路ばかりでなく陸路もまた開くことに努めた。天保十一年（一八四〇）、土佐幡多郡との交易を盛んにするため、八三〇〇人の人夫を動員して目黒越えの道がひらかれた。宇和島野川から梅ガ成峠をこえ、滑《なめ》床《とこ》渓谷に沿って目黒にいたる道である。石畳みの道はいまも渓谷にそって、ハイカーたちにしたしまれている。滑床渓谷はふかい。一二キロにわたってつづく花崗岩の谷はナメリ滝が多い。雪輪の滝は幅二〇メートル、高さ八〇メートルの滝である。そこにユースホステル万年荘がある。

この渓谷に一五〇匹ほどの野猿の群がいる。いまは餌付けされて人になついているが、餌付け当初のボス猿を滑床太郎、別名鬼王段三郎といった。その太郎が死んだときの葬儀に県知事から弔電がきて話題になった。よくよく話題をつくることのすきな土地なのである。

いっぽう宇和島から北への道は、宇和盆地から大洲へ出、肱川にそって長浜に出るコースが多くとられ、参勤交代のときもこの道をとった。明治になってからは伊予市から中山、内子を通って大洲にいたる車道がひらかれ、ついで鉄道が敷かれたが、まだこの地方をおとずれる人はそれほど多くはない。

ただ、無名の旅人はこの地方をたえず通りつづけていった。四国遍路の人びとである。

土佐の足摺岬にある金剛福寺から北へたどり、宿毛《すくも》の東の三十九番延光寺を出て伊予の国に入ると、御荘町平

ミカン畑になりつつある段々畑から、校庭を走りまわる小学生が見える。宇和島市

宇和島湾に浮かぶ段々畑の九島は、風や荒波を防いで宇和島港を良港にしている。

城の観自在寺になる。そこから宇和島の東北三間《みま》町戸雁《とがり》の竜光寺まで礼所はない。おなじ町の仏木寺、宇和町明石の明石寺をまわると、こんどは四十四番久万《くま》町菅生山《すごうさん》大宝寺までの八四キロの間礼所はない。つまり南予地方は礼所はわずか四ヵ寺だけで、高知県幡多郡とともに礼所のもっとも少ない地方である。

それはそのままこの地方の不便さを物語るものでもあった。寺が少ないということは、多くの人が通りつつも足をとめることの少なかったことを物語ってもいる。こうして外に通ずる道はひらけていても、そこを通ってゆく人たちによってもたらされた文化は少なかったのである。

人来る道

外に通ずる道が単に土地の人たちが出てゆくだけの道であってはならない。出ていったあとには何ものこらないからである。

だが、外への道が通じ、便利さを増してくると、外に向かって流れ出るものの方が多くなった。昔から上方地方への出稼の盛んなところであった。ことに娘たちは、小学校を出ると下女奉公や紡績女工としてみな上方へ出ていった。大阪と宇和島の間には航路がひらけて長く繁昌していたほどである。娘たちは結婚適齢期になると戻ってきた。村の若者と結婚して、都会生活も知っている利発な娘として一家をきりまわし、段畑の耕作にも精を出す。イワシ漁期にはイリコ製造に夜の目もねないほど働いた。段畑はここに生きた人たちの苦労と工夫の結晶であり、またこうしなければ生きてゆけなかったのである。

ところがその娘たちが適齢期になっても戻ってこなくなったのである。急坂をのぼりおりしてみのり少ない段畑をつくることに興を失って、都会で稼ぐものが多くなった。ありあまった人が急に減りはじめ、村の中には戸をとじたままの空家が目立ちはじめた。

ドナルド・キーンは「バスの中から見た四国の海岸は見事であった。海と川、山と平野、綺麗な村と淋しい無人の地―変化極まりない旅であった」と南伊予の旅の印象を書き、段々畑になっている宇和島をオーストリアのインスブルックよりもきれいであり、フランス南部のサン・ジュアン・ド・ルースに劣らないで絵のように美しいと「四国さかさ巡礼記」に書いている。

その風景すらが地元の若者にとっては重い負担になってきた。

しかしこの近頃この風景を別なふうに考えるものが多くなってきた。旅人がこれを喜ぶならば、旅人をひきつける素材にしてもよいではないか……旧蹟で見るべきもののほとんどない南予地方では、この風景を売りものにしはじめた。まず西海町の鹿島が登場する。ここには野猿と鹿がおり、また海底の岩礁と南の海の魚がすみきった海水の中にのぞまれる。その海底の神秘をのぞくためのグラスボートが就航する海中公園がここにひらかれた。この付近は漁業のよい釣場でもある。

そういうことが刺激になってか、吉田町の一青年は自費で二五〇〇万円もかけて海底ハウスをつくりあげ、「歩号」と名付けて海底生活の実験をつづけている。このようなこころみが、あらたにこの海をひらく契機になってくるであろう。

かつてさびしい山中であった肱川の奥の鹿野川ダムでは、一〇〇〇メートルのボートコースがとれることから、県大会の場所になった。湖畔には旅館も多く、組合福祉センター経営の近代的保養設備もあって安くとまることができる。もともとせまい谷底にはほとんど家がなく、くずれるような段丘の急傾斜をあがっていった台上に、農家が点々とちらばっていた。トウモロコシをたくさんつくり、秋になるとハサにかけて乾すトウモロコシが鮮かに目立った。実をこがし臼で粉にひいて食糧にしていたのである。そういうところにもダム建設によって近代化がはじまったばかりでなく、人も集ってくるようになった。

山も川も美しい六万石の城下町の大洲。夏には肘川で鵜飼が楽しめる。大洲市

肱川の水の美しい大洲では鵜飼をよびものにしている。旧大洲城の遺構は国の重要文化財ともなっている。

宇和島の天赦園なども旅人の目にのこる、伊達家の名園である。伊達家の家紋〝笹の丸に飛び雀〟にちなんで園内には多くの竹を植えた。大明竹、豊後竹、真竹、孟宗竹など十四種におよぶ竹が植えられている。また伊達氏が藤原氏の流れをくむことから、大紫藤、白藤、上り藤なども植えた藤の庭園ともなった。

外へ通ずる道が、外からくるものを迎え入れるための道であるようにするには、この自然の美しさを、そしてそれと一体になった人の営みの美しさを、もっともっと生かす工夫がなされていいのではないか。そう思われるほどこの海岸は美しく、また生産のため以外には大して利用されてもいない。

もともと風景がよいということと不便ということとは裏腹なものであった。それが不便の方だけは次第に解消してきた。南予もまたそのような努力がつづけられている。不便さが消え、旅人の数がふえるだけでなく、この土地に住む人たちもじっくりと腰をおろし、そうすることがしあわせであるようならば、この美しい風景もさらに生きいきしたものになるのではないだろうか。明るい宇和海の光から離れることのできぬ人々はその道をさぐりつづけるのである。

船で島に渡る巡礼

宝暦（1751－1764）ころから盛んに木蠟作りが行なわれた内子の町並。内子町

仏前に燈される木蠟

木蠟の芯《しん》作り。内子町

ハゼの実を蒸して搾《しぼ》った蠟を、芯棒に巻きつけて木蠟を作る。内子町

昼飯を入れた竹籠を背負子にのせ、段々畑の上方に運ぶ。宇和島市

隠岐

——島の生活

文　宮本常一

写真　菅沼清美

豊田港で出漁の準備をする父母と見守る娘。島前・海士町

船小屋が並ぶ大久《おおく》の浜。島後・西郷町

荒波による海食崖がつづく国賀海岸。島前・西ノ島町

野大根の花に埋もれる牧畑の牛。島前・知夫《ちぶ》村

牛が基底を造った段畑。島前・知夫村

江戸時代、日本海を往く帆船が風待ちをした大山港。島前・西ノ島町

はたして裏日本なのか

いま本州の日本海側を裏日本といっている。はたしてそうなのであろうか。少なくも明治三十年（一八九七）頃までは太平洋側を航行した船の数よりも日本海側を航行した船の数の方が多かった。汽船が発達し、汽車が発達してからは帆船で荷を運ぶことは少なくなったが、それまでは米・材木・塩・海産物などは帆船で運ばれたものであり、米・海産物・材木などの大半は日本海側に多かった。米は津軽・能代・平鹿・庄内・越後・越中・加賀・越前などの広い平野で生産せられたものが、平野を流れる川を利用して河口まで運ばれ、河口にある港から船積みせられて大阪や江戸まで送られて来たのである。そしてその総石数は二〇〇万石にのぼったであろうと言われている。二〇〇万石の米は千石船に積まれても二〇〇〇艘を必要とすることになり、五〇〇石積なら四〇〇〇艘になるわけである。とにかく夥しい船が日本海を航行していたことになる。それも夏の間だけである。冬十一月の声をきくと日本海は荒れはじめる。西北の風がシベリアから吹きつけて、日本海に面する野も山も雪でうずめてしまう。しかし三月の声をきくと海は次第にないで、四月、桜の花のさくころには東北の風も吹きはじめる。その風にのって米を積んだ船が十三《とさ》・鰺《あじ》ガ沢・能代・土崎・酒田・新潟・放生津《ほうじょうづ》・金石・三国などの港を出て、西へ西へと下り、山口県の西側をまわって下関海峡にあらわれるのがたいてい四月の終りか五月の初めであった。船は港で風待ちをしている間に次第に大き

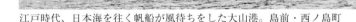

な船団になって来て、下関海峡を瀬戸内海へはいって来るころには時に一〇〇艘をこえるほどにのぼることがあった。

　そうした船が白い大きな一枚帆を張って、波を蹴たててやって来るのは、いかにもはればれしいながめであったという。ずっと昔の船は一枚帆であったが、明治二十年（一八八七）すぎからは帆柱を二本にした二枚帆が多くなったという。そういう船団が、五月、六月、七月にかけて次々にやって来る。

　いっぽう瀬戸内海からも塩・木綿・酒・サツマイモのようなものを積んだ船が出て行く。船には帆に印がつけてあって、帆印を見ればどこの国の船かすぐわかる。そこで行きあえば互いに挨拶をしていくわけだが、海上で行きあうことはほとんどない。東の風が吹けばみな西へ向って走る船ばかりであり、西の風が吹けば東へ行く船がはしる。ただ港ではいっしょになる。風のある日はおなじ方向に向って大きい船、小さい船、脚の早い船、おそい船。それが群れて海を行くのでいかにもにぎやかな感じがしたという。

　この船が風待ち潮待ちをするために、日本海の沿岸にはたくさんの港が発達した。そしてその数は太平洋岸よりも多かったようである。

日本海を往来した「北前船」と呼ばれた帆船の絵馬。撮影・須藤　功

船の目じるし

　昔の船は海図をもっているわけでもなければ磁石をもっているわけでもない。だから昼は陸を目あてに走り、夜は星がさえておれば子《ね》の星見当に船を走らせることがあったが、夕方になると港に碇泊して休むことが多かった。子の星というのは北極星のことで、この星が動かないことは早くから知られていた。陸地は高い形のよい山が目あてになったものである。そしてまた島もよい目印であった。隠岐の島、佐渡ガ島などはそれである。ことに隠岐の焼火《たくひ》という山は目印というだけでなく広く船人に信仰せられた。焼火山は隠岐島前《どうぜん》の西ノ島にある。そんなに高い山ではないが、この山にまつられている焼火権現は霊験あらたかで、日本海を航行する船人たちは朝夕この山を拝んだ。もう三〇年もまえのことになるが、私は青森県十三の港で老水夫から話をきいたことがある。その人は一〇歳あまりの頃から帆船に乗ったそうである。子供であるからカシキと言って煮炊きをする役目であった。カシキは子供か六〇歳すぎた老人がやったも

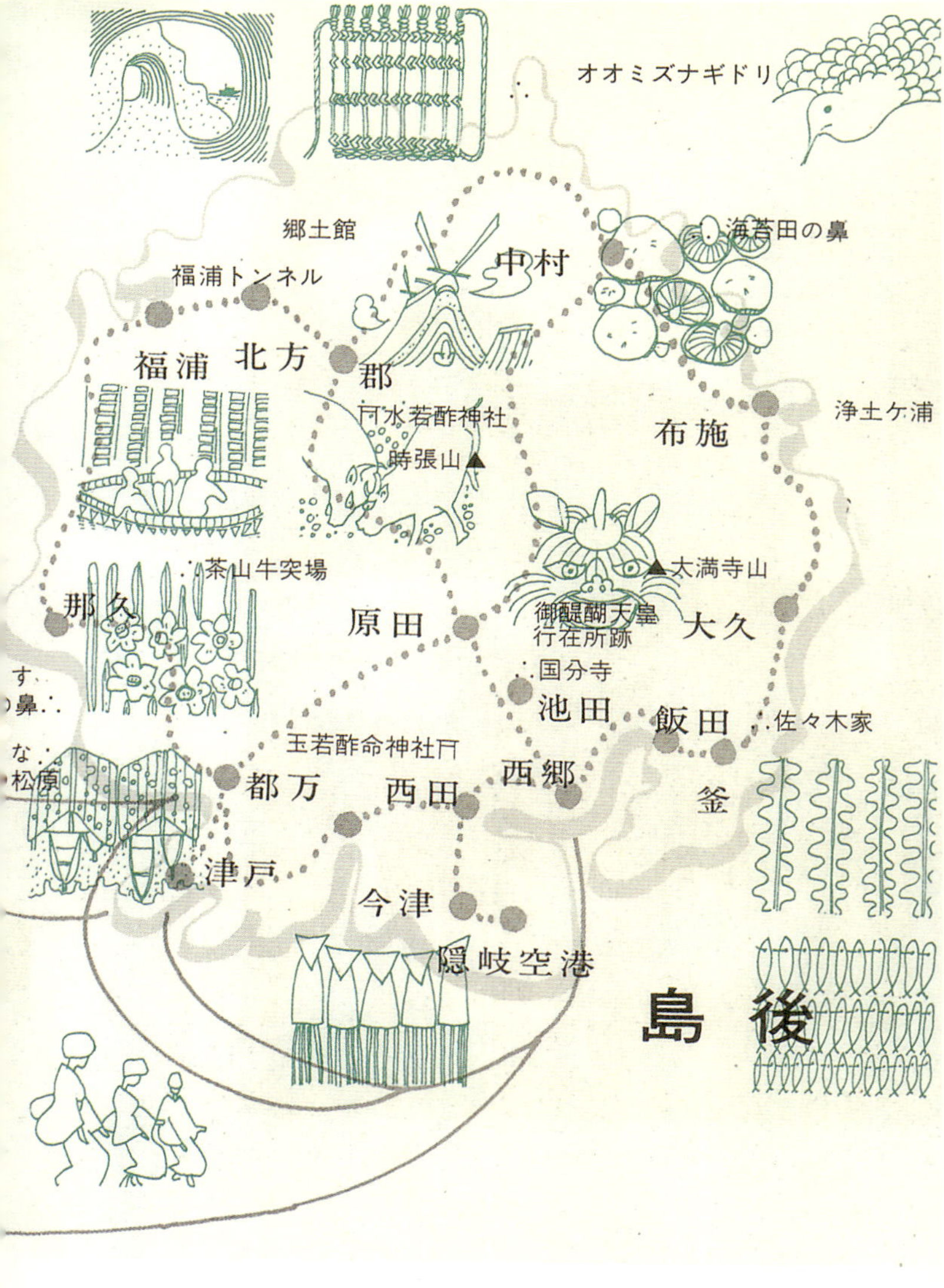

若布を干す。島後・五箇村

かつて廻船業を営んでいた家。島後・布施村

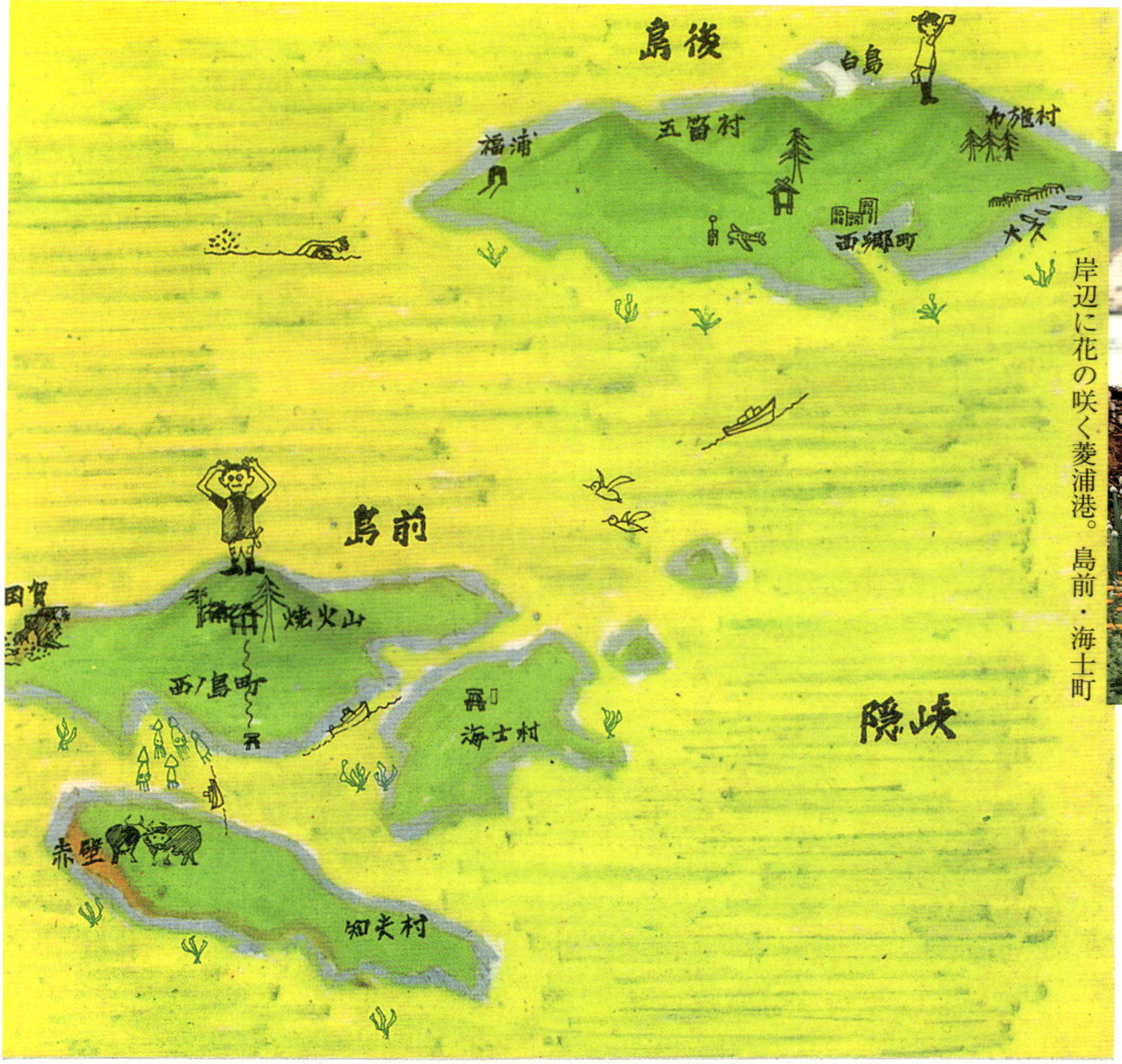

岸辺に花の咲く菱浦港。島前・海士町

迫力に満ちた赤壁の絶壁。島前・知夫

網にからんだ蛸をはずす。島前・海士町

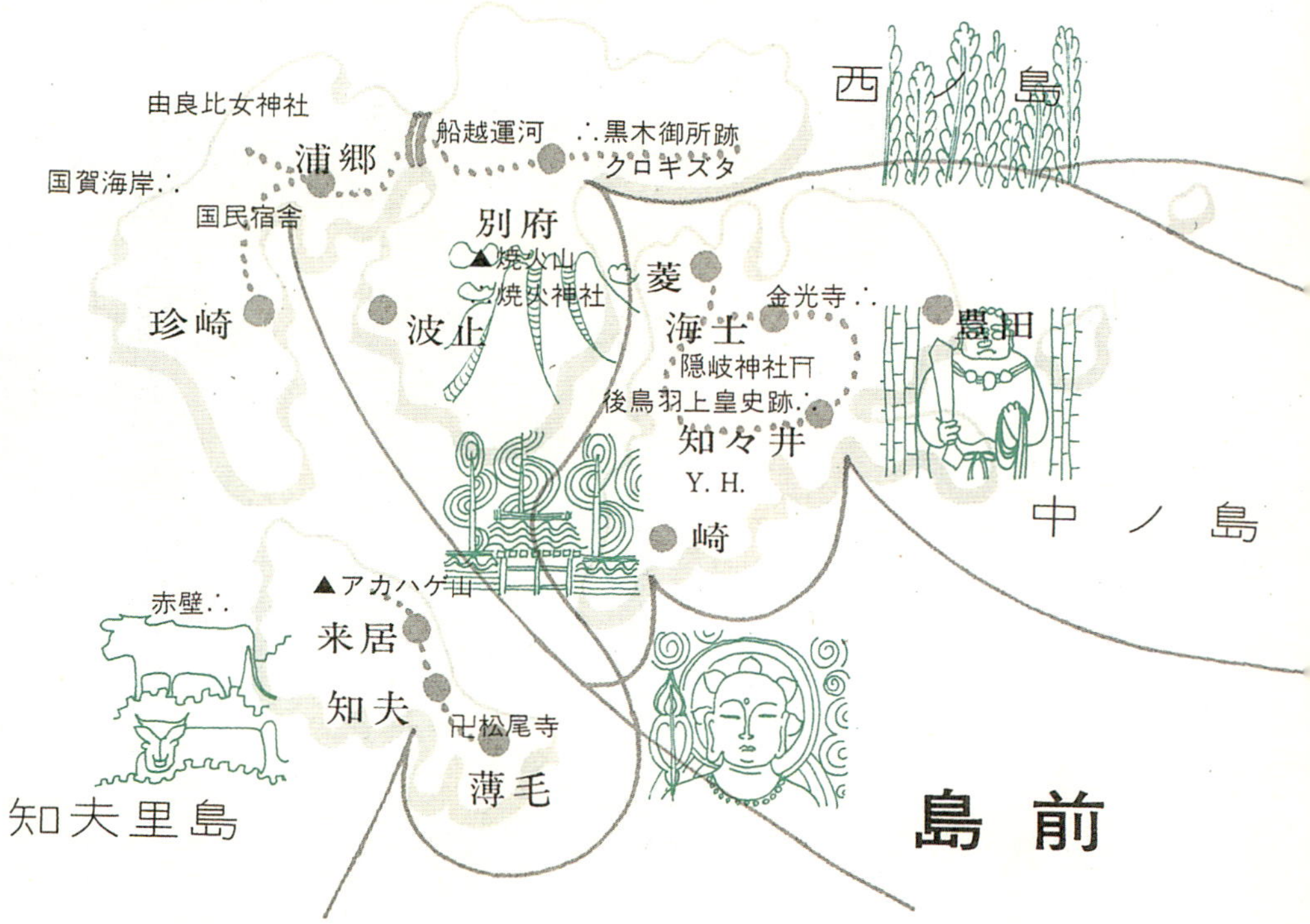

隠岐略図

のである。カシキは朝飯をたくと、その飯を鍋蓋の上にチョッピリのせて船の屋形の上に焼火山の方に向けて供え「ナム焼火大権現、航海安全を守らせたまえ」と祈った。また夕方日の沈むとき、麦藁に火をつけたのを海上に投げ、おなじように焼火権現を祈ったという。その藁束の煙が、ややたちのぼる夜は風も大したことはなく夜船を乗ることができたが、もしその煙が海面を這うように流れるとたいてい風が来るので、できるだけ近い港へ避難しなければならなかった。

　焼火権現は船人たちを守ってくれただけでなく、とくにカシキを守ってくれた。時化《しけ》で船が破船するようなことがあっても、カシキはたいてい命拾いしたそうである。これは神が守っていて下さるからだと信じられていた。

　岩手県大船渡という港の老水夫にもおなじような話をきいたことがある。若いとき日本海を航行する船にのっていたが、あるとき隠岐の近くで大きな時化にあった。船があやうく沈みそうになったとき、焼火権現を祈って、助けたまえと声を限りに叫ぶと、くらやみの中にボーッと島の姿が見えて消えた。その方へ進んでいくとそこは島前の島々の間で、助かることができたという。日本海を航行した船人ならば、そういう不思議な体験はたいていもっているものだと、新潟の古い船人も話してくれたことがある。

　島は船人にとってはなつかしいものである。そして焼火山ばかりでなく、島後《どうご》の大満寺山なども目印としては大切な山であった。海の向うに三角にとがった山があると、もうそれだけでも拝みたくなるものだが、そうした山の下には申しあわせたようによい港があるものだと、船人たちは話してくれた。なるほど地図を

上：帆船が目じるしとした焼火山。島前・西ノ島町
下：船乗りの信仰を集めた焼火山に鎮座する焼火神社。島前・西ノ島町

ひろげて見るとその通りなのである。大満寺山の下にある西郷の港など日本海では屈指の良港である。

隠岐への船路

いま隠岐へゆく船は夜見浜の突端の境港から出ている。船が小さかったころは松江市の大橋の袂から出ていたものである。私がはじめて隠岐へわたったのは昭和九年（一九三四）の夏で、そのときは美保関から乗船したが、昭和十四年（一九三九）渡島のときは松江大橋のところから出帆した。長い細い水道を通って馬潟というところまで来て中ノ海に出る。そして大根島の北側を通って境港につけ、さらに美保関に向うのだが、美保関では夜もかなりふけている。松江の水道を下っていくとき、岸の青い葦が風になびき、森が両岸にせまるところでは蝉がふるようにないていたのをいまでもよくおぼえている。いかにも牧歌的な風景であった。

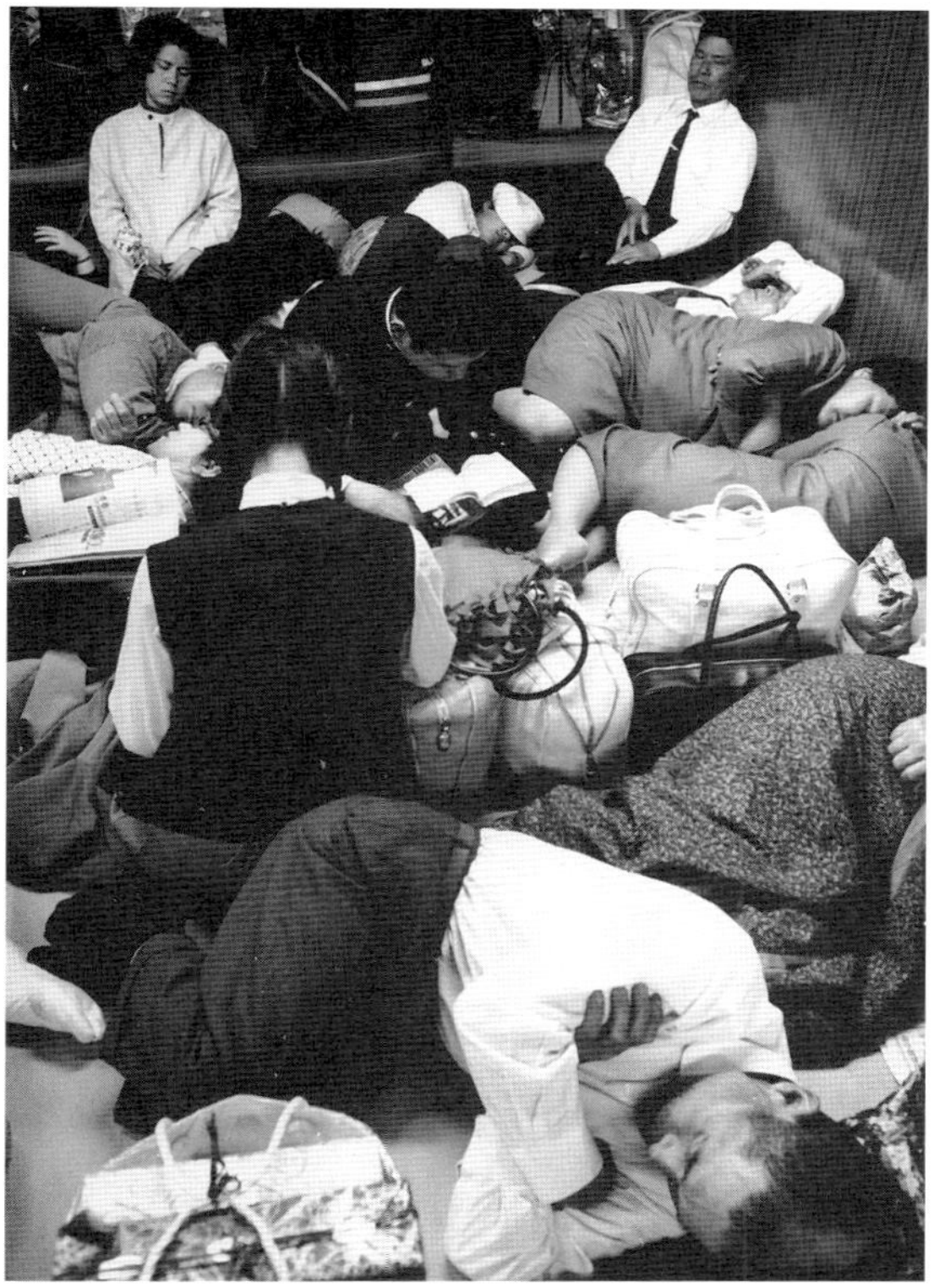
隠岐へ行く「おきじ丸」の二等船室

美保関では暗い海に船がつき、ハシケでその船に乗る。それがまた一つの風情であった。暗い海の向うの島へわたってゆくのである。そしてそれが旅情をそそった。いま船便はすべて昼間になっている。快速の「おきじ丸」というのが境から西郷に直行し、そこから島前の別府までゆく。別に境から島前の浦郷、菱を経て西郷にゆくものが二航海あり、一日に三往復している。だから以前にくらべればずっと便利になり、また島をおとずれる人も多い。

最近二回ほどこの島をおとずれたのだが、今では飛行機もかよっていて、私はそれも利用してみた。朝八時五分に羽田をたつと、一〇時半には米子につき、そこでのりかえて三〇分で隠岐西郷空港へつくのだから、東京から三時間半ほどで行ける。しみじみ便利になったものだと思うが、そのことが一方では旅情をうすいものにしてしまう。島へはやはり船でゆくべきだと思う。

西郷へ直行する船は十二時五十分に境を出る。そして二時間四十分ほどで西郷につく。途中はるか左手に島前の島々を見かける。南から見る島後は大満寺・時張・横尾という三つの山がほぼ等間隔にならび、大満寺の東と横尾の西がなだらかに海におちて、おだやかな島の姿である。そしてみどりが渚の近くまで掩《おお》うている。ゆるやかな丘陵になっている御崎にそうて北へすすむと、せまい湾口の向うに海に浮んだように西郷の町が見える。いまはコンクリートの洋館がたちならんで、海の中の島、素朴な周囲の山のたたずまいに対し意外なような感じの

知夫港。背後の山に牧畑がわずかに残っている。島前・知夫村

網からはずした魚が木箱に飛びこんでくる。島前・海士町

豊田港にあがった網から魚を取る。島前・海士町

竹を敷いて石が転がるのを防いだ屋根。島後・布施村

する町をそこに見出すのだが、昭和九年（一九三四）にここへ来たときは板葺の石おき屋根が海岸にずらりとならんでいるのが印象的だった。それほどこの地もかわって来たのである。西郷湾は西郷の町を中心にして北と西に深く入りこんでいる。山が海にせまって溺れ谷らしい景観を見せているが、みどりと青の山と海が不思議なほど人の心をやわらげる。

港にはりっぱな岸壁もできていて船はそこに着岸する。そしてそこからバスも出ていて島内の名所へ運んでくれる。

「何だこんなに開けていたのか」

とたいていの観光客がこの港ではつぶやくそうである。

島を犯すもの

だが一歩島へ上陸してみると、近代化しているのは西郷だけで、他はまだ昔のままの姿をしているところが多い。そしてそれが旅人の心をひくと言ってもよいのだが、この美しい自然にめぐまれた島をあるいてみて、ここほどこの景色が島民にとって重荷になっているところはないことをしみじみ感ずるのである。島を美しくさせているものは海岸の屈曲の多いこと、入江の中には美しい砂浜があり、岬角は断崖を波があらい、地形は複雑で山と山が重なりあっているのであるが、そのために平地らしい平地をほとんど持たず、地質もまた複雑である。農業らしい農業のおこなえるところは島のうちにはほとんどない。

もとは漁業があった。西郷を中心にしたイカ釣は有名であった。加茂・津戸・都万《つま》のように活気にみちた漁村もあったが、ひろい海の中にある島であり、周囲がよい漁港であるということから、大して大きな漁船を持たなくてもいくらでも漁獲をあげられるという利点をもっていたことが、かえって仇になった。この漁場を目ざして本土の漁港から大型漁船が進出するようになって、海はたちまち荒らされた。そして島民が漁船を大きくするまえに漁業の競争の上では敗退してしまったのである。夏から秋へかけてのイワシの漁期になると境にはたくさんの施網《まきあみ》漁船が集う。そしてそれが夕方になると隠岐付近の海へ出ていく。まるで大艦隊の出動のような壮観で、美保関の東の地蔵崎をまわって、広い海にちらばって行くのだが、沖へ出ると、それぞれあかあかと集魚燈をともす。そして魚をあつめておいては網をかけてゆく。それが一晩中つづき、毎夜毎夜くりかえされる。海の火は遠くから見ていると実に美しい。そこには合戦のように漁撈がおこなわれている。これらの船の故にかえって島の漁撈はさびれてしまったのである。

将来を見ぬくほどの人が居なかったからといえば言いかたは残酷になる。島の漁民には資本の蓄積はとぼしかった。しかもつつましく暮してゆけば今までは海の幸の減ることはなかったのである。

島後の東海岸をあるいてみると大久《おおく》や卯敷《うずき》の浜にはいまでも船小屋がずらりとならんでいる。磯物をとる漁船がその中にひきあげられている。その船小屋の数がものがたるようにもとは磯漁がきわめて盛んであった。とくによいワカメがとれた。島の北端の中村・松ノ浦などはとってもとってもとりつくせないほどワカメがあった。といったところで、口アケといって日をきめて村中のものが出てとるのであるが。

それが近頃ずっと減ってきた。都会から来た人たちがワカメの葉よりもメノネといわれる根の部分をよろこぶことから根こそぎとるようになったのが原因であるという。メノネはこまかにきざむとぬらぬらする上に歯ごたえがあってうまい。根こそぎとればワカメも減ってゆこう。それがやがて人びとの生活をおびやかすようになる。

島のすぐれた資源はどのようにすれば守ることができるのであろうか。そのことについてまず深く考えなければならないのが島の現状である。

島の生産

この島は他からおかされることなく島民だけが生活をたてていったころにはゆたかな島であったと思われる。この島の金峰山の山すその海のほとりからは黒曜石を出している。まっくろなつややかな石であるが遠い昔にはそれで鏃《やじり》をつくったり、槍の穂先もつくった。本土の山陰の人々はこの島に来て、その石をもとめた。そして隠岐を中心にしてこの石を使用した文化圏を見ることができるのである。

この島にはまた早く海人《あま》の定住も見られ、島前には海《あ》士《ま》島という島もある。この島は一島で一郡を形成し、しかも一村をなしているめずらしい島である。しかし海人の住んだのは海士島だけではなく、隠岐全島にわたっていたと見えて、『延喜式』の主計式を見ると、調《ちょう》として

段畑は、等高線沿いに草を食む牛が造った。島前・知夫村

御取《みとり》の鰒《あわび》、短鰒、烏賊《いか》、熬煎鼠《いりこ》、鮹腊《たこのまない》、雑腊、紫菜、海菜、嶋蒜《あさつき》などほとんど海産物であり、庸として布、中男作物として雑腊、紫菜を政府に貢納しているから奈良時代から平安時代には陸の生産物はほとんどなく、海産物が主であったことがわかる。

そのような島に鎌倉のころになると牛馬も飼われるようになり、犬来の牧はひろく世人にも知られた。そして江戸時代に入ると、島の各地に牧畑が発達するようになる。牧畑のもっとも典型的なものは島前の西ノ島と知夫里島に見られた。

西ノ島は全島が牧畑をなしていた。牧畑というのは島の耕地を四区にわけ、その一区画に牛馬を一年間放牧し、放牧したあとにはアワ、ヒエをつくるアワ山、さらにその次の年はムギをつくるムギ山、耕作をやすむ空山《あきやま》というようにして、五年たつとまたもとのところへ戻って来る。この畑につくるものはアワ・ヒエ、ムギだけでなく、ダイズ、アズキ、エンドウなどもある。耕地は個人所有であるが、耕作は牧畑の規制にしたがっておこなわねばならぬ。放牧によって土を肥やしつつ耕作しようとしたものであるが、農産物の生産力はそれほど高くはなかった。ただそれによって多くの牛を生産することができて隠岐牛の名を市場に高からしめた。

牛は草をくいながら山腹を等高線にそうてゆく、それをくりかえしていると、そこに段々が生じて来る。西ノ島の赤《しゃく》ノ江《え》から西海岸の三度《みたべ》へゆく道など、その段畑が見ごとに発達していた。

しかし島民はいつか牛を飼うことをやめた。島を捨てるものが多くなったからである。そして牧畑には松を植えはじめた。

　こうして、島民自身が生産した特産物は次々に消えていって風景だけがあとにのこった。いまはその風景を売り物にしようとしている。だがそれは島民全体をうるおすことにはならない。島民全体がゆたかになるにはもっと考えなおして見ることが必要である。そしてそれにはこの島の祖先たちが生きるたつきとした水産と畜産をどうしたら近代的な経営にし、さらに高い生産をあげることができるかという工夫をしてみることからはじめなければならないところにまで追いつめられている。

赤牛に犁を引かせて田起しをする。島前・海士町

島の史蹟

いま島の有志たちが観光客をひこうとしている観光資源というものにどんなものがあるのだろうか。

　その一つに史蹟がある。しかしその数は多くない。隠岐は島でありつつ一国を形成していた。したがって国府もあれば国分寺もあった。国府のあとはもうわからなくなっているが国分寺と国分尼寺のあとはそれとわかり、国分寺には礎石ものこっていて、新しい国分寺も再建せられている。そして古い舞楽延年の舞の面もいまに保存せられているのである。明治維新の折、廃仏毀釈の嵐がなければ、島にはもっといろいろのものが残ったであろうが、この島での嵐は強かった。それでもなお古くからおこなわれた延年の舞のうち、仏舞・眠仏舞・麦焼舞・貴徳・山神・大平楽・獅子舞などは民間の人びとによって持ちつたえられている。

　国分寺から田甫をへだてた南の丘に玉若酢《たまわかす》命《みこと》神社がある。島後にある延喜式内社七社のうちの一つで境内には若狭の八百比丘尼《びくに》という長命の尼の植えたといわれている八百杉がある。もう二〇〇〇年にも達するであろうと思われる古木であるが、それがまたこの社の古さを物語ってくれる。そのすぐ横に億岐家がある。隠岐国造の子孫といわれる旧家で、代々玉若酢命神社の祠官をつとめて来たが、この家には隠岐の屯倉印と駅鈴と駅馬を徴発するために用いた伝符がのこっている。見た眼には大したこともないように思われるけれど、国々に国府はありつつ、駅鈴はここにのみのこっており、伝符はここのものと但馬のものが残っているにすぎない。古いものはなかなかのこりにくいものである。だがそのほかに史蹟らしいものはない。そこで大ぜいの観光客があると、国分寺のそばで牛突きを見せる。牛と牛の角をからみあわせてたたかわせる。牛突きは隠岐ばかりでなく、新潟県古志郡、東京都八丈島、愛媛県宇和島をはじめ、鹿児島から沖縄へかけての島々に見られた。

　島の大社は玉若酢ではなくて、島の中央よりやや北にある五箇村の水若酢《みずわかす》神社であった。この社が隠岐の一の宮であった。参拝する人も少なく、ひっそりしているのがかえってわれわれには好ましくさえ思われる。

　隠岐はまた島であるが故に流人の島でもあった。承久三年（一二二一）には後鳥羽上皇が隠岐に流されている。

牛突きを楽しむ島人。島後・五箇村

それは島前の海士島であった。いまそこに火葬所のあとがあり、また隠岐神社がまつられている。行在所は源福寺という寺であり、そこに十九年もいて、ついに都へかえることなく崩御した。源福寺の近くには村上という家があって、天皇に仕え守護し奉ったという。元弘二年（一三三二）やはり隠岐に流された後醍醐天皇の行在所は島後の国分寺にあったとも、島前の西ノ島別府の黒木御所跡がそれだともいわれているが、今日では国分寺の方が

二頭の牛が激しくぶつかり合う牛突き。島後・五箇村

史蹟の指定をうけている。

民衆につながる歴史

物々しい歴史ではなく民衆とのつながりのある歴史の中には物なつかしい史蹟がいくつかある。その一つは焼《たく》火《ひ》権現である。西ノ島ではあるが、焼火山は海士《あま》島、知《ち》夫《ぶ》里《り》島にかこまれた内海に巍《ぎ》然《ぜん》としてそびえる。海抜四五一メートル。その八合目のところに焼火権現はある。

隠岐一の宮の水若酢神社。島後・五箇村

日本海を航行する船人に信仰せられたことはさきにも書いた。もと神仏混淆の修験の山でいまも大きな権現堂が拝殿としてのこっている。私は昭和九年（一九三四）夏神官松浦静磨氏をたずねてこの社に参拝し、とめていただいたことがある。森閑とした山中で全山は杉の古木におおわれ、わずかに南がひらけていた。夜になるとはるか海の彼方に火が見えた。その火をさしていかにも怜悧そうな松浦二世が「おじさん、あの火は大山《だいせん》だよ」と教えてくれた。海をへだてた伯耆《ほうき》の大山の火がここからは見えるのである。しかも大山と焼火は向いあっているのである。山中の、あるいは海中のと言ってもいいであろう孤独を、火の光が救ってくれる。

その夜私はランプの火の下で松浦氏から島の話をいろいろと聞きつつ夜をふかした。少年はかたわらにすわっておとなしく話をきいていた。

汽船が汽笛をならしながら、下の海を行く。静かだから、機関のひびきすらがここにきこえて来る。焼火権現にささげる隠岐汽船の汽笛であるが、実は隠岐汽船をはじめたのは松浦氏の祖父にあたる斌《さかる》氏であった。隠岐と本土の間を汽船でつなぎ、島に新しい文化の光を導入しようと考えた若い神官は焼火の山に生い茂る木を伐って資金にあて同志の者と速凌丸という船をつくって、明治十八年二月松江から隠岐への航路をひらいた。一五五トンほどの船であった。そしてそのとき以来島と本土の間を隠岐汽船会社の船がつないできたのである。

夜更けて私は広い拝殿に一人寝た。その翌日、松浦氏について山を下った。山の下には波止という部落がある。

そこに松浦家の別宅があるので、夕方までそこで休み、その夜は浦郷へ県知事が来て歓迎の盆踊があるから見に行こうと、漁船を仕立てて松浦氏が櫓を押して、浦郷まで行った。実に静かな海であった。半里あまりの海を行くうちに暮れてしまって、月が焼火の上にのぼって来た。船を浜につけると、松浦さんは知事に挨拶して来るからといって宿屋へいったので、私もついていってその夜とまる部屋をたのんだ。

盆踊はドッサリ節にあわせて踊られた。月が前面の海を照らしてあかるく、空も山もぬれたように青い。その青い光の中で浴衣を着た人びとがひらりひらりと舞う。抑揚と陰翳にとんだゆるやかな歌声が細く時には高く、青い光の中へすいこまれていくと、目に見えぬ糸にあやつられたように、人びとは音もなく動いてゆく。踊は夜更けまでおこなわれた。月が中天にかかって止んだ。するとまた周囲はひっそりと静まってしまった。私はその静かな海に向って長い間すわっていた。

昭和四十年(一九六五)五月浦郷をおとずれたとき、そこには堂々たるコンクリートの漁業組合の建物ができており、昔のおもかげはなくなっていた。そしてもっとおどろいたことは、松浦二世がいつの間にか、四〇歳をこえる紳士になって私のまえにあらわれたことであった。

隠岐の民衆史にはもう一つ心にのこるものがある。島後のほぼ真中にある都万目《つばめ》の顎なし地蔵である。西郷から五箇への道の途中都万《つま》路の峠の手まえの谷を西へはいるとそこに都万目がある。北は高い山を背負った小さな盆地で、まるで隠れ里のようなところだが、そこに一〇戸あまりの家がある。いまはタバコをつくって、生活は安定しているようで、家はみないい。その村の中に顎なし地蔵の堂がある。昔は首から上の病に霊験があるとして、島の人よりも島外の人が信仰した。私の母はよく歯痛で苦しんだが、夜浜へ出て線香をたて北の方を向いて「隠岐の国の顎なし地蔵さま歯のいたいのをとめて下され」と拝んでいたのをおぼえている。しかしそれは母一人ではなかった。瀬戸内海の島々をあるいているとき、方々できかされたばかりでなく、堺市のような町の住民の中にすらこの地蔵を信仰している人があった。一番おどろいたのは宮城県松島の人がやはり歯痛をなおす地蔵として信仰しているのを見たことであった。昭和四十三年(一九六八)私は都万目をおとずれて顎なし地蔵へまいった。そしてなき母にかわってお礼を申しておいた。海の中の島のこのささやかなお堂におわす地蔵さまをどれほど多くの人が信仰したことであろう。しかも信仰者でこの地をおとずれる人も少なかったであろうし、このお堂から祠堂銭をあつめるために信仰者のところを巡訪する旅僧もいなかったはずである。にもかかわらず、多くの人びとに信仰せられていた。

イカと流人と

島前は西ノ島と知夫里島で知夫《ちぶり》郡を形成しており、七つの式内社がある。そのうちの由良比女《ゆらひめ》神社というのは大社で、浦郷の西の深い入江の奥にある。神社のまえの海のほとりには小さな小屋が七、八つほどならんでいる。

顎なし地蔵の祠がある都万目集落。島後・西郷町

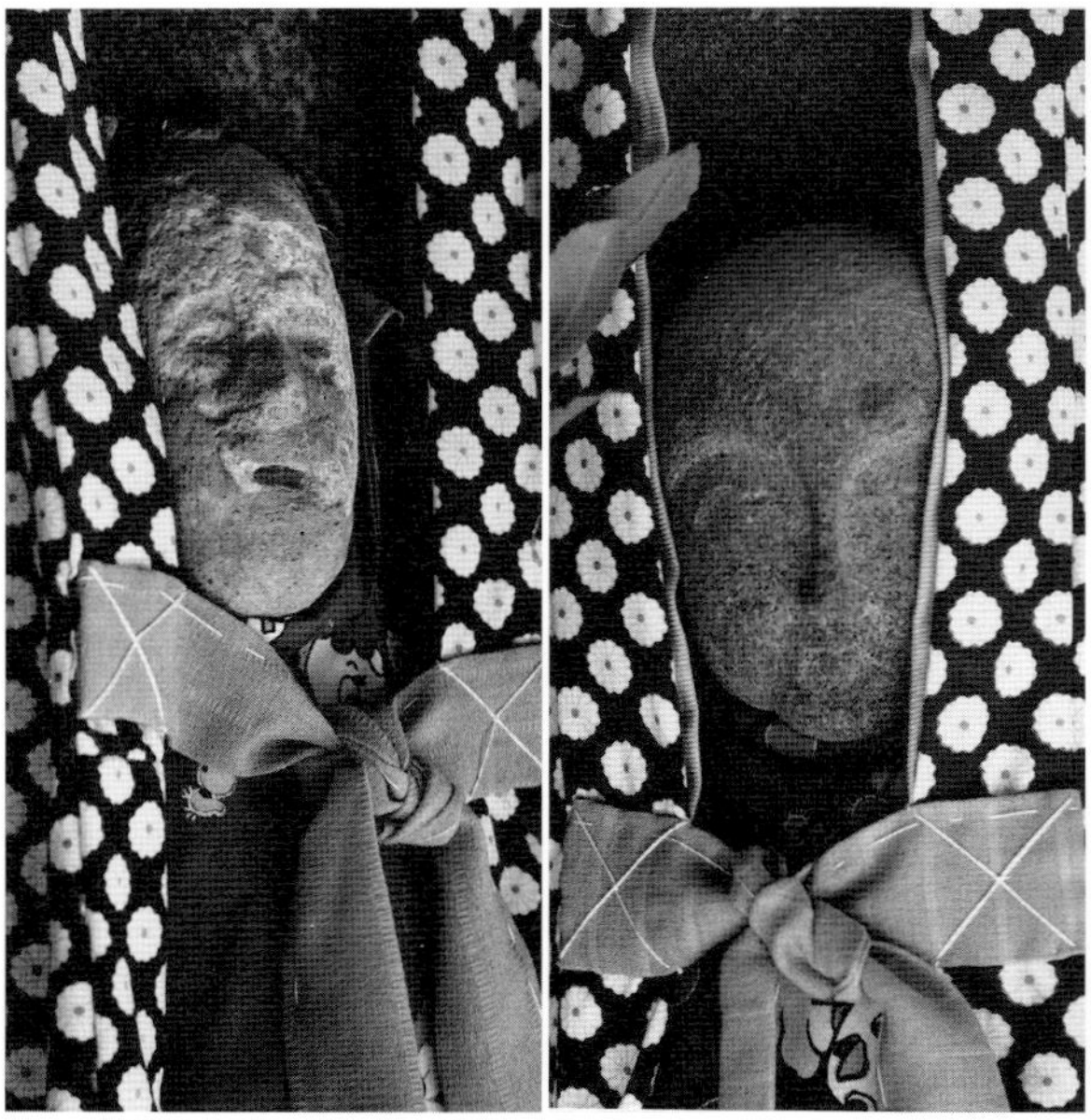

こんな地蔵もあった。島後・五箇村

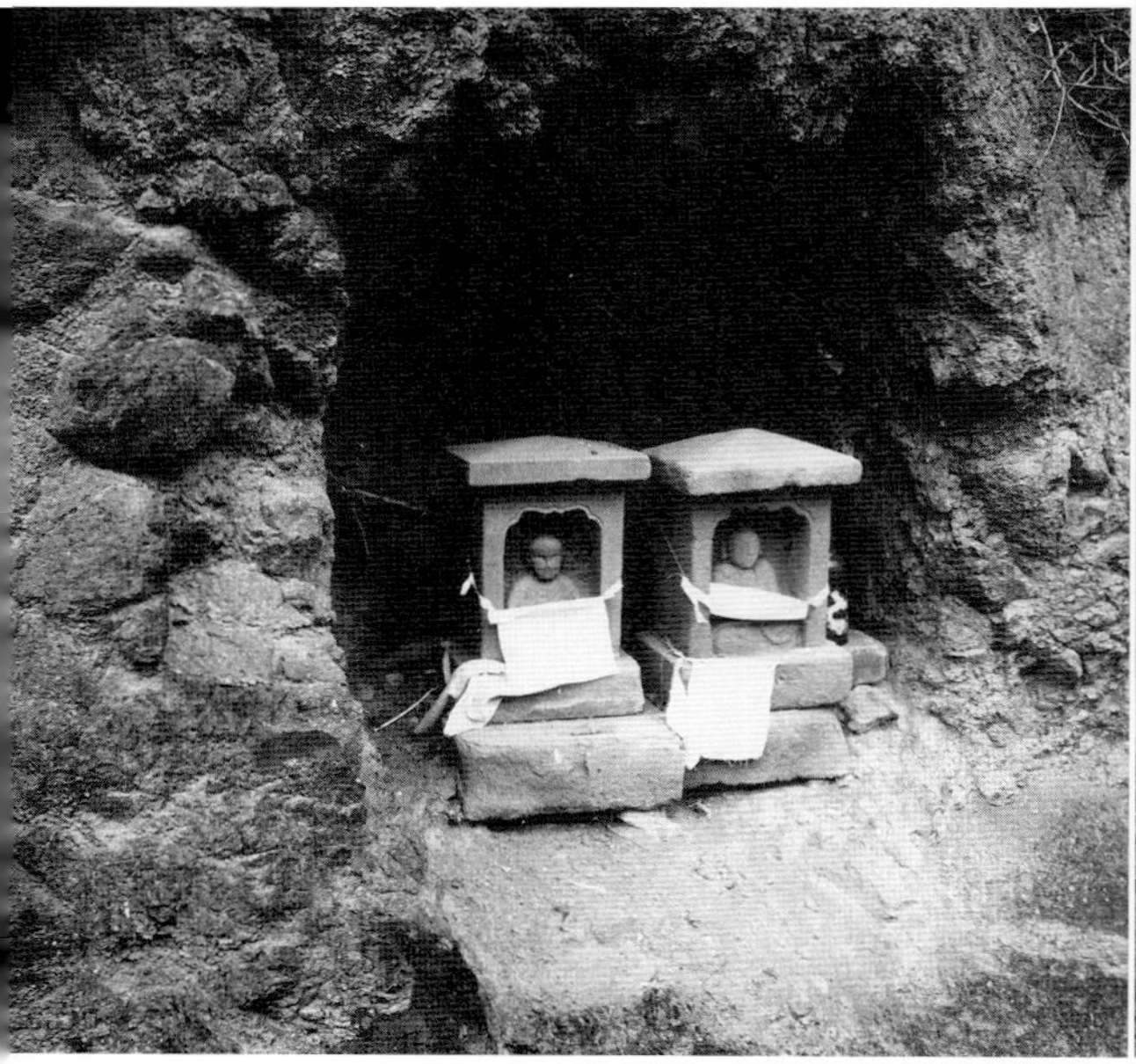

島の路傍にはさまざまな神仏が座す。島後・西郷町

明治の神仏分離令で壊された300余の五輪塔。島前・海士町

それはイカをとるための小屋である。この浦へは秋一〇月ごろになるとイカが押しよせて来る。たいてい夜の一〇時ごろから一時ごろまでの間である。毎晩ではないが二日に一回くらいは来る。それをみんなでつかみどりにする。何百年というほど、あるいは何千年というほどの間かもわからない。毎年くりかえされてきた。なぜここに寄って来るのであろうか。イカは交尾の場所をこの浦にもとめているという。昔は海がイカで埋まって畳を敷いたようになったから、これをイカ畳といった。この寄りイカの故にここに由良比女神がまつられたのかもわからない。浦郷はいまも隠岐のイカ漁の中心地をなしている。ただ由良比女の浦へは昔ほどたくさんのイカは寄らなくなって来た。

民衆につながる歴史といえば一般の流人についても語らなければならぬ。それには『隠岐の流人史』という書物もある。この島にも多くの流人が流されて来たのであるが、伊豆の島々にのこされているような悲惨な話をきくことも少ないし、また流人帳などものこってはいない。流人の船の来ることを着岸といった。流人船は多く大阪から来た。伊豆の島のようにいきなり船が荒海へ出ていくのではなく波の静かな瀬戸内海を下ってゆくのである。毎年二回くらい内海を流人船が下っていった記録が、内海の島にのこっているのを見たことがある。流人船の通るまえにはかならず狼煙《のろし》で合図があった。するとそれから一日二日おいてやって来る。警固の船が一艘ついている。船は沿岸の舸子《かこ》が交代で漕いだ。それほど大きな船ではなかったようで、夜になると島や浦へつけて休んだ。

流人船は大阪ばかりでなく、長崎からも出ている。流人船はまず島前の別府について、そこで四割ほどが上陸し、のこりの六割が西郷までゆく。船がつくと庄屋があつまってクジ引でそれぞれの村へつれていったという。そして村の中へはいると、小屋掛をしたり、時には空屋を借りて、商売や手織などをして生活をたてた。中には島の女を仮の妻にするものもあったようだが、一般の人たちとのわけへだては少なかったようで、それだけに流人の伝承は少ないようである。流人がゆるされることもなくて、島で死んだ者も少なくなかったようで、そういう人のために、島民は墓もたててやった。村の墓地の片隅にそうした墓のあるのを教えてもらって見たことがある。とにかく流人が島民との間にイザコザをおこしたことはほとんどなかったようで、流人にとっては島は決して住心地のわるいところではなかった。そのことがかえって流人についての伝承をのこさなくしたのであろう。この島には南蛮貿易にしたがってその名を知られた末次平蔵のような人も流されているのだから、もっといろいろのことがわかっていいはずであるし、西条左衛門のように『道中日記』をのこした流人もあったのだから、もっとくわしい島の記録がのこされていいはずだが、流人の方もあまりくわしいものは書きのこしていない。

古くから人が住み、しかも日本海交通の重要な寄港地でありながら、どうしたことかきれぎれの歴史しかのこしていないのが隠岐である。

島の風景

そこで隠岐の人たちが観光客をひくうたい文句にしているのはその風光である。そしてその一つは島前西ノ島の西海岸にある国賀《くにが》の海蝕崖である。隠岐の島は日本に属しているのに地質的には朝鮮に近い。朝鮮の鬱稜島とおなじアルカリ火成岩から成っており、国賀ではそれが見ごとな海蝕崖をなしている。日本でもっとも高い海蝕崖は伊豆諸島の御蔵《みくら》島のそれであるが、国賀は御蔵島につぐものといわれている。しかも夏は海が静かで、この断崖の下を船をはしらせるのはすばらしい。

国賀にかぎらず、知夫里島のアカハゲの断崖もすばらしい。その無気味なまでに赤い岩肌が紺碧の海の上にそそり立つのを見あげると圧倒せられるものがある。

こうした島前の海蝕崖に対して、島後北端の白島はその白さが、親しみをおぼえさせる。白島へは中村から遊覧船が出ているが、近頃は陸路を白島岬突端近くまでいって、そこから渚におりて船で島まわりをすることもできるようになった。とにかく夏の海は静かで、海の水は澄んで底の底まで見える。それが心のよごれをも洗いきよめてくれるような気さえする。

これら断崖のつくり出す男性的な風景に対して、東海岸の布施の崎山岬は女性的といってもいいほどで磯あそびには適している。

南岸の津戸の港もよいところである。海の中に低く突き出た岬の上の漁村はその平和で明るい夏を持つ故に、冬のきびしさにたえてこのようなところに住みついたのであろうと思われるほどおだやかな風光の地である。

最後に、これらの風景は島後では大満寺山の上から、島前では焼火山の上からながめるとすばらしい。大満寺山の上からは島の東海岸から南海岸へかけての一帯が一望の中に入る。複雑な山の起伏をしてそれがはるかに海におちている。山の上からは村はほとんど見えない。ただ木が茂りに茂っている。それも原始林ではない。特に東北にくいこむ布施の谷は杉の植林が見ごとである。布施はもと廻船の村であった。その人たちが陸へ上がって植林をはじめたのである。しかもそのほとんどは村有林で、村人の多くは村有林の作業に出ることによって生活をたてており、杉販売の代金で村費がまかなわれている。布施は小さな村である。小さいけれどもこの村有地経営のために独立した一村をなしている。大満寺山の上から見る山のゆたかさに、この村の人たちの気概をよみとることができる。

これらの風光はまだほとんど荒らされていないことによって、この地をおとずれる人たちに深い感動を与える。この島にはまだスカイラインなどというものもないし、自家用車の傍若無人な横行もない。それだけにすばらしいのである。しかし最近では大満寺山のシャクナゲが島外から来るハイカーたちのために掘りとられて次第に減少しつつあるという。

みんなでみんなの島に

隠岐はよい島である。名の知られている割にいままでおとずれる人が少なかった。島が島前と島後にわかれており、また島内に陸上交通網が発達していなかったためにいわゆる風景を見てあるくには時間がかかりすぎた。しかし一日に三回も船がかよい、飛行機がとび、島後はバス道路が島の北端に通ずるようになって、次第に観光客もふえはじめてきた。そして島民の観光にかける期待も大きいのだが、島としては受け入れ体制がほとんどととのっていない。宿屋は西郷に密集している。こういう島にこそ民宿が発達していいのではないかと思う。団体客を迎え入れることも大切であろうが、むしろ小さなグループの旅人たちをできるだけ多く迎え入れるような計画とたてることが大切なのではなかろうか。

と同時に浦々のワカメやアワビやサザエなどをもっともっとふやす対策をたてていいはずである。隠岐は島である。海の国である。海がもっと生かされなければならない。島前のような内海はヨッティングなどに利用されていいし、西郷湾などは観光をかねた養殖もおこなわれていいはずである。

とにかく未来をはらんで多くの可能性をもった島である。こういう島はすぐれた旅人ができるだけ多くおとずれて、新しい旅の方式を見出し、そのことを島の人たちに忠告し協力しあって計画すると面白いレクリエーションの島をつくりあげることができるのではないかと思う。

島後の東岸の大久に沢井さんという方がおられる。私はそのお宅をたずねていって、小さな温室を見せてもらった。沢井さんは農事試験場の場長をしていたが、停年でやめて郷里へかえって百姓になった。百姓といっても気ままのできる百姓である。だから、いろいろの工夫をしてみる。大満寺山へいってシャクナゲの枝を切ってくる。根こそぎとったのでは根だやしになるが、枝をとるのであればそれほど木はいたまない。その枝を挿し木してみる。枯れるのも多いけれども、その中の何割かが活着する。そのような鉢が何百というほどならんでいる。

「これは観光客の土産にならないものかと思いまして」と笑いながら言う。シャクナゲは実生でも育てられる。

またメセンというサボテン科の植物を育てている。火山帯の地質に適するというが、一つが二つに、二つが四

西郷港の「しまじ丸」と乗客。島後・西郷町

つにとわれてゆき、花がさく。美しい花である。温室があればこの植物は容易に育てられるが、アルカリ性の火山岩地質がもっとも適しているというのだから、隠岐はその特産地になり得る条件をもっている。沢井さんはこうして自分の特技を生かして島の特産をつくり出そうとしている。

島をあるいていると山地のいたるところにアザミのおびただしい野生が見られる。アザミの根はヤマゴボウに似ているが、かおりがすこぶるよい。もしうまく採集し集荷する方策がたてられるならば、それをとってきて、ミソづけをつくってもよい。それはきっと人びとに喜ばれる土産品になるであろう。さらに、原料を円滑に供給しようとすれば栽培も考えてみていいことであろうと説く人もある。

また西郷の西北の尼寺山には家畜センターができて、隠岐での牛の増殖に踏みきった。いっぽう西郷湾口の岬台地は長い間雑草や雑木の茂るにまかせていたが、そこを草地改良して牛を放牧するようになった。それがまた島にあたらしい景観を生み出しつつある。隠岐では昔から牛を放牧してきた。そこに生える草を栄養価の高いものにきりかえることができれば牛はもっともっとふやされる。そして山野のいたるところに牛のあそんでいる風景を見ることができるであろう。若い人たちはそれを夢みている。

風景はただそこにあるだけのものではなく新しくつくり出さねばならぬ。隠岐をあるいているといろいろの空想がうかんでくる。あるいていて空想のうかんでくる土地はよい土地である。しかも多くの素朴をのこしている。地形が複雑で開発がおくれたことが原因なのだが、こういうところへ旅ずきの大ぜいの者があつまって島を見てあるいて、開発のあり方のディスカッションをしてみたら面白いのではないかと思う。

島の人たちは皆親切である。そして旅人を身内のもののように取扱かってくれる。だから旅人の話にも耳をかたむけてくれるであろう。昭和四十三年（一九六八）に島へわたったとき、島の若い人たちが二〇人あまり集った。中には島前からやって来た人もいた。「みんな気狂いになって島おこしに浮身をやつしてみようではないか」といったらみな賛成してくれたが、それにはしっかりした目標をたてねばならぬ。

こういう島では史蹟や風景で観光客をひくことを考えるばかりでなく、観光客から知識を吸収する方策も考えると旅人も地元も生き生きしてくるのではないかと思う。

石をおいた木羽葺屋根の船小屋。島後の東海岸。
昭和43年（1968）5月　撮影・宮本常一

昭和40年代の豊松村には、茅葺屋根の農家がまだ数多くあった。家や屋根の大きさは同じではないが、屋根はほとんどが寄棟造りと呼ばれる形である。おそらく名《みょう》の一門が協力して家を建て、茅葺屋根の補修などもしてきたのだろう。

宮本常一が撮った 写真は語る

広島県豊松村

広島県の北東部、岡山県境にある豊松村は、いかにも中国山中の村らしいたたずまいと、祭りに中世の村の姿をよく残している。昭和三十四年（一九五九）三月の村の人口は約四四〇〇人、それが昭和五十三年（一九七八）四月には約二六〇〇人になっている。

宮本常一がこの豊松を初めて訪れるのは昭和三十八年（一九六三）十月二十日、村役場で宗教民俗資料などを見た。日記に〈このあたりは時間をかけて調査したい〉と記している。それは宮座（中世からの祭祀組織）の文書もあったからだろう。

二度目は昭和四十年（一九六五）九月十日、豊松村にある鶴岡八幡宮の赤木勇夫宮司から、村祈祷（めぐり祈祷）を見にきませんか、という誘いによるもので、豊松には十二日まで滞在した。ここに掲載した写真は、この二度目の採訪のときに撮ったものである。

赤木宮司の神職としての勤めのほかの活躍については、その一端を宮本常一も書いている（一一九頁以下）。

赤木宮司が生活用具（民具）などを蒐集する動機には、村から都会に出て行く人が増えて、昔から使われてきた生活用具などが放置されることに、これではいけない、と思ったこともあったのではないかと推測される。

全国に生活用具を展示した博物館や資料館がある。その生活用具は、これは後世に伝え残さなければならないと気づいた人が、たいていひとりで蒐集を始め、のちに博物館などに寄贈したものが少なくない。

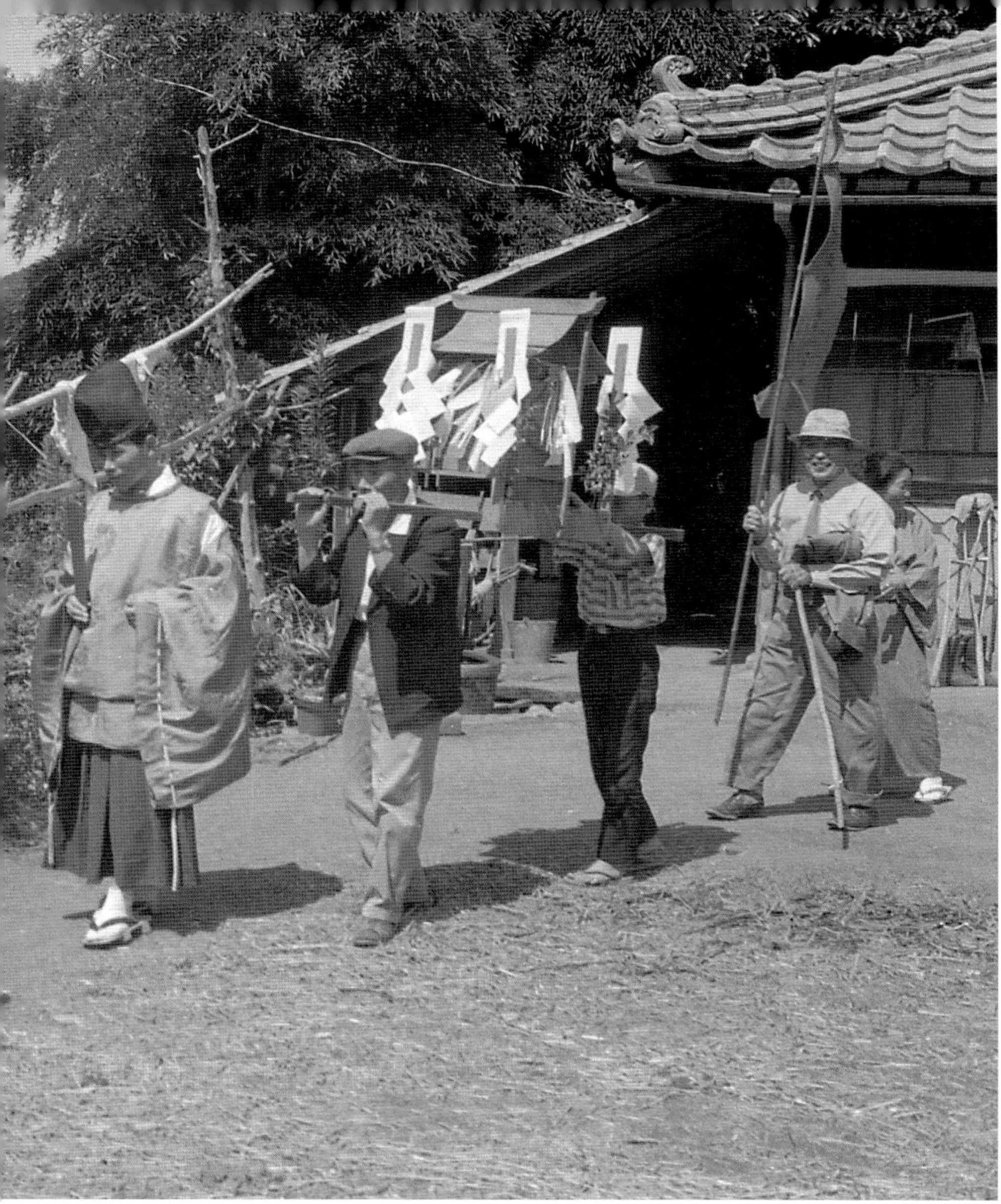
豊松村矢原の村祈祷（めぐり祈祷）。写真にはないが、先頭に幟を持った者がいる。ついで太鼓、太鼓を叩く者、赤木宮司、そして二人が担ぐ荒神を遷した神輿。そのうしろに幟を持った人、何も持たない人がつづいて集落の13戸の家をまわる。

蒐集を始めたころは、あれは気が変になったのではないかとか、あんなもの集めてどうするつもりだ、という声があった。そんな声に押しつぶされることなく蒐集をつづけた。それが現在の博物館や資料館の展示を豊かにしているといっても過言ではない。

（須藤　功記）

昭和41年（1966）12月11日、4度目の採訪のとき。
左から赤木勇夫宮司、宮本常一、姫田忠義、伊藤碩男。姫田と伊藤はのちに記録映画「豊松祭時記」を制作する。

屋根に並べた蜂蜜洞。蜜蜂がこの洞にはいって作った蜜を採集する。

明治初期に使われていた神楽の衣裳

桐の木で土地の者が彫った神楽面。安政（1854 ～ 1860）の年号を記した面もある。

豊松ぶらぶら

文　宮本常一

写真　須藤　功

牛馬供養大田植

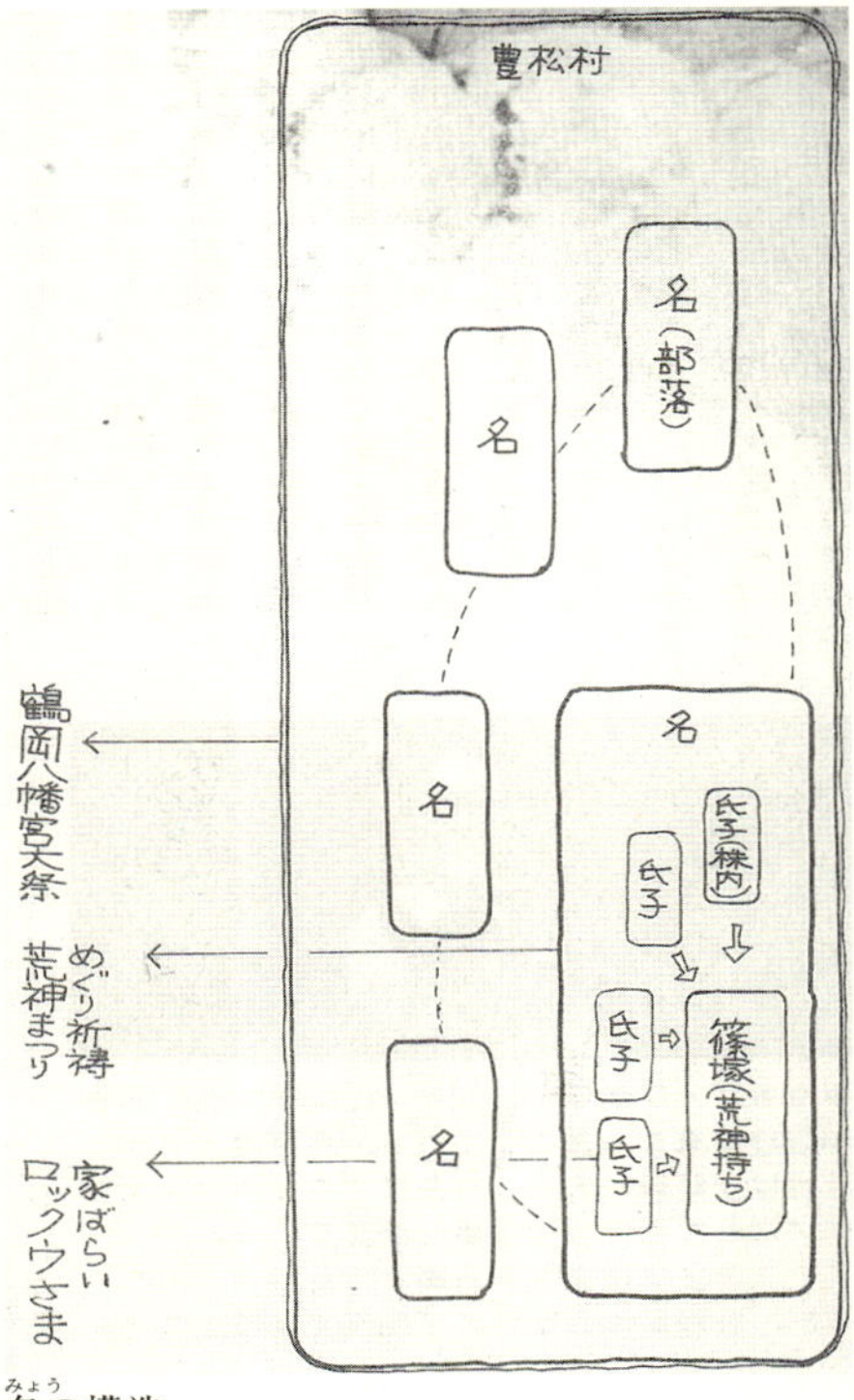

名《みょう》の構造

備《びん》後《ご》国《くに》豊《とよ》松《まつ》村《むら》 早《わさ》田《だ》名《みょうの》荒《こう》神《じん》祭《まつり》

文・写真 姫田忠義

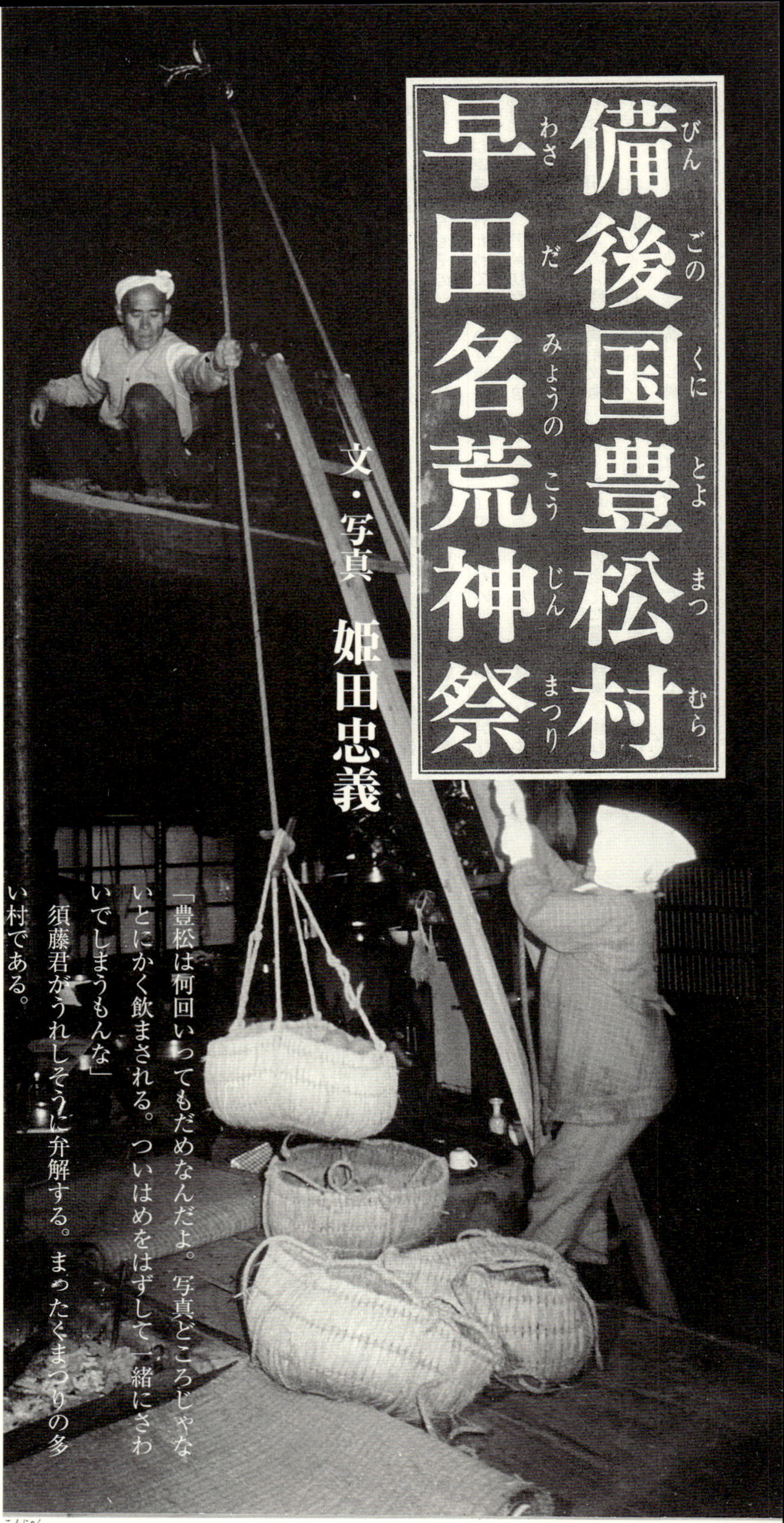
「豊松は何回いってもだめなんだよ。写真どころじゃないとにかく飲まされる。ついはめをはずして一緒にさわいでしまうもんな」須藤君がうれしそうに弁解する。まったくまつりの多い村である。

蒟蒻《こんにゃく》玉をおろす。

豊松のまつりは大別して二つに分けられる。一つは大田植など農作業に対応したものであり、もう一つは家－部落－村という社会組織の各段階に対応したもので、これは日本の中世（鎌倉・室町時代）の村の構造をそのままつりに反映したものである（上図）。それがこれほどはっきり残っている村は珍しい。

ここではそのうちの部落（名《みょう》）単位のまつりの一つ、「荒神まつり」の例をとりあげてみよう。もとは正月、五月、九月の二十八日におこなわれていたが、今は年に一回、秋のとり入れ後になった。

荒神祭は「篠塚《しのづか》」と呼ぶ、荒神《こうじん》持ち（神社）の家で行なわれる。早田名《わさだみょう》の荒神持ちは内樋《うちひ》家で、普段のこの日、当主は山から枯草を運ぶ仕事をしていた。撮影・須藤　功

荒神まつりの朝、内樋氏は山から榊《さかき》を取ってきて（上）、荒神社や家の竈神《かまどがみ》のロックウさま（下）、などに供える。

時刻を見計らって、氏子の人々が篠塚の家にやってくる。それぞれ祭りのための金包を持参。炉端で当主とていねいな挨拶を交わす。

宮司の到着を待って座につくと（右上）、祝詞があり（右下）、ついで神楽になる（左上）。氏子はそれぞれに家族の無事を祈って参拝する（左下）。

神楽のあと、宮司は篠塚の家のロックウさまを初めに（右）、祖霊社（左上）や牛舎などをまわって祈祷をする。そのあと、荒神を社に送るため、参会者はそろって早田荒神社に向かう（右下）。

篠塚に荒神を迎えて、宮司は荒神に作物の豊饒を感謝し、「名」の人々の無事を祈って祝詞《のりと》を奏上した。備中《びっちゅう》神楽と出雲神楽が混合しているとされる豊松の神楽もまた、農作物の豊饒を感謝し、さらなるみのりを祈るものだった。この豊松の神楽には、「神役《じんやく》」と呼ぶ特色のある神迎えの一番があって、この日も演じられた。すべてをすませると直会《なおらい》になり、やがて内樋家はにぎやかなひとときにつつまれた。

豊松

文　宮本常一

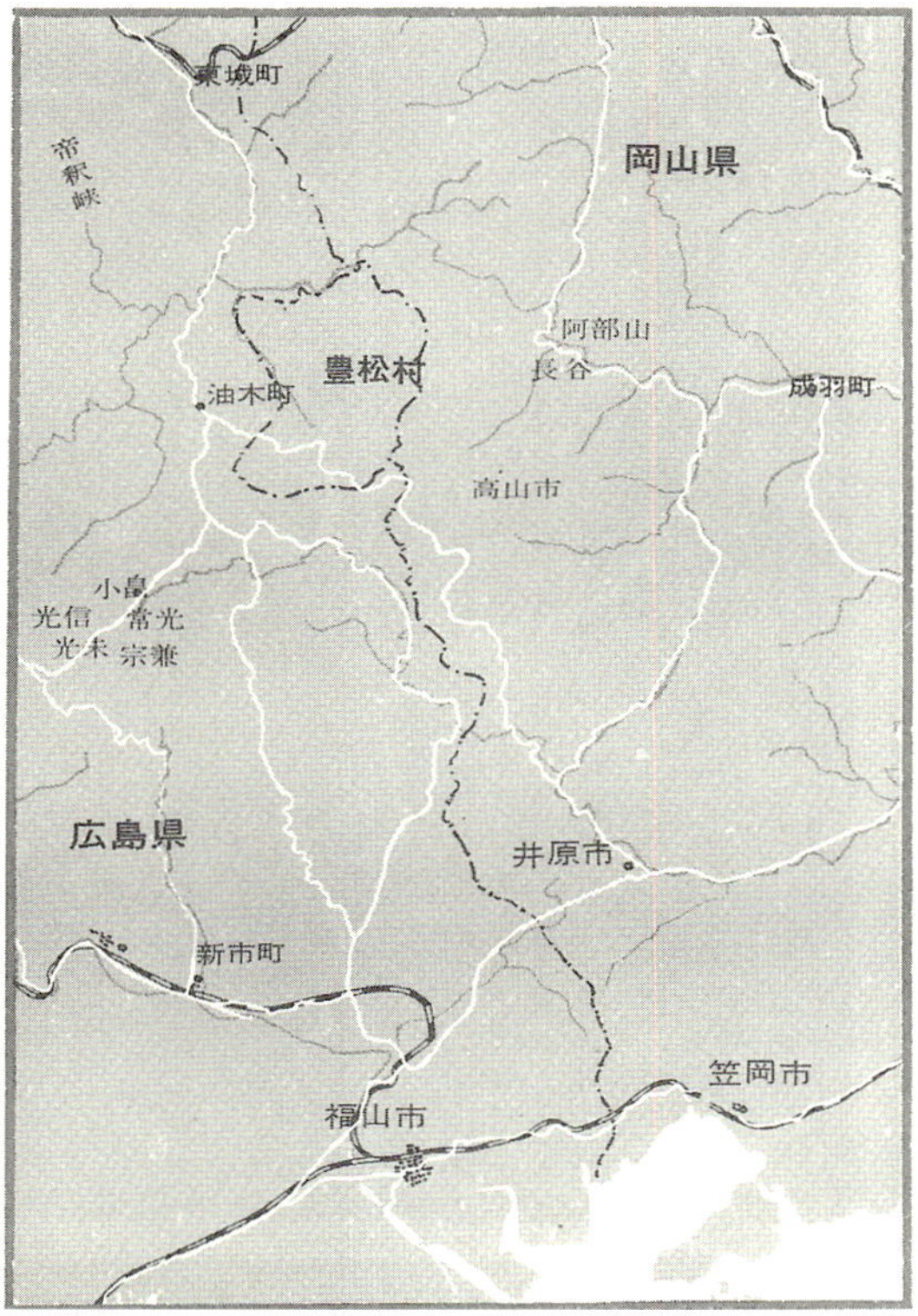

豊松村位置図

散策の提唱

これまで観光地とよばれて人びとの多く集ったところは、景色がすぐれているとか、歴史的な遺跡があるとか、社寺や美術的価値の高いものがあるというようなところ、あるいは温泉のあるところなどであった。

そういうところには大きい旅館やホテルが建てられ、観光バスが周遊し、団体客がおとずれ、ミヤゲ物店が軒をならべているというのが共通した風景であったといっていい。

しかし自動車が発達して来ると、すぐれたドライブウェーのあるところ、または自分自身が身体を動かして遊びたのしむところが求められるようになっていった。

いっぽう、山野をあるいてたのしもうとするハイカー・登山者たちの群もずいぶんふえて来て、休日には何々コースと名付けられる道すじには人があふれるほどあるいているのを見かけるようになった。

こうした旅の仕方のほかに、もう一つそれとない旅ともいうべきものがあるのではないかと思う。散歩とか散策とか逍遙といわれるものである。物々しい支度をするのでなく、ふだん着のままで出かけていって自然や人文景観にしたしもうとするものである。国木田独歩の『武蔵野』はそういう歩き方を教えたすぐれた書物であり、この書が出て以来、武蔵野を散策する者はきわめて多かったが、その武蔵野もいまはない。関東平野全体が騒々しくなって、静かに自然の声を聞くことのできるようなところは何程ものこっておらず、どこへいっても自動車の騒音をきくようになったし、少し高いところへ立つと、どこかに高い煙突と工場と煤煙を見るようになった。

しかし関東平野をはなれると、人間が自然の中へ抱かれるようにして住んで来ている世界に接することができる。そういう風景は平凡であり、どこにもあるものであるが、都会であわただしく暮らしている者には不思議なほど心をなごやかにしてくれる。世の中がいそがしくなり、目まぐるしくなればなるほどそういうものにひかれる心も強くなって来る。あるいているところを自動車に邪魔されることもない。何時までにどこへゆかねばなら

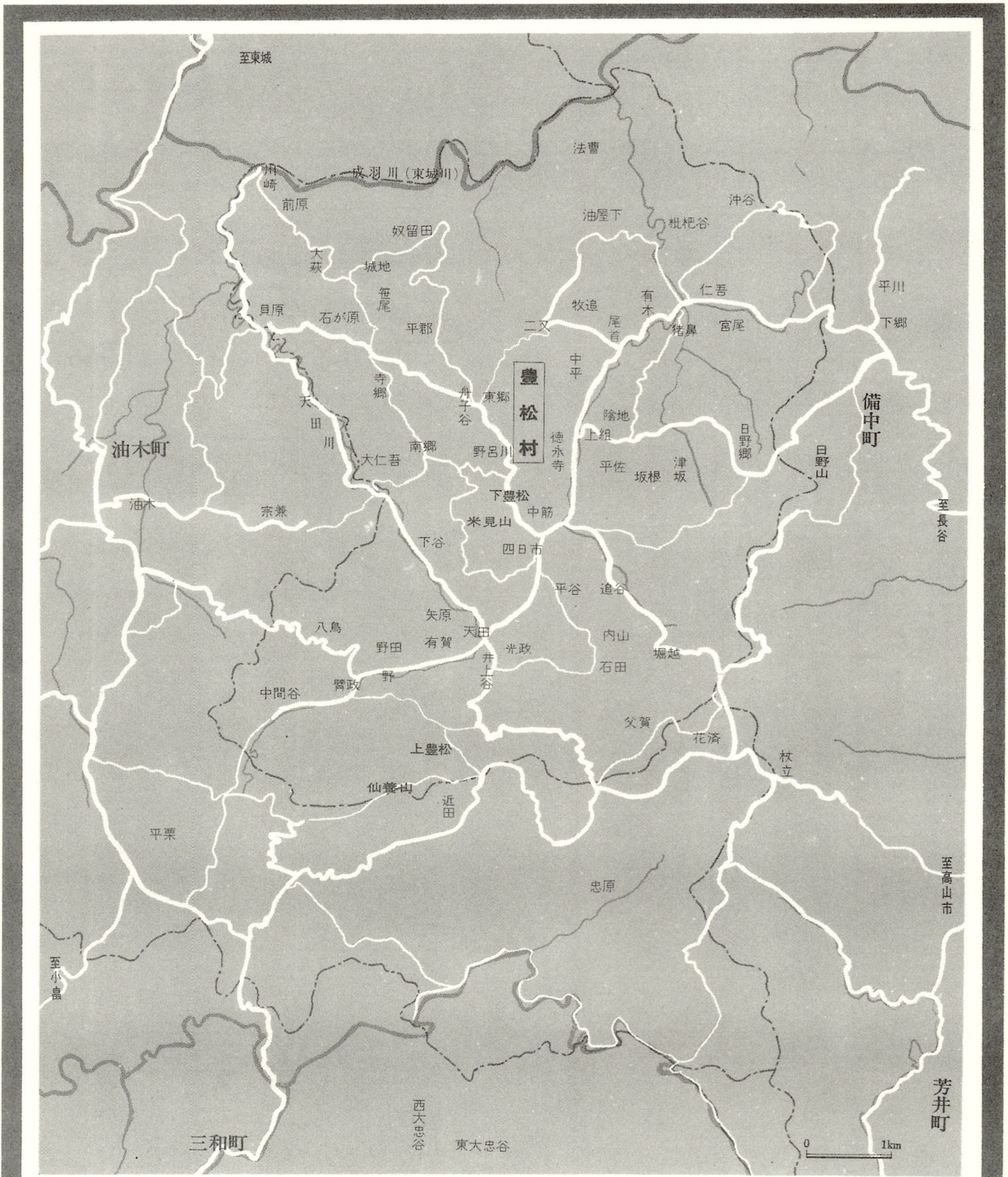

至東城
法曹
成羽川（東城川）
川崎
前原
沖谷
油屋下
枇杷谷
奴留田
大萩
城地
笹尾
牧追
有木
仁吾
平川
貝原
石が原
平郡
二又
尾首
猪鼻
宮尾
下郷
中平
豊松村
寺郷
東郷
舟子谷
天田川
陰地
上組
日野郷
備中町
油木町
南郷
大仁吾
野呂川
徳永寺
平佐
坂根
津坂
日野山
下豊松
油木
宗兼
中筋
至長谷
米見山
下谷
四日市
平谷
追谷
矢原
八鳥
天田
内山
野田
有賀
光政
堀越
井上谷
石田
中間谷
臂政
野
父賀
花済
上豊松
杖立
仙養山
近田
平栗
至高山市
忠原
至小畠
芳井町
西大忠谷
三和町
東大忠谷
0
1km

豊松村略図

ぬということもない。そういう気ままさの中に身をおいて、物思いにふけり、またすべてのもののたたずまいの美しさにふれることのできる散策はこれから次第に都会生活者の、それも頭脳労働者の間に求められはじめるのではないかと思う。

　ただそういうところがどこにあるかということになる。山が高く、谷がふかく、道がけわしくては、ふだん着ではあるけない。散策に適した自然としては中国地方の山中はそのすぐれた地域の一つではないかと思う。山はそれほど高くなく、谷もそれほど深いものはない。仮に深い谷、けわしい山があると見えても、そこをのぼってゆくと、その上には浅黄色の空のひろがる高原がある。「おーい」と力いっぱい叫ぶとその声がどこまでもどこまでも届いていくようなところである。高いところには松が多く茂っており、浅い谷は田になっている。田と林の境のようなところに民家がそれぞれ思い思いに点々と散在している。人にあうまいと思えば松林の中の道をゆけばよい。人にあいたければ稲田の中の道をゆけばよい。歩いて息のきれるような坂はほとんどない。そして奥へ奥へと歩いていっても、ここはほんとに山奥だというようなところはあまりない。どこまでいってもおなじように人が住みおなじような暮しをたてている。そして特別に変った世界はないのだが、いちど訪ねると、また訪ねてゆきたいような物恋しさをおぼえる。

豊松への道

　そうした中にあって私のとくに心をひかれているのは広島県神石《じんせき》郡豊松村というところである。地図でその場所をさがしてみると、福山から北の方へおよそ三〇キロほど、岡山県との境にある小さな村である。

　私がはじめてこの村を訪れたのは、今から一〇年ほど前（昭和三八年）のことである。村で民具をあつめはじ

堆肥《たいひ》を背負って田畑に運ぶ籠《かご》。下はその背負いの部分

めているので見に来てほしいとのことで出かけていった。福山からバスで新市という町をすぎ、やや峡谷らしいところを川にそってさかのぼってゆくと、地形のなだらかな浅い谷のそここに人家の散在する高原状のところにのぼる。やや家の密集しているようなところは道が十字路かT字路になっていて、おそらくは車道が通ずるようになってから発達したところではないかと思う。

その土地が古くひらけたか、新しくひらけたかを見る規準になるものが一つある。そこに由緒ありげな神社があるかないかである。由緒ありげな神社とは大きな杉の茂っている森があるとか、社殿に古風をとどめている神社のあるところである。それなくして人家が密集しているところは、たいてい近頃ひらけたと見ていい。今一つ神石郡に入ると宗兼・光末・常光・光信・平忠などと名《みょう》田《でん》を思わせる地名が多くなる。そういう古い人名が地名になっているところは、だいたい鎌倉時代にひらけて来たところと見て大してあやまりはないようである。つまり山中にあっても、一三世紀の頃にはかなり開発が進んでいたと思われる。

ほとんどおなじような風景に散在している家もよく見ると、おのずから五、六軒くらいずつが比較的群になっていて、まだ草葺の農家が多く、農家は石垣の上に立っているといったような浅い谷をすぎると、丘の上に家の連らなる古風な町のあるところにのぼってゆく。そこが油木《ゆき》である。一すじ町で家の数もそれほど多いとは言えない。しかし丘の上に家のならんでいる風景は牧歌的なものである。この地方にはこうした町が少なくない。庄原市などもそういう町の一つということができよう。岡山県へはいると高山市《こうやまいち》、八日市《ようかいち》、円城などがある。山の上、丘の上に町ができるというのはその周囲の村々の者がのぼっていって市をひらくのによかったからである。しかも油木の町の発達は古かった。それはこの町の鎮守神油木八幡宮の森を見るとよくわかる。昭和四十五年(一九七〇)九月の台風で大半の杉が吹きたおされてしまっ

豊松村の中心、四日市

たが、それまでこの神社の森は全く見ごとなものであった。鳥居から社殿までの間の参道の両側の杉はいずれも五〇〇年をこえるものと思われた。それがうっそうと茂っていた。その木の古さとゆたかさが、そのままこの町の歴史を物語っているように思えた。

豊松の中心をなす四日市はこの油木からバスで東へ四キロあまりのところにある。家の数は一〇〇戸に足らぬが、ここもまた古くからひらけたところであることは、町のすぐ東の鶴岡八幡宮の森で知ることができる。鶴岡八幡の森は油木八幡にくらべると面積はせまい。しかし、そこに立っている杉は油木八幡より大きいものが多い。大きいものでおそらくは六〜七〇〇年位のものではないかと思われる。それはまたそのままこの神社の古さを物語るものであろう。

鶴岡八幡宮

四日市へはたびたび行った。二度目のときはやはり福山からバスに乗ったのだが、こんどは新市を通らず、福山からまっすぐに北へ向って、加茂町の中野というところからゆるやかな坂道をのぼっていった。途中で姫谷というところをすぎる。ここで江戸時代の初頃、伊万里風の色絵の磁器を焼いたことがある。姫谷焼といっている。ほんのわずかの間焼いたもので、数も少なくいまは非常に珍重されているが、その窯跡の碑が松山の下に立っている。そこからさき、道は尾根の上に出る。丘のような山が低く起き伏して、それがずっと北の、出雲、備後の境の道後山の方までつづいている。谷の田も家もほとんど見えない。花崗岩地帯だから山肌は白か赤茶けた砂地でそこに松が茂っており、道ばたのいたるところにオミナエシ・ナデシコ・キキョウがさいていた。

時折家のあるところを通る。どの家もひっそりしている。みな田畑や山に働いているのであろう。井関というところから、また浅い谷へ下っていくのだがどこまでいってもおなじようで、平栗というところで、新市から来た道といっしょになり、油木へゆく。

加茂を通る道はいま福山と東城を結ぶ国道に指定され、道路の幅をひろげ、カーブを削り、舗装し、すばらしい道になってきた。油木から福山へは昔は遠い道であった。みな徒歩で、途中の百谷《ももだに》というところで一泊しなければならなかった。国道が完成すると一時間ほどでゆける。

豊松へは備中の方からも入ってみたことがある。冬であった。高梁《たかはし》というところで一泊した。そこは備中松山ともいって古い城下町である。そこからバスに乗って、成羽《なりわ》川の渓谷を奥へ奥へとたどって、阿部山というところから南へ切れこんだ谷をのぼってゆく。まっすぐに南へゆけば高山へ出る。途中の長谷から西の谷へはいって、急な坂道をまがりくねって上ってゆくと高原の村下郷へ出る。いま備中町のうちになっているが、もと平川村といった。高原の上は雪で真白であった。道の両側の家々は戸をとざし、店屋も硝子障子をしめてひっそりしている。雪は四〇センチあまりもつもっている。

ここには平川という旧家がある。中世の古文書をのこす親方の家で、この村の人の多くはこの家の子方であった。このあたりの村にはこうした親方が子方と共に入り来って開墾してその地域の小さな領主となり、村を作ったという例が少なくない。平川の西南の有木《あるぎ》などもその一つである。ここには有木という旧家があった。備後吉備津神社祠官の子孫といわれており、おそらく中世以来この地に住みついたものであろう。明治維新のとき、没落して、いま屋敷の石垣のみをのこしているが、平川氏の方は今日までどうにか持ちこたえて来た。

昔のことも少しきいてみたいと思ったが、雪の中ではどうしようもなくて、下郷から西へ峠をこえた。峠の上には金平《かねひら》という鉄山があって鉄をとっていたが、雪で仕事は休んでいるらしかった。峠から西へ半道ほど下ったところに仁吾という在所があり、そこの道ばたの小さい店でしばらく休ませてもらった。そして人心地をとりもどしたのだが、そこから谷の道を南へ四キロほどゆくと四日市になる。そのあたりにはほとんど雪はなかった。

豊松へはいる重要な道が以上のほかにまだ二つほどある。その一つは備中高山市の方から杖立を通って四日市の南の上豊松の天田に出るものである。この道はまだ歩いていない。

いま一つは村の西北、成羽川のほとりから天田川の谷にそうてのぼって来るものである。石原谷、妙楽寺谷などを通って四日市に達するものである。

豊松村の北の境は成羽川の流れで、この川は深い峡谷をなして流れていて、もとは高瀬舟がかよっており、砂鉄、材木などの物資の輸送路として大いに利用されていたが、いまはダムができて流れに沿うた古い部落のいくつかが水没し、河川交通に終止符をうった。

神々の祭

さて豊松を散策の地として登場させてみたのはまだ自動車の通らない道の多いこと、通っても数の少ないこと。そしてそこに古くからの人間のいとなみのあることである。

この地方の開発の早かったことはこれまでにものべたところだが、複雑な地形のそここのゆるやかな丘の斜面、谷などに、家が五戸一〇戸、何となく群をなしているようにちらばっているが、このような群をこの地では昔は名《みょう》といったという。そしてそのような名が、村内に九六もあるといわれている。名にはそれぞれ荒神をまつっている。荒神はその土地を守る神と見られ、開墾がすすみ、名が成立してゆくたびにまつられたもので、近世初期に比して、幕末の頃にはかなりふえている。しかし古い名の中には中世の初頃までさかのぼるものが少なくないと見られ、古い五輪塔を荒神としてまつっているものもあり、中には円墳を荒神としてまつっている例もある。

荒神をまつる家を荒神元といっているが、それは名の中の旧家である。その中には中世以来つづいているものもあるが、住んでいる者が交代して血のつながらなくなったものもある。荒神はりっぱな社をもっているものもあれば、小さな祠であったり、時には自然石をたてただけのものもある。

そして一年に一度は荒神祭をしている。たいてい十二月頃におこなわれるのだが、その日は荒神元の家へ名の人たちが集まり、神主がやって来て家々の幣をきり、それを神床にまつっておはらいをし、一同は荒神さまのところへまいって幣をたて供物をし祝詞《のりと》をあげて戻って来る。そして酒盛をおこない、それぞれ自分の家でまつる幣を持ってかえる。一見畑の中に何の奇もなく立っている自然石に対しても村人はおそれと尊敬をもっていたのである。

そうした名の荒神元たちが、村の秋祭のときにはお宮の宮座に参加している。村の仕事は屋根ふき、道つくり、葬式をはじめすべて名が単位になって助けあっておこなったものであった。名の者がみんな元気であり、仲よく暮らしていくことができれば、それが村人にとっては一番幸福なことであった。

稲が黄色にうれはじめたころ、私は矢原というところの村祈祷に参加したことがある。鶴岡八幡宮の神主赤木勇夫さんが、是非来るようにと言って来たので、出かけていった。矢原は四日市の南一キロあまりのところで、家は一三戸ほどある。そこの荒神元をしている家を土居という。その名のごとく、家のまえは低い崖になっており、家の後には空堀がある。小さいながら城の形をしたもので、そういう構えを昔は土居といった。そういう家がこのあたりにはいくつもあるという。土居さんの家には荒神のほかに木野山神社もまつってあった。そのまえで祝詞をあげ、神霊を神輿《みこし》にうつし、それを二人の人がかつぎ、先頭に幟《のぼり》を持った者が立ち、次に太鼓を背負った者、たたく者、次に神輿、神主とつづき、何も持たない人びとがそのあとについて、一三軒の家を一番端から次々に祈祷してあるく。どこの家も表座敷をあけはなち、神輿はその座敷の床の間の前におき、神主が祝詞をあげると一同はこれに唱和し、終ってその家の者が礼拝し、そのあと簡単なお膳が出る。家によって鮓《すし》を出す家もあれば、お萩餅を出す家もあり、あんの入った餅を出す家もある。お酒も出る。簡単な食事といっても、いちいち食べてゆくのだからお腹一杯になり、酒にも酔うて来る。一軒の家にだいたい一時間はかかるから、一三軒目の家になると、もう夜中近くになる。みんな酔いみんな満腹で、みんな満足して解散する。

村祈祷はめぐり祈祷ともいわれ、支障のないかぎり、一年に一度はおこなう。そしてそれは暦日がないといってもいいほど平和でのどかなこの山中の人たちの心ゆくまで楽しく語りあえる行事でもある。

荒神の祭の中でもっとも大切なのは神殿《こうどの》神楽で、これは一二年目に一度おこなう。名がいくつか集った地域を組といっているが、その組が単位になっておこなうもので、組の中に神殿屋敷とよばれるところがあり、そこに神殿をたてて神楽をおこなったという。神殿というのは丸太などを組みあわせ、茅で屋根をし、菰《こも》で壁をつくったもので、その中で神楽をおこなった。いまは神殿をたてず、在家の座敷でおこなっている。

夕方になると、もとの頭屋《とうや》であった家へ神主が集って、神楽をおこない、神の降臨をあおいで、神を小さい神祠にうつし、それを村人が新しい頭屋へかついでゆく。そして新しい頭屋の祭壇に神祠をまつり、夕はんをすますと神楽になる。神主たちは曲目によって服装と面をかえる。曲目はたくさんあるが、天岩戸《あまのいわと》、恵比須《えびす》、八岐大蛇《やまたのおろち》など一〇あまりもあり、それを舞っていると夜があけてしまう。そういう神楽がいまもおこなわれている。

とにかく神の祭の盛んなところであるが、その祭の組のもっとも小さなもの、しかも基礎になっているのが荒神を中心にした名の祭である。平凡にみえ、それぞれ思い思いに生活しているようにみえる家々も、こうした絆によって結びついており、またそのことによって、人びとは安んじて生活している。

しかし、さらに組がいくつか集ってできた旧藩時代の村は、村同志がかならずしもしっくりと結びついてはいなかった。旧藩の頃には、豊松は上豊松・下豊松・笹尾・有木などにわかれており、上豊松は幕府領、下豊松は豊前中津藩領で、領主がちがっており、それぞれ氏神があった。氏神では祭のとき宮座がおこなわれ、また神楽がおこなわれた。町村合併がおこなわれた明治中期以後は鶴岡八幡の祭に村中の者が参加するようになった。もとより鶴岡八幡はこの地方の豊松庄・日野庄・日谷庄・篠尾庄・只原庄・油木庄・花済《はなずみ》庄・備中国後月《しつき》郡川手庄の総氏神であったという記録もあるが、これはまだそれを証明するような資料がでていない。おそらく祭をおこなうには神楽がこれにともない、その神楽をおこなうために多数の神主の参加を必要とするから、祭を中心にして神主集団のようなものが組織されており、鶴岡八幡宮の神主がその総元締ともいうべき注連頭《しめがしら》をつとめていたのではないかと思う。だからあるいは中世には鶴岡八幡を中心にして多くの神官たちの集まった盛大な祭がおこなわれていたのかもわからないが、近世に入って、政治的な領有関係が複雑になり、祭も村々でばらばらにおこなわれていたのかもわからない。

それが明治になると鶴岡八幡を中心にした豊松村一村の祭になって来る。そしてそこには中世の祭のおもかげを見ることができ、神楽も何番か神前に奉納せられるのである。

山に住みつく

古く過ぎ去ったことばかり詮索《せんさく》してみても仕方のない

ことであるが、民衆の歴史というものは地についたキメのこまかなもので、それが土にしみこんでいる。だから土地の人にとっては過去もまた現在なのである。

　山の傾斜面の段々畑も何百年か前にひらかれて今日まで作りつづけられて来た。谷の田もまたおなじように作られた。一枚一枚の田や畑もひらかれた当時そのままのものが多いであろう。そこにある家も建物は新しくなっても位置はそのままのものが多いであろう。それだけにそこに住みついた最初の人の夢をさぐりあててみることができる。

豊松の民家の多くは、築いた石垣の上にある。

　家がばらばらに間隔をおいて散在しているのもわけのあることであった。そういう家はたいてい家の周囲の田や畑を持っている。さらに畑の後の山林も持っている。家によってその広さは少しずつ違うが、耕地だけで一・五ヘクタール内外、それに山林が五ヘクタールから一〇ヘクタール位ついている。もとはそれだけあれば細々とでも生活することができたのであろう。そうして大きな地主というようなものもなかった。仮に耕地を五ヘクタール以上ももっている者をみると、他人の土地を買いあつめて大きくなったものであった。

　そういう土地はたいてい他人に小作させていた。そしてどの家もだいたいは自作を建前としていたのである。それでは、それぞれの土地に住みついて、何百年というほどその家が生きつづけて来たかというと、そういう家もあったであろうが、家の生命は案外はかなくて何回も死にたえることがあったと思われる。豊松の北端に近いところにヌル田というところがある。そこの前ヌル田という屋敷名の家は荒神元をつとめているから、このあたりの開発地主であったと思われるが、幕末の頃には死にたえて荒れるにまかせていた。土間に大きな竈《かまど》があり、釜が据えられたままになっていたが、村の人がそこを通りかかるとその釜の下からキジがとびたっていった。「誰か住む者はなかろうか、荒れてしまうが」といって、その男は悲しんだ。その話が方々へつたわっていった。

　その頃油木の者が成羽川のほとりの谷に住んでいた。兄弟が四人もいて、分家さすには土地がなく、谷の家に仮住居していたのだが、この話をきいて空家へ移り住んだ。庄屋・組頭の許可さえ得れば、そこへ住むことができ、その家の財産を継承することもできた。そのかわり、前に住んでいた人たちの祭は絶やさないようにおこなわねばならなかった。前ヌル田の墓地を見ると、中世末と見られる五輪塔が二基ある。また年号のあるものでは元禄六・八・十六年というのがある。その二基は南無妙法蓮華経の文字があり、一つは真宗の戒名がついている。あるいは二軒のものを一つにあつめたものかわからない。中世以来の家が幕末の頃に死にたえたのか、中世の家がたえて、元禄の頃別の家がはいって来たのかわからないが、家屋敷そのものはつづいておりつつ、中身は何回かかわったのではないかということを墓石が暗示してくれる。

　このような例は多かったそうである。大きな家ならば養子をもらうこともあったが、一般の百姓になると、死にたえたら死にたえたままにしておく。しかしその家の分の年貢まで他の者が肩がわりして納めねばならぬから、適当な男がいると、その空家へはいらせて、後をつがせたのであった。これをイセキをつぐといったという。イセキは遺跡かもわからない。

牛の講

　とにかく昔は貧しかった。その貧しさにたえかねて絶家する例も多かった。貧しさの原因になったのは年貢の重かったこともその一つだが、何よりもみんなを貧しくさせたのは交通の不便なことであった。金を手にしようとすれば、その土地で作ったわずかばかりのものを背負って福山まで売りにゆかねばならなかった。それは二日がかりの行程であった。一番いいのは牛を飼うことで、牛は足があって歩いてくれた。その上近くの市に出すことができた。四日市、仙養市、高山市《こうやまいち》と市の名のつく所の多いのはたいてい牛市をおこなったところである。

　百姓たちが荷持ちをするためにかけた労力は大きくて、田畑の仕事はその合間にするようになり、稲刈りな

牛舎の祈祷

どは夜松明をもやしたり、月の明りを利用しておこなったという。

いま一見きわめて平和に見えるこの高原の村々の家にも苦渋にみちた生活があった。それが、明治の終頃になって、福山までの間に荷車の通る道ができて、福山へゆく途中にある桃谷の者が、馬車をひいて木炭、米、タバコ、コンニャクなどを積みに来るようになり、村にも馬車ひきをする者ができて、物資が動きはじめ少しずつ生活が楽になって来た。

ことにコンニャクが金になるのは有難かった。このあたりはコンニャクの適地で、はじめは自家用にと庄屋がすすめたのが、次第にひろがっていった。そのコンニャクが金になることになり、しかも今日では、この地の特産になっている。村の中をあるいていると、いたるところにコンニャク畑があり、畑のすべてをコンニャクの葉が掩《おお》いつくしたところもある。コンニャク畑の中にある家はたいてい大きくりっぱである。それはコンニャクの利益の大きいことを物語っている。

コンニャクと牛がこの地方の人の生活を大きく支えて来たといっていい。もう見かけなくなったがこのあたりの谷間の道、尾根の上の道を、三頭五頭と牛を追うてゆく馬喰《ばくろう》によく出逢ったものである。このあたりの牛を神《じん》石《せき》牛という。角のつけ根のところが白くなっているのが特色の黒牛で、どちらかといえば華奢《きゃしゃ》な牛であった。その牛を追うて里の方へ下ってゆく。しかし近頃はどの農家の牛小屋をのぞいてみても、みんなからっぽになっている。

このあたりの牛は昔は田を耕起したり、代掻《しろかき》したりするために使うことは少なく、荷をはこぶためであったという。それがいつの間にか馬鍬をつけて、田の代掻をするようになったという。

牛は大事にした。大事にしてみても獣医のいるわけではなく、病気になると死なせてしまうことが多かった。するとその牛は山の中へ持っていって埋めた。そして家の近くへ牛ミサキというのをまつった。これはこの次買った牛が病気にかからぬように、死んだ牛に守ってもらうためのものであったという。

また牛の死んだとき万人講をすることが多かった。これは牛が苦しんで死んだときにおこなうもので名《みょう》の者が世話方になって、寄付帳をつくって各名をまわって寄付してもらい、帳面にその人の名をいちいち書きこんでゆく。万人とはきまっていなくて、相当の人数になると、その金で坊さんをまねいて施餓鬼をおこない、地蔵様をきざむ。舟形光背をもった半肉彫のもので、それに左何々、右何々と行きさきを書いて道しるべにし、下に施主の名を彫ったものが多い。十字路や三叉路になったところに多く、中には一〇近くもならんでいるのを見かけることもある。

そういう道は大きい道ではない。車すら通らないようなところに多い。丘から谷へ、谷から丘へ、細い道をあるいていると、必ずといってよいほど見かけるのである。そして時にはそのまえに花のそなえてあることもある。信仰はまだ生きているようである。

このあたりの村々では大てい大山講を組んでいた。伯《ほう》者《き》の大山《だいせん》を祭る講であるが、大山様は牛馬の神様として尊敬せられていた。牛を飼っている者たちが参加し、正月、五月、九月に集まる。そして牛の子が生れると米を五合なり一升なり特別に出す。そういう米を売ってそれを旅費にして代表者が大山様へまいって来る。牛のハナグリを買って来て土産にすることが多かった。牛のハナグリは古くなるととりかえることがあり、村の中にある大山様の遙拝所のところへおいた。それがたまって塚になっているのを見かけることもある。

山道をあるく

晩夏の一日であった。私は有木《あるぎ》というところへいってみたいと思って四日市から歩いてみた。四日市はせまいところである。村のすぐ東が鶴岡八幡の山で、その山の根を油木《ゆき》から平川へゆく道が通っている。この道にT字の形で成羽《なりわ》川の谷から上って来た道が交っている。このT字路に四日市は発達した小さな集落で、役場、農協をはじめいろいろの店もあり、宿屋もここにある。豊松の人たちはいろいろの集まりのとき、みなここに集って来る。村の中心になっているのである。

四日市を北へ出たところから東へはいる谷がある。奥は谷がいくつにもわかれているが、谷は田、田の上は松山で、蟬がしきりにないている。何の変哲もない平凡な谷で働いている人もない。谷の道をゆくのをやめて松山の中の道をのぼってゆく。高くなってゆくにつれて、松の間から周囲の風景がひらけて来る。四日市の西にある米見《よなみ》山のお椀をふせたような姿が一だんと高く見える。中国山地にはいたるところに米見山のような山姿の山がある。南の方の仙養山も鍋をふせたような山で、おなじような山の起伏の単調をやぶっている。この山中に住みついた人たちは、この山を信仰の対象としてまつった。

丘の上まで上ると南北に通る道がある。白い砂がいかにも美しい。この道が備中の国と備後の国、したがって岡山県・広島県の境をなしている。小型自動車のやっと通ることのできる程度の道である。しかし古くからの道であったようで、道のわかれるようになっているところには牛の供養碑が立っている。誰一人通る人もない。道ばたのハギはもうさきはじめている。オミナエシ・リンドウ・キキョウなどが思い思いに咲いている。バッタ・カマキリなど生きとし生けるものが、思い思いにその生をたのしんでいる。山の上の道は大きい木も少なく、豊松側がほぼおなじ高さの山の起伏に対して、東側の備中側は山が低くなり、しかも山の起伏はかなりけわしくなる。つまり谷が深いのである。ところどころに家も見える。

日野山というやや高くなった山の南側のところから谷の方へ下ってゆく。道をまちがえたらしく、下っていくほど細くなる。そして谷の底まで下ると、小さな田が重りあっている。一枚の田が一アールあるものはない。三平方メートルもあれば大きい方である。しかもその田にすべて稲が植えられている。せまい谷間で両側は松が茂って日当りもわるいこの田にどうして稲が植えられているのであろうか。近頃は作付制限のために、このような谷田はすべて荒らされているのに、ここにはまだ労してみのり少い耕作がつづけられている。人の心のはかり知れないものを見たように思う。道は細い。その道が草にうずもれているから、ここを通る人は少ないのであろう。その草の中に腰をおろしてしばらく休む。蟬がふるように鳴く。それがかえって心をさびしくさせる。いまから一〇年まえも、一〇〇年まえも二〇〇年まえも、この田はこのようにひっそりと作られていたに違いない。こういう谷の田は新田ではない。あるいは隠田といわれるものであっただろう。年貢も何も納めずに作る。みのりは少なくても採算はとれた。しかし今は採算はとれない。とれなくてもなお作っている。

　日がかげって来たのでまたあるき出した。そして四日市と有木をつなぐ車道へ出た。そこから有木は近い。小さい丘をこえると、目のまえに有木の村がひらけた。中央がやや低く、周囲がゆるやかに高く、村の中央の杉の林は八幡宮の森である。その森の方へあるいてゆく。あまり広くもない高原だが、そこに家はみちあふれている。田も畑も実によく耕されている。全く周囲からきりはなされた別天地である。道ばたの畑で働いている百姓に声をかけていろいろのことをきいてみる。

　山中のこの一見平和そのものに見える世界にも戦乱の嵐の吹きあれたことがあった。有木は備後吉備津《びんごきびつ》神社の祠官であったが、有木郷が吉備津神社の社領であったことから、そこを領有するようになり、移住したものと思われる。それが鎌倉時代末、桜山慈俊《これとし》が後醍醐天皇に応じて兵をあげたとき、有木俊弘は豊松の内藤豊実と共に慈俊に属して北条氏と戦った。有木の東南の丘にその城址があり、近くの藪の中にはその当時の戦死者の五輪塔もあるという。私はその城址の方へはゆかず、有木氏の邸址の方へあるいた。大きな屋敷である。いまは畑になっていて働いている百姓がそれを買いとったのだという。

　山の中にあっても大へん栄えた家で、有木はこのあたりの都で、付近の百姓はみなここへ金を借りに来たという。有木氏は有木札といって銀札も出していた。それが明治になって大政官札にきりかえられたとき、きりかえがつかなくて倒産したのだという。有木氏がたおれると、有木は次第にさびれてきた。

　邸址の西に菩提寺がある。そこへいってみる。有木氏の近世以降の墓がならんでいる。墓のそばにいた老女が、いまは墓まいりする人もありませんと話していた。

　夕日がお宮の森を赤くそめていたがやがて暮れた。私はそれから細い山道をあるいて四日市へかえった。草の中ではスズムシやマツムシがしきりにないていた。

　そしてこんなところにと思うようなところにも家があって、家の中からは明りがもれていた。家のまえの風呂場に火がちらちらもえている家もあった。ここにはまだ古い生活がのこっているようである。西の空の明りが消えると山道は暗く、星明りをたよりにあるいた。星が美しく満天にかがやいていた。

高原の文化

　私がたびたび豊松へゆくようになったのは成羽川にダムができて、その地区を村内に持っていることから民俗緊急調査がおこなわれた為であったが、今一つはこの地の赤木勇夫氏の慫慂《しょうよう》によるものでもあった。赤木さんは鶴岡八幡宮の宮司をしていた。昭和三十七年（一九六二）、広島県内民俗緊急調査のおこなわれたとき、これに参加して豊松村の民俗調査をおこなうとともに民具の蒐集《しゅうしゅう》をはじめた。赤木さんの家は古くは山伏をしていたようで修験道《しゅげんどう》関係の信仰用具がたくさんあった。そういうものを見せてもらいにいったのが初めてであったが、古文書なども集めており、その中に宮座の文書のあるのが心にとまった。

二度目にいったときは明治の初頃に用いられていた神楽《かぐら》衣裳をたくさん見た。それがトタン葺の三方吹き放しの粗末な小屋の天井においてあった。置場がないからと言っても、少々ひどすぎる保存ぶりであった。が散逸することなく、すべてそろっていた。

内樋氏は各地の神社に参拝し、授かった神札を天井に掲げてある。

神楽面も見せてもらった。桐の木を用いてこの土地の者が彫っており、古いものには安政の年号も見られた。このようなもののすべてを集めて保存してもらいたいことをお願いしたのであったが、成羽川にダムができて多くの農家が立ちのきすることにきまると、赤木さんはそれらの農家をたずねて、不要の道具類をあつめはじめた。成羽川沿いの中川原というところでは昔から紙をすいていた。その紙すきの道具一切をもらいうけ、赤木さんは谷底から背負って運んで来た。しかしそれを保存しておく場所がないので、自家の屋敷にある神社の拝殿におさめた。その拝殿は吹き放しであったのを、戸を入れて雨露のかからぬようにした。

また成羽川にそう峡谷には昔はウルシの木が多く、したがってウルシかきを業とする者も少なくなかった。そこでウルシかきの道具なども集めていった。

赤木さんは神主で、しかも神信仰の盛んなところであるから、方々の家へ祈祷にたのまれていく。そのたびに農家で不要になった農具や家具をもらって来る。直垂《ひたたれ》を着た姿で異様なものを持ちあるくので初めのうちは気でも狂ったのではないかと見られていたが、次第に協力するものが多くなり、祭祀信仰関係の用具だけでも一〇〇〇点をこえるにいたった。そしてそれらは国の重要民俗資料の指定をうけることになった。

民具ばかりでなく、古い行事も保存できるものは保存したいと考えて、神殿《こうどの》神楽を文化財専門委員にも見てもらい、県の無形文化財の指定をうけた。

この地にはまた供養田《くようた》という行事があった。供養田は正しくは牛馬供養田というべきもので、田植のとき植え田をきめ、四方にシメ縄を張りめぐらし、田のほとりに棚をつくり、棚の上には神主が大山様をまつり、坊さんが智明大権現の木札をたて御幣をたて、棚の周囲に幕をはりめぐらす。そして神主は祝詞をあげ坊さんはお経を読んで祈祷をはじめる。代かきにあたって牛馬が田に入り、棚の下を通るとき、神主は大幣をふり、神札を牛馬の鞍につけてその安全を祈り、坊さんは大般若経《はんにゃきょう》を読み、一巻ずつ牛馬の鞍につける。これが終ると牛を美しくかざって代かきをはじめる。それが終ると田植になる。そのときさげとよぶ太鼓打ちが数十人田にならび立ち、大きな太鼓を前に吊り、それを打ちつつ歌をうたう。太鼓にあわせて笛・鉦もはやす。それにあわせて田植をおこなう。その供養田ののこっているところはほとんどないので、赤木さんはその保存も計画して、県の無形文化財の指定をしてもらった。

　このように自分たちの周囲を見わたしてみると、いろいろのすぐれた民間の文化財がいくつも残っているものである。しかし多くの人はそういうものに気付かないか、見すごしてしまっており、なくなった後にあわてて保存すべきだったといっている。赤木さんは民具を集めることからはじめて、そうした民俗的な行事の重要性に気がついて来た。そしてこの地を古い民俗のふるさとに仕あげて来たのであった。

　民具の方も一万点ほど集った。りっぱな民具収蔵庫もでき、そこに入りきらぬものをすぐそばの小学校の教室に陳列している。民具収蔵庫は鶴岡八幡宮の東、もと小学校のグラウンドだった所に建っている。そのほかここにはいろいろの文化施設もうけられて、ここが文化の中心になると面白いのではないかと思う。

　中国山地の文化は一見平凡である。民具一つをとってみても、生活そのものは自給度が高かったはずなのに、自給民具はそれほど多くなく、購入したものの方が多い。すると自給よりも交易が発達していたのではないかとも思う。交易が発達していたといわないまでも、市とよばれるようなところが、ささやかながら商人街を形成しているのはそのことを物語るものではないかと思う。

　この山中で交易を進めていったのは鉄である。ある時期にはこの山中が大きな鉄の産地だったこともある。豊松から西北へ一五キロほどいった東城は砂鉄の大きな産地であり、成羽川の川底の砂からも盛んに砂鉄をとった。油木の付近にも砂鉄をとったところは多い。その中には江戸時代に採掘したものもあるが、古くからのものが多かった。

内樋家の囲炉裏。向こうに台所がある。

縄でしばる手を休めてにっこり。

砂鉄を掘ったり、精錬したりした者は渡り者が多かった。よい稼ぎ場があるとどこからかやって来て仕事のなくなるまでそこで働く者が多く、中には定住した者があったが、流れてゆくと、再びかえる者は少なかった。ただ地名だけはのこしていった。吹矢谷、吹屋村、鍛冶屋床などは砂鉄に関係の地名であろうが、この山中の地形の中で、山を削り、砂を流しこんで作った田が少なくない。豊松では気がつかなかったが、周囲の油木町や東城町にはそういう地形もみかけた。また昔からいろいろの鉄製品がある。東城はもと砂鉄によって発達した町であったといってもいい。

そうした古い鉄製品なども集められて保存すべきものではないかと思う。東城町の帝釈峡にはそうした鉄関係の民具をたくさんあつめた郷土博物館もある。

豊松を中心にしてやや広域にあるいて見れば豊松とおなじような博物館もあるわけで、それらを通してもこの山中の古い文化のおもかげに接することができる。

赤木さんのひらいた文化財を守ろうとする運動のいとぐちは次第に大きくなってゆきつつあるのではないかと思う。

そして単に民具や神事舞踊や民俗芸能ばかりでなく、古い住居なども保存することはできないだろうかと思ってみる。このあたりの民家を見ると、開墾者が居住を定めようとするとき、その人たちにとって日あたりのよさ、水の得やすさなどを含めてもっとも生活のしやすいようなところをえらんでいる。そしてそこへ住みつくとき長い将来のことを考えて家をたてている。条件のわるいところに家をたてている者があるとすれば分家か他所から来た者が多い。広い土地があるように見えても余り者が入り込む余地のないほど土地は利用されていることが、家のあり方を見ておしえられる。そしてそれがまた景観の美しさを生み出しているのではないかと思う。ゴタゴタしたところのない風景はそこをあるいていると何となく心にのこるものである。

しかもこのような景観はあわただしく通りすぎるのでなく、静かにあるいてみることによって心にしみるものがある。まして道ばたで働いている人、家のまえで休んでいる人に声をかけてみると。そこに生きた人たちの歴史をすらさぐりあてることもできる。

青くすんだ空、あざやかな山の姿、すべてが清潔な感じにみちているが、そこにつつましく生きた人たちの歴史もまたさわやかなものであったことをそこにのこる文化は物語る。

宮司が水口で祝詞を奏上してサンバイ（田の神）を迎える。

豊松の大田植

文・写真　須藤　功

豊松の大田植は五月二十八日に、川東部落で行なわれた。これも名《みょう》が単位であった。まわりの田圃の田植は全部おわり、残っているのはその年に選ばれた大田植の田圃だけである。私達が行ったときには代かきはすんでいて、五アールほどの田圃の畦には青笹竹が立ち、注連縄《しめなわ》がめぐらされてあった。小さな箱の緑の苗がみずみずしい。水口のところにはクリとウツギの小枝で田の神をまつるサンバイがつくられ、幣束が立ち、米と小魚と神酒が供えてあった。

その年の宿へ行くと、身なりを整えた早乙女が軽い食事をとっていた。やがて宿の前に早乙女が二列に並んでひと踊りする。それから行列を組んで田圃まで練り込んだ。二十人ほどの早乙女は村のお母さんたちである。かすりの着物にあざやかな帯をしめ、編笠を深くかぶるとそれでもういういしい。

田圃にくると、赤木宮司がサンバイのところで祝詞《のりと》をあげ、幣の棒に「産土三柱大神　降臨守護」のお札をさした。おわると、早乙女が湯文字をといて田圃にはいり、いよいよ田植が始る。一筋の縄にそって横一列に並び、囃子と田植歌に合せて前植に苗を植えてゆく。縄の間隔をきめるのは竹竿をもったサゲの役。囃子には縦打ちのしめ太鼓を腰に結んだ八人と鉦がひとり、早乙女の後について一緒にサンバイのある前の方に進んでゆく。初夏の陽がときおり水面を射って、かがんだ早乙女の顔をまぶしく照らす。

　田植は一時間ほどでおわった。田圃のそばの小川で大根を洗うように足の泥を落すと、早乙女は着替に帰った。宿にもう一度集ってきたときには白いエプロン姿だった。

　宿では労をねぎらう二、三人の挨拶があって、やがて直会《なおらい》の酒と肴がまわる。座がなごみはじめ、お母さん早乙女の顔が若々しく輝き、おどけた安来節も出て座は大いににわいた。

早乙女は大太鼓の囃子で田植をする。

　大田植は豊松だけではない、広島県と島根県の中国山中に点々と残されている。その中の広島県西部のもの（大花田植）は芸能化が進み、豊松のものとくらべるとはるかに規模も大きくずっとはなやかである。

　田の神を迎え、楽を奏しながら田植をするのは、作業の統一と田の神に豊饒《ほうじょう》を祈るためであった。大田植のようににぎやかにやらないところでも、田植歌だけは必ずあって、そのころになると田圃のあちこちから早乙女の清らかな声が流れてきたものだという。田植歌は時間の目安にもなっていて、何番までにはどこそこまで、もう何番でお昼だというような約束になっていたのである。

　現在、大田植は「田楽《でんがく》」ともいわれている。田楽には大田植のように実作業にともなったものがある一方で、田植の時期ではない初春に各地の社寺で行なわれるものもある。平安から鎌倉時代にかけて流行した田楽の名残りをとどめ、ササラやつづみや小太鼓を持ってまうのだが、そのもとをたどると、大田植のような田植にともなった歌舞が、田から離れて芸能化したものであった。

　各地に見られる予祝の田楽は、稲作の工程を模擬的に演じるものが多い。むくつけき男性が早乙女になって、これまたごつい手で田植をする。中にかならず腹を大きくした早乙女役（男が扮する）がいて、見る者を笑いにさそう。はらんでいるのは、このようによく実りますように、という願いがこめられているのである。

大田植えの直会もにぎやかだった。

江川—河谷の村で

文・写真　山崎禅雄
写真　小林　淳

落鮎《あゆ》が網にかかるころ河谷は冬になる。

江川は石見の山々を縫って流れる。

故郷への道

東京から故郷の山陰に帰る道は、新幹線ができてからは、だんだんと岡山から伯備《はくび》線経由になって、東京と山陰の西はずれの浜田《はまだ》まで行く、特急寝台の出雲号に乗らなくなった。ここ十数年、毎年のように盆や正月が近づくと大勢の帰省客にまじって、私も満員の列車で故郷に帰ることをくり返してきた。帰省ということでなく、『あるくみるきく』の取材という改まった気持で、故郷への列車に乗り込んだのは、三月末のことであった。

朝十時頃の新幹線で東京をたつと、伯備線の特急やくも号は、午後三時すぎにはもう岡山平野をぬけて、高梁《たかはし》川の左岸を走りはじめている。芽ぶいたばかりの黄緑が吉備の山々を淡くそめている。新見《にいみ》駅をすぎた頃から列車のスピードが落ちて、つぎつぎとトンネルに入ってゆく。トンネルをぬけるたびに高梁川は川幅をせばめ、岩をはむ渓流になり、やがて一筋の小川となっていく。列車は山陽と山陰を分けている中国脊梁山地を越えようとしているのである。私は、車窓から見え隠れする小川の流れる向きがいつも気になるのだ。小川は列車と反対の方向にゆるやかに流れている。まだ高梁川の川上なのだ。石垣を何段にも築いたみごとな棚田も農家も、もうほとんど車窓からはみえない。そのうちまたトンネルをぬけると、同じようにしか見えない小川が、こんどは列車と同じ向きに流れている。分水嶺をトンネルで越えたのだ。列車と同じ方向に流れはじめている小川は、米子《よなご》で日本海に注ぐ日野《ひの》川の上流である。中国山地を横断して陰陽を結んでいる列車からは、この伯備線だけでなく、こうした中国地方の川の有様をよく見ることができる。私は車窓から川の流れの方向が変わるのを見ると、いつも、ああ山陰にはいったなと思い、なぜかほっとした気分になるのだ。故郷はまだまだ遠い先なのだが、山陰という一つの共通性から、そこに故郷を感ずるのかもしれない。

川の流れる向きだけでなく、どことなく風景が変ってくる。日野川上流の谷間の農家も、もう草葺き屋根はほとんどみられず、瓦葺きになっている。それも、岡山や倉敷あたりから高梁川ぞいに続いていた黒瓦ではなく、赤瓦が多くなっているのだ。そして山々も、雑木と松がいりまじった吉備のそれとはちがって、よく手入れされた杉や檜の植林が、急斜面を高い峰々まで規則正しくのぼっている。山々は植林の年数を語るかのように、緑の濃淡の面を変えている。

緑の峰と峰の間から、まだ雪をかむっている大山《だいせん》の頂が見え隠れしだすと、日野川は東北から西北に流れをかえ、河谷をしだいに広げる。やがて列車は、西日にてらされた大山を横にみながら、米子平野を突っ走って米子駅につく。もう日暮れである。米子で乗客の半分は降り、車内は急にがらんとする。益田《ますだ》行のこの特急は、松江《まつえ》、出雲《いずも》、大田《おおた》、江津《ごうつ》、浜田と各駅で乗客を降してゆくばかりなのだ。夏ならば出雲に着くまで、中海《なかうみ》・宍道湖《しんじこ》のすばらしい夕焼けを眺められるのだが、もう米子を過ぎると、中海の向うに島根半島が、かすかにうす闇を通して見えるだけである。街の灯がしだいに明るくなってゆく。

同じ道を何度も往復していると、外は暗くても、列車がどのあたりを走っているかわかるものであるが、列車が出雲から石見《いわみ》に入ったことはトンネルが多くなることですぐ分る。私が下車する江津駅は、江川《ごうがわ》（江《ごう》の川《かわ》）の河口にかかる長い鉄橋を渡ってゆくのでわかりやすい。

河谷の村

歳も三十を少し越した私には、少年の頃のことが、もう一昔も二昔も前のことになって、昔はこうだったと、ふと口に出て、昔はという言葉がずいぶん多くなっているのに気がつく。確かに私が歳をとったこともあるが、私の少年の頃の戦後十数年間と、現在の社会や生活があまりに違っているせいでもあろうか。また、私が山陰の石見国の山の中で、少年の頃までを過したからなのだろうか。

『山椒大夫』の安寿姫が塩汲みをするときのつらさは、山水《やまみず》や井戸がかれたとき、家の前の大川から天秤棒で水を汲みあげた、肩の痛みで実感することができたし、「昔々、あるところにおじいさんとおばあさんがいました。おじいさんは山へ柴刈りに、おばあさんは川へ洗濯に…」という、よくきかされた昔話の〝あるところ〟は、私の故郷の村のことであってもよかった。母が洗濯したり、野菜を洗ったりしている横で川エビを採るのに夢中であったことも、また冬の訪れをつげる霙《みぞれ》が河谷を横切っていく前に、父と裏山で焚き木をとり、割り木をつくって木納屋《きなや》に積んで、もうこれで冬が来てもいいと安心したことも、私の思い出の中にあざやかにあるのだ。こうした思い出を一つ一つたどっていくと、私の少年の頃というのは、単に戦後何年とか、一昔、二昔前とかいう短い時間で区切られていないで、もっと前の、明治、いや江戸時代まで遡っていけるような人々の生活の仕方を、色濃く残していた時代であったのではないかと、ふと思うのである。

私の故郷は、山陰線の江津駅から、江川という大きな川の川岸を走る三江《さんこう》線に乗りかえ、古くて小さなディーゼルカーに三〇分ほどゆられて四つ目の川戸《かわど》駅で降り、江川にかかる高い橋を渡ると、川べりに沿った山ふところにある。

そこは大川べりの氾濫原の集落と、江川に注ぐ小川ぞいの集落がいっしょになってできた村である。中国地方で一番大きな江川の川口からわずか十数キロ、川幅は百

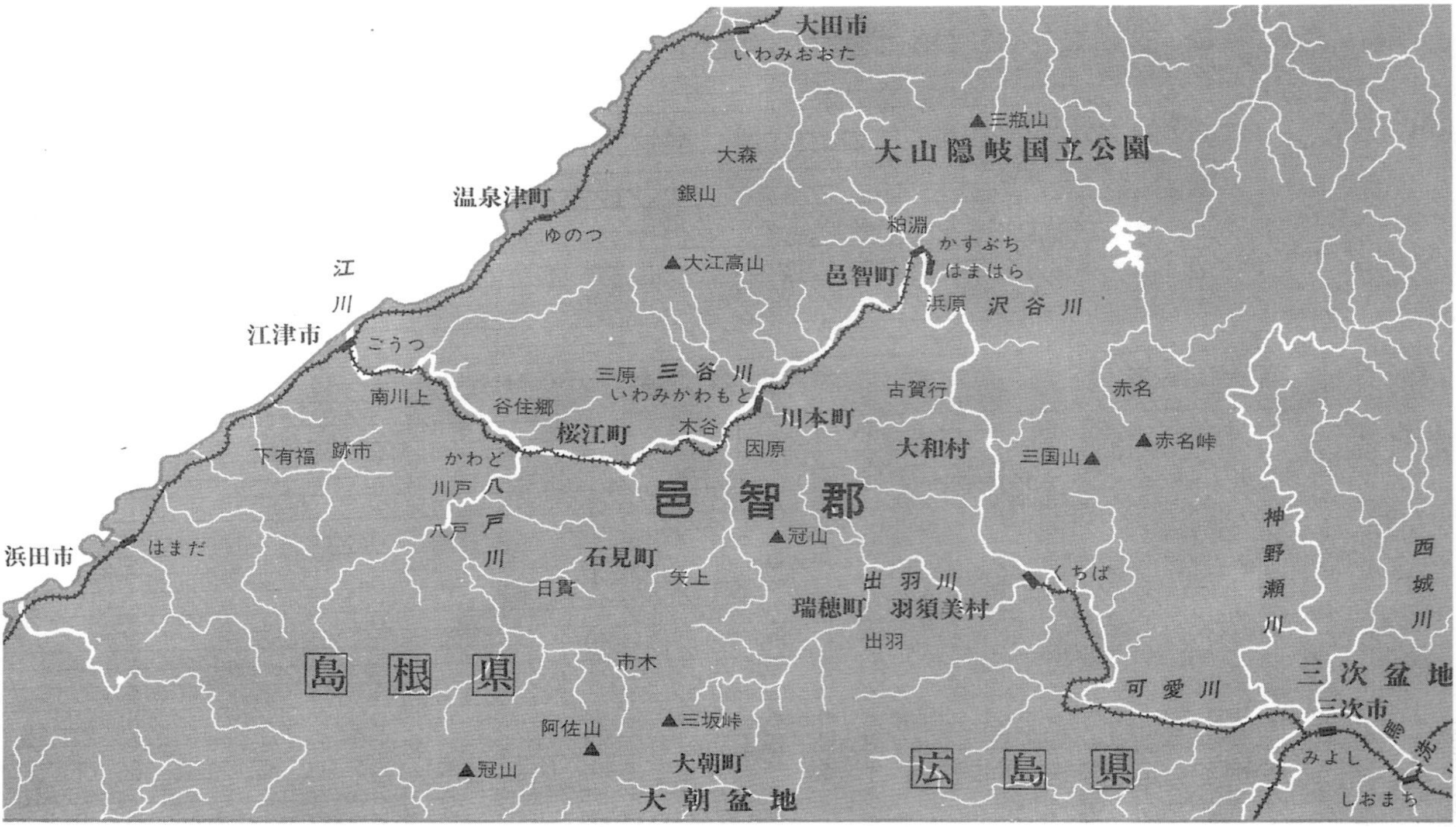

大田市
いわみおおた
三瓶山
大山隠岐国立公園
大森
銀山
温泉津町
ゆのつ
粕淵
かすぶち
はまはら
邑智町
浜原
沢谷川
大江高山
江川
江津市
ごうつ
三原
三谷川
いわみかわもと
古賀行
赤名
南川上
谷住郷
桜江町
木谷
川本町
大和村
三国山
赤名峠
下有福
跡市
かわど
因原
川戸
八戸川
邑智郡
冠山
神野瀬川
西城川
浜田市
はまだ
石見町
日貫
矢上
出羽川
くちば
瑞穂町
羽須美村
出羽
島根県
市木
可愛川
三次盆地
三次市
阿佐山
三坂峠
みよし
冠山
大朝町
広島県
大朝盆地
しおまち

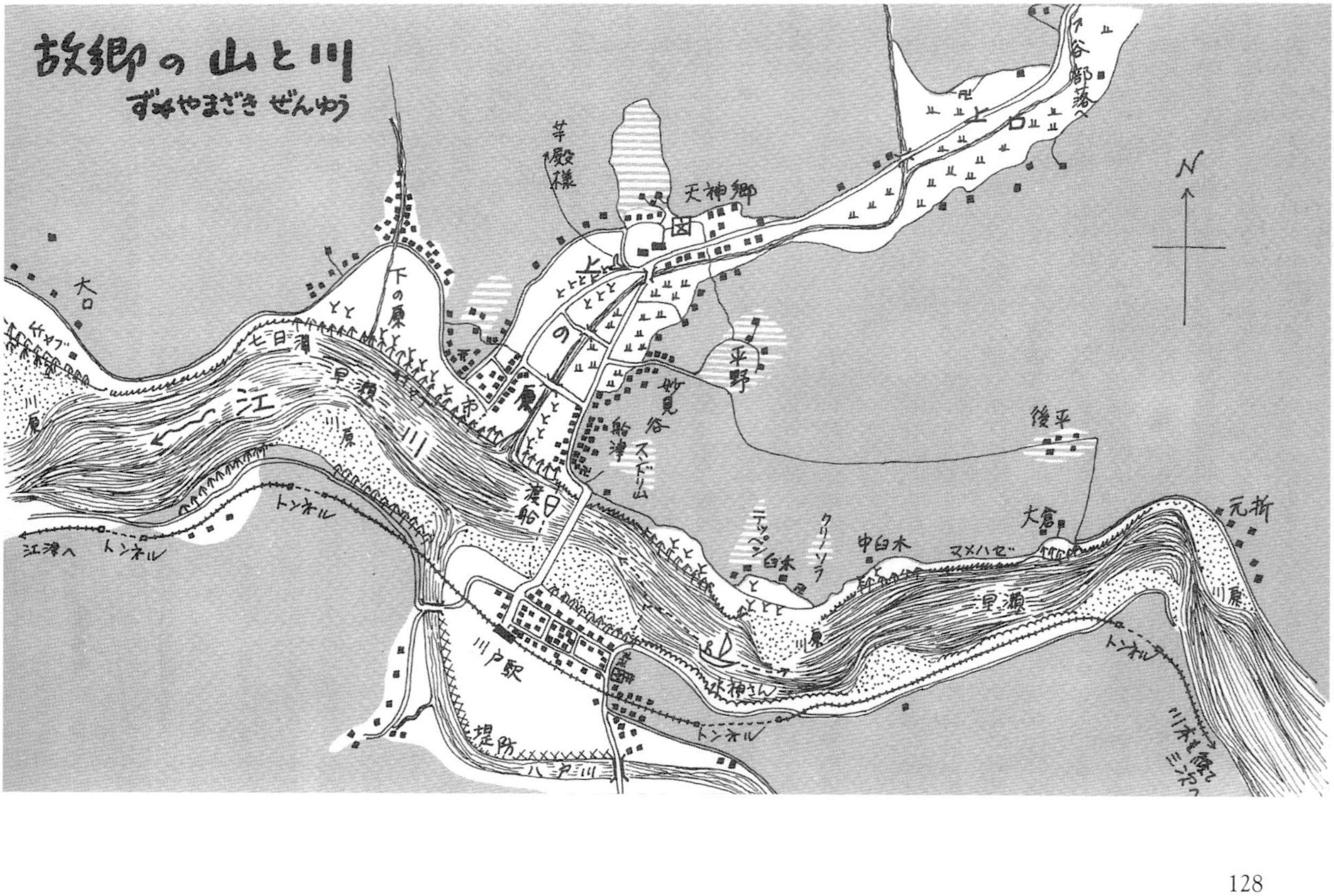

故郷の山と川
ず やまざき ぜんゆう
谷部落へ
上口
天神郷
N
大口
下の原
上の原
七日瀬
早瀬
江川
川原
平野
妙見谷
船津
後平
渡船
トンネル
江津へ
テッペン白木
中白木
マメハセ
大倉
元折
早瀬
川原
川戸駅
水神さん
トンネル
堤防
八戸川

五十メートルもある。そんな川辺の村といえば、川が海にむかって河谷を広げた大きな平野にある村を想像するのがふつうだが、ところが地名も谷住郷《たにじゅうごう》とついているように、そこは狭い河谷の村である。正式には村ではなくて、邑智《おおち》郡桜江《さくらえ》町谷住郷というが、私には少年の頃の谷住郷村というのに親しみを感じる。

江川は山陽側から流れ出て、日本海に注いでいる。広島県の三次《みよし》という中国山地の中でも広い盆地に、安芸や備後の沢山の水が集まり、そこで一本の江川となる。中国地方のほとんどの川が分水嶺にしている脊梁山地を横断し、あまり高くはないが小さく重なりあった石見の山々を縫って流れ、江津で大きく谷口を開いたかと思うと、すぐに日本海の波頭に接して消えていく。そんな川であるから、上流の三次にある平地以外は、江津に至る延々百二十キロの間には、全く平地らしい平地を見ることができない。狭い河谷の平地といえば、江川がくりかえす蛇行によってできた氾濫原でしかない。氾濫原が江川の左右に交互にふり分けられているので、それを耕地にしてできた集落も、両岸に分散されているのである。集落は氾濫原の規模によって決められる。大きな集落といっても、たかだか五十〜百戸位のもので、さらに川辺には三、四戸から十戸位の小さい集落と集落が、大きな集落の間に分断されて、ぽつぽつとあるのである。三江線が走る川岸でいえば駅があるのは大きな集落のある所だ。そういう所はたいてい支流の川口にもなっているので、その支流ぞいの集落と結ばれて、かつての村の範囲が決められているのである。駅と駅の間には、そのどちらかの村に含まれる小さな集落が点在しているにすぎず、他の所では、列車はトンネルか、江川の河蝕による岸壁の上を、真下に水面を見て走ることになるのである。江津から三次ま

河口の江津は、かつて日本海航路と川舟運を結んだ大きな河湊だった。

山肌をけずり、竹藪《たけやぶ》をはらって国道ができた。寺の裏山の杉林も、もとは山畑だ。

での間に見える河谷の様は、ほとんど同じことのくりかえしであるが、さすがに脊梁山地を川が横断するあたりは、集落と集落の間隔が非常に遠のいている。

江川流域の邑智郡には、江川河谷の集落と、石見高原という山陽の吉備《きび》高原とよく似た高原に、山や深い渓谷によって細かく区切られた、中・小の盆地の集落がある。江戸時代に百五あった邑智郡の村は、このような非常にはっきりした自然の境界をもっていたので、明治になって一町二十九村に、そして十数年前に五町二村に合併しても、昔の村の単位がまだまだ人々の日常の生活の中に強く残っているのである。私が故郷を村というのに親しみを覚えるのも、単に私の過去の思い出にひきずられているからだけではないのである。

故郷の谷住郷村は、川と山に区切られており、その中心になるのは、橋の下手の上《かみ》の原と下《しも》の原という氾濫原にできた、山裾のいくつかの部落なのである。私の家は、中心となる部落から離れた川上の、臼木《うすき》というほんの数戸の部落にある。そこは、江川が私の家のすぐ上で曲り、家の斜め前で対岸にぶつかって、また曲って橋の方に流れていて、氾濫原は、まさに猫の額ほどしかなく家も四軒ほどである。家は山を背にし、家の前から眼を下に向ければゆったりと流れる川がみえ、その向うに高さ二、三百メートルたらずの山が、屏風《びょうぶ》のように川岸にまで迫っている。

こういう所なので、めったに村の外に出ることのない私の母などは、すり鉢の底にいるようだといい、関東の平野で育った私の妻などは、たまたま十日間くらい居ても、眼の前の山を包丁でちょん切って山の向うが見たいという。ここでは日は山から昇り、山に沈んで、山がある分だけ平地よりも日をみる時間が短い。それが平野育ちの者には、さびしく思えるのかもしれない。平野のはてに沈む太陽の漠とした寂しさや、眼を遠く地平線に投げる時の、思いがはてしなく拡がるあの憧れの気持が、ここでは眼前の山にはね返されてしまうからしい。だから山をうっとおしく思い、また河谷の狭さに息苦しさを感ずるのかもしれない。

その狭い空間が、村の人たちの生活の場であり、子どもたちの遊び場であることは、今も昔も変りない。しかし、その生活の仕方や遊び方が、私が少年の頃と今とではすっかり変り、またそれにともなって山や川の表情さえも変ってきたように思う。そして、昔のこの河谷の村の表情が、だんだんと私の思い出に閉じこめられていくようである。

かつて江川に活躍した軽枯船《かるこせん》は、もうほとんど使われず、陸にあげられたままである。

江川の支流を川上にたどって行くと、どこでも狭い谷間に集落があり、目いっぱいに開かれた棚田がある（谷住郷の谷部落）。

川での遊び

河谷の村は確かに狭い。しかし、少年の頃、そこを狭いと感じたことはほとんどなかった。自然を相手にして遊ぶことが多かったせいでもあろう。家のまわりの山や川や畑、それに小学校の往き帰りの、山裾をくねった細道、それだけで子どもには充分すぎる遊び場であった。自然のさまざまなものが、それ自体で遊びの道具にもなっていた。

河谷の村から若者は多く外に出ていく。小学校も一学年で15人から20人ほどになっている。私の少年のころは、40 ～ 50人はいたものだった。

セミやトンボ、カブトムシやホタルなどを追いかけまわしたり、野にある食い物は、何んでも採って食べた時代であったので、それを追いかけているうちに、一年がいつの間にか過ぎていく感じであった。その頃、野イチゴやアケビや柿などが、道の端に食べられずに残っているということはなかった。一方で、捕れもしない動物を追いまわしたこともある。アオキの又木で作ったパチンコで、スズメや野バト、ヒヨドリを撃ったり、イノシシを生け捕りにするといって、畑のそばの砂地に落し穴を掘ってみたり、山グリをウサギに先取りされたはらいせに、家からワナをもちだしてしかけてみたりもした。遊びはつきることなく、ポケットの切り出しナイフは必需品であった。自然と素朴に関わっていたというより、どこか動物的に山や川で遊んでいたように、今では思う。

そうした少年の頃、一番よく遊んだのは、家の前の江川であった。川は山の出っ張りにぶつかってはこまかく曲っているので、わずか二、三キロの間にも、川幅いっぱいの早瀬があったり、広い川原をみせる瀬や淵があったり、また岩場のところも、小石のところも、砂子《すなご》のところもあって実に変化に富んでいる。大人でも危険なところもある。そのため、川辺の男の子にはこれほど面白く、冒険心をそそられるところはなく、恰好《かっこう》の遊び場となっていた。

とくに夏、おそろしく増水することもある梅雨が無事にあけて、濁り水が澄み、強い陽射しが川面にてって、さざ波がキラキラ光りだすと、それに誘われるように子どもたちは川に出た。そのころちょうど夏休みにはいり、午後の一時《ひととき》は、あちこちの川原に水浴《みずあび》の子どもの群れができ、甲高い歓声が河谷をこだました。子どもの群れはだいたい部落ごとに、それぞれの近くの川原にできていた。当時は子どもが多く、数戸しかない私の部落だけでも、小中学生は十五、六人はいて、泳ぎ仲間にこと欠くことはなかった。

昼食がすむか、すまぬうちに私たちは「浴《あべ》に行こうや」とさそいあって、家を飛び出したものだ。男の子は、すでに黒いヘコ（褌）をつけていた。手に水中メガネ、ヤス、エビダマ（網）などをさげて。桑畑の細道を一列になって歩き、堤防の代りになっている真竹《まだけ》の藪をくぐり降りて、川の半分位まで張り出した広い川原に出る。薄いゴム草履の底から焼けた石の熱が伝ってくる。耳につばをつけ、形ばかりの体操をして、ワッと川に駆け込む。ワイワイ、キャーキャー、歓声をあげながら水をかけあい、しだいに深みに出て思い思いに泳ぐ。そして火打石の白い小石を背丈のとどかない所に投げて、それを競い合って潜り取る。拾った者が、また遠くに投げる。小さい子も、大きい子も、入り混ってまずは遊んだ。

まだ浮き袋などなかった時代で、川で遊ぶには、とにかく泳ぎを覚えるほかなかった。それも学校で教わったり、大人たちが教えてくれたわけでもなかったが、小学校にあがる前から年上の子と川遊びをしているうちに、川に馴れていつの間にか泳げるようになる。小学校の五、六年にもなれば、息の続くかぎり潜っていることもでき、多少、瀬でも泳げるようになっていた。泳ぎのうまくならない者は、中学生が強引に川の沖に連れて出て、途中で手を離してしまうのだ。バタバタ水を打ち、沈んだり浮いたりしながら必死に岸にかえる。そんなことを何日か繰り返しているうちに、不思議に泳ぎが上達していくのであった。

　当時の中学生は遊び仲間の大将格で、家の外に出れば、親よりこわい存在であった。泳ぎにかぎらず、いろいろな遊び方も、遊び道具の作り方も、だいたいは中学生から伝授されていた。戦後十年間は大人たちも忙しく、大勢いた子どもの遊びにまで口を出すほどの余裕がなかったからかもしれないが、子ども仲間には、どこか自立した小さな社会のようなものがあった。そこでは、大きな子は遊びの中で小さな子の世話をし、子守りをするという役割を果していたのであろう。

水神さんを祀る淵と河蝕崖は、少年の頃の思い出の地である。

　真夏の太陽がちょっと雲に隠れると、ヒヤッとした風が川面を走る。三十分も川につかっていると、体は冷え、口唇は薄紫になり、川から体を少しでも出すと、鳥肌がたって歯がガタガタ震えてくる。私たちは川原にあがって、焼けた砂子に腹這いになったり、穴を掘って砂を体にかけたりして体を暖めた。砂子は石見海岸の砂浜と同じで、さらさらとして非常に気持のよいものであった。子どもの声も、ほんの一時川原から消え、強い陽射しに何もかもが生気を失っているような、そんな中で、山々の木々の繁みから沸きおこっている蝉時雨だけが、生き物の存在を告げるように河谷をわたっている。よく聞くと、夏休み中追いかけまわしているアブラゼミ、ミンミンゼミ、ツクツクボウシなどの声のまじりあった蝉時雨だ。セキレイが長い尾を振りながら、リズミカルにツィーツィーと川原の小石の上を水際に進んでいく。

　体を暖めては川に入る。そのくり返しの中で、小さな子は川岸の小エビや長い爪をもったクマゼ（テナガエビ）をエビダマですくったり、深みに潜れる子は、岩穴や岩の下にいるウナギをヤスで突くのに熱中する。泳ぎに自信のある子は、〝水神《すいじん》さん〟に渡ることもあった。

水神さん

　水神さんというのは、対岸の高い岩壁と、その下の淵のことである。そそり立った二十メートルばかりの断崖の上の松が、水神松といわれ、その淵で水神祭が行なわれたので、私たちは水神さんと呼んでいたのである。淵は江川の中でも指折りの深みで、水深は十メートルを超え、渦を巻いた流れもあった。さらにそこには、エンコという得体の知れない動物がいると、親たちにいわれていた。悪いことをすると、エンコがヘソを取りに来るとか、朝から晩まで川遊びばかりしていると、エンコが足を引きずり込みに来るとかいって、おどかされたものである。

　エンコ（猿猴・猿公）の伝説は、江川の本支流のあちこちにある。いわゆる河童《かっぱ》伝説と同様のもので、このエンコがすむ淵で水神祭りが行なわれたのである。

　五月五日の端午《たんご》の節供に行なわれる水神祭りは、秋祭りとともに、実に楽しい祭りであった。それは、谷住郷村と対岸の川戸村が総出の、にぎやかな祭りであった。両村の子どもは、水神さんに旗をそなえるとエンコにとられないというので、半紙をつなぎあわせて、「高天原神留……」と書いた旗を、数日前から家の門先にたて、当日の昼すぎにその旗や鯉幟《こいのぼり》を川舟に積みこんで、御馳走をもった大人たちとともに乗り込む。舟に乗れない子どもは、旗だけを乗せてもらって、私たちが泳いでいた川原や対岸の崖の上の道に、やはり御馳走をもって集ってくる。若者たちはかけ声いさましく、御輿《みこし》を神様船にかつぎ込む。笛や太鼓ではやしながら神様船を先頭に、両村から出た十数艘の川舟が、水神さんの淵によってきて、崖の下に旗や鯉幟をそなえる。そして勇ましい若者が高い断崖をよじ登って、大きな房のように作った御幣を、水神松の枝に結びつけるのである。見物しているものは、はらはらしながらそれを見つめる。私なども、川原ですしや柏もちを食べる手をやすめて、手に汗して見ていたものである。危険をおかして若者が御幣を結びつけるのに成功すると、若者たちは、櫂や棹で川面を打ってはやし、川岸の見物人もどっと歓声をあげる。帰りは、ホーランエー、ヨイサノサッサと歌いながら、若者たちは川舟をひっくりかえさんばかりに左右にゆする。酒が入っているので、勢い余って村どうしの喧嘩になることがあり、そんな時には両岸の子どもたちも、対岸に向って悪口をいいあうのであった。江戸時代、谷住郷村は石見銀山《いわみぎんざん》領の天領、川戸村は浜田藩領と、川をはさんで所領が違っていたので、あまり村人たちの仲は良くなかったのだといわれている。そんなことが、戦後になっても多少尾をひいていたのであろうか。

　祭りは今でも行なわれるが、子どもたちは旗も作らなくなり、舟もほとんど出ない。崖を登るのも危険だというので、崖の上の道から降りて御幣をそなえるようになった。ともかく、この水神さんの淵に泳いで渡るのは、かなり泳ぎが達者になっても、ある種の決断がいった。初めて中学生について渡ったときは、まさに死にものぐるいであった。

　対岸までは、川原の突端からなら六、七十メートルなのだが、そこから渡っても渡ったことにならず、一番幅のある、百二十メートル余りのところを渡るのが習わしであった。川幅は見た目以上にあるものだし、水が静止しているようでも泳いでみると意外に流れのあるのが、この川の特色であった。まず、少し流れにさからって沖に泳ぎ、真中あたりで流れに乗って、しかも渦に巻きこまれないように斜めに渡っていく。淵をちらっとのぞくと、青黒いような水に夏の強い光線が幾条にも底に向ってさしこみ、その光の筋に枯葉でもちらつくと、エンコの影を見たようで肝が冷え、引きずりこまれるのではないかと思う。眼をつむってがむしゃらに泳ぐ。岸はすぐそこなのだが、流れに押されてなかなか着けない。中学生はもう岸について岩礁に腰かけ、こちらをのぞきこんでいる。へたに助けを求めると、かえって泳ぎの力がぬけ、流れにもってゆかれてしまうのだ。最後の力をふりしぼって岩礁の裂け目にしがみつく。しばらくはよじ登るだけの腕の力もなく、川に身をまかせるようにしているのだが、心の中は、この川を征服した喜びで、体中から何か自信のようなものが湧いていた。まだ震える足で、四メートル余りの岩の上に登ると、実に壮快で、天下でも取った気になった。この淵を泳ぎきることが、達者な泳ぎ仲間へのいわば登竜門で、そこを越えると、太いウナギやギギなどの多い、もっと危険な川上の早瀬に行く仲間に加えてもらえた。私が水神さんに渡ったのは、四年生の頃だった。

三回、四回と渡っているうちに、水の流れを肌でとらえられるようになり、途中で息をぬくことを覚えると、それほど難しいものではないことが分かる。といっても、小学生で渡れるのは二、三人でしかなかった。

水神さんでは、よく飛び込みをした。岩礁の二メートル近くから、しだいに高くして頭から飛びこんでいく。へたに飛び込むと、したたか腹をうって息がとまってしまう。三メートルを超えると、さすがに頭からではこわく、鼻をつまんで足から飛び降りる。そんな遊びをして、岩の上で休んでいる時、毎日ではなかったが、川下から白い木綿の一枚帆を風にはらませて上ってくる、大型の川船を見ることがあった。どんな荷を積んでいたか、どこまで遡っていったのか覚えていないが、ただ、一メートルばかりの孟宗竹を五、六本積んでいたのを覚えている。それは浅瀬に乗りあげたとき、竹を船床に敷いて押し上げるためのものであった。日によっては、六列か七列に杉や檜、竹を組んだ筏が流れてくることもあった。私たちは、その川船や筏をめがけて泳ぎ、舟べりについて少し上ったり、筏に乗せてもらって下ったりした。

流れのゆるい深みにいる鮎は、刺し網で獲る。月のない闇夜が一番よく網にかかる。

三時過ぎ、対岸を通る汽車が汽笛を引いてトンネルに消える頃、多少ぐったりして、桑イチゴを食べながら家に帰るのが普通であった。部落の前の川原だけではなく、ときには川上の早瀬に、ウナギを突きに出かけることもあった。

マメハゼのウナギ突き

そこはマメハゼという断崖の近くで、早瀬には岩場が多く、太いウナギがよく獲れたものだが、中学生をまじえた泳ぎの達者な三、四人で行くことが多かった。マメハゼまでは、川っぷちをうねっている山裾のでこぼこ道を歩いた。途中に二軒の家があり、マメハゼを越えると、また三軒の家があって、そこまでが、私の村の範囲であった。当時、橋のたもとから私の家までは、なんとか自転車の通れる道であったが、その上《かみ》の道は、全く歩くより方法のない道で、マメハゼなどは、身一つ通れればよいといった感じの、崖の横腹についた道であった。上の部落の子どもたちは、こうした道をたどって、雨の日も雪の日も学校へ通ったのである。河谷の村々が川の上と下で分断されがちであったのは、こうした崖が各所にあったからで、せいぜいマメハゼのような細道によってしか、隣の村と通じ得なかったのである。だから、逆に川の道が発達したともいえるのである。

私たちはマメハゼの手前で川に降り、早瀬の岩場にひそむウナギを潜っては探した。ウナギは夜行性の魚で、昼間は穴場からちょっと顔を出して、じっとしているので、探すのも大変であった。見つけるといったん浮上して、ヤスにつけてある強いゴムの輪を引きしぼり、大きく息をついて潜り、ウナギとにらみあう。チョッと突くようにして誘い出す。逃げ出るその瞬間にヤスを放つのだが、そのタイミングが実に難しく、失敗して逃げられることもしばしばであった。ウナギの首のところを突くと、ヤスをもった手に胴を巻きつけ、すごい強さでしめつけてくる。へたに尾に近いところを突いてしまうと、完全に噛《か》みつかれて水中での格闘になる。太いウナギだと一人では処理できず、仲間に二、三本ヤスを撃ってもらって、やっと捕えるようなものもあった。ヤスで突かれたウナギは、背と腹のヒレを張るので、水中メガネごしには実に太くみえ、ちょうど青大将とでも格闘しているようで、ぞっとすることもあった。

夏でも河谷の夕暮は早い。ヒグラシが、カナカナ、カナカナカナと高く澄んだ淋しい声で鳴きはじめると、私たちは十数匹のウナギを小竹にさして家路についた。しかし、夏の川遊びはさいげんがなく、日も暮れかかった頃には、ウナギ籠をつけたり、ツケバリをした。ツケバリというのは、釣糸を五十本位つけた延縄《はえなわ》のようなもので、川舟を出して沖にしかけるのである。ウナギ籠もツケバリも、川霧のかかった夜明け方に引きあげるのだから、まさに朝から晩まで川と関わっていたことになる。

一方、夏の夜は、川漁を専門にする人たちの稼ぎ時でもあった。川舟をもって、時々漁をする人はかなりいたが、漁を専門にしている人は、村に三、四人ばかりであった。アユ、ウナギ、スズキ、ツカニがおもな漁の対象であったが、一番の稼ぎになったのはアユである。その頃

石見地方の集落が明るく豊かに感じられるのは、光沢のある赤瓦の家々が多いためだ。赤瓦（石見瓦）は江津市で大量に生産されている。昔の農家のほとんどは茅葺屋根だったが、葺替えがなされるたびに瓦屋根に変わった。

はまだ、農薬をあまり使用していなかったので、天然のアユが多量にとれた。川岸に住んだ私たちには、アユはけして今のように高級魚という感じはなく、ザルいっぱいでも、それほど高い値ではなかった。川面に秋風が立ってくると、アユはしだいに脂が乗りだし味も一段とよくなる。塩焼きにして食べるほかに、炭火であぶり、干しアユにして保存する。それは、冬の間の魚としてふんだんに食べられたものである。産卵を終えた落ちアユなどは、投網で多量に獲れ、ジャコ（ニボシ）がわりに使っていたほどである。アユやウナギ、スズキなどはほとんど地元や町場の料理屋に売られていたようだが、ツカニは、北九州の炭坑の町の料理屋へ出荷されていた。坑内にもぐる炭鉱夫は、穴にもぐるカニにとくべつの親近感をもっていたのだという。

川遊びの思い出はつきない。

その思い出を通して今の江川をみると、なんとなく川面がさみしく見えてくる。川原には子どもの水浴の姿は、まったく見られなくなった。学校のそばの田んぼの中にできた、プールで泳いでいるのだ。川が少々きたなくなっているとか、上流のダムの放水で水量がかわり易く、子どもには危険だとか、また子どもが少なくなっているとか、原因はいろいろあるようだが、最も大きな原因は村人たちの日々の生活が、しだいに川から遠ざかっていったからではないだろうか。かつては、川は洗濯場であり、また沢山の水を使う洗い物はほとんど川を使っていたから、女の人は日々に川に降りていた。山水や井戸水が夏枯れすれば、川は水汲み場ともなっていた。子どもだけでなく、暇をみつけては川漁をする大人たちも沢山いたのだ。

生活は川と密着し、川は家の延長のようなものであった。子どもは、そこで川遊びをしていたのである。ちょうど水道ができ、またビニール管で水の豊富な山水を遠くから家にひけるようになると、ハンド（水甕）が生活の場から背戸《せど》に置きざりにされたように、川も生活の場から遠のき、子どもにはそこが危険なところとなったのだと思う。

私には、崩れかかった赤い実をいっぱいつけた柿の木を冬枯の中でみるさみしさが、川面のさみしさに似ているように思える。それでも、夏から初秋に、かろやかな川舟が清流に出て、アユをかけていたり、深みの川岸で刺し網や投網をうっていたりする人のあることが、まだ江川への親しみを残してくれている。

河岸の川戸は江川ぞいの浜田藩の中心で、その船着場の近くに町場ができていた。

川の道

江川をとりまく環境が最近がらっと変ってきた。川辺の山裾をぬっていた細道、ヘビに遭ったり、月や星かげをたよりに歩いた道、道がくねると川の音が大きくなったり小さくなったりした、あのでこぼこ道が、アスファルトの広い国道（二六一号線）に変ったのである。集落や畑をやわらかくかこっていた竹藪も、わずかな畑地もはらいのけ、山肌をけずり取ってコンクリートを打ち、ブロックを積んで国道は川辺に力強く敷かれている。マメハゼも消えてしまった。歩くより方法のなかった道が、一足飛びに大型車も通れる自動車道に変貌したのである。隣りの村にも車でスーッと苦もなく往き来でき、家の門先きが、江津にも、広島にも通じている感じになった。国道一本によって、江川の河谷が変ったのだが、同じことが、三《さん》江《こう》線に汽車が走り始めた頃や、川に橋が架かったときにもあったのだろう。

　昭和五十年（一九七五）八月に全通した三江線は、着工してから六十年近くもかかって全通したという意味では、日本でも稀《まれ》な鉄道である。部分的には、江津から川戸までが大正四年（一九一五）、川本《かわもと》までが大正九年（一九二〇）、浜原《はまはら》までが大正十二年（一九二三）に開通しているが、この大正時代に敷かれた鉄道（三江北線）によって、古くから江川を上下した川船が、ほとんど消えてしまったという。私が夏の水浴中に、たまたま見ることもあった帆を張った川船が、私の父母の若い頃には、毎日のように何艘も上り、帆をおろした舟が、何艘も下ったという。

　江川の川船の歴史の古いところはよく分らない。『邑《おお》智《ち》郡誌』によると、古代に朝鮮に通った船が、川口の江津と私の村の桜井津《さくらいつ》を重要な河湊としていたという。谷住郷村の下《しも》の原《はら》という氾濫原は、そのころ大きな淵で、船がそこに入ると七日は出られなかったので、七日淵《ななかぶち》の名がついたのだと伝えている。谷住郷の地主神が水運の神の住吉神社であるのも、そのためであるという。もとは大木をくりぬいた川船であったようだが、河川の水流に適した板舟に変っていった。板舟といっても、普通の川に浮かべるような、舳も底も広い重い船ではなく、船底は円形で、舳先が鳩の胸の反りのようにのび、用材も薄いものを使っていたので、急流や早瀬、岩場をたくみに乗りきることができた軽快な船であった。そこでこの川船を軽枯船《かるこせん》といったのである。この船がさかんに江川を往き来したのは、江戸も中期からだといわれる。

舟運とタタラ製鉄で栄えた川本の町も狭い氾濫原にあり、しばしば水害にあってきた。

狭い耕地を最大限に利用するためにも、また、水害をさけるために、家々は山裾に高く石垣を築いて建てる。

戦国時代には、川船の航行は許されなかったようだ。邑智郡の小さな城主たちは、石見の銀山（大森《おおもり》）をめぐる戦いや、出雲の尼子《あまこ》と安芸の毛利の戦いにまきこまれる状態であったので、軍略上から江川に舟を浮べることを禁止していたという。そして江戸初期も、政策上から陸上交通を重視して川の道を利用させなかった。そのころ全盛期であった石見銀山の大量の銀は、代官所もあった大森（大田《おおだ》市の西部、旧山陰道ぞい）から、江川ぞいの粕淵《かすぶち》・浜原に出て、そこから沢谷《さわたに》から赤名《あかな》に山越えし、さらに中国山脈の赤名峠を越えて尾道《おのみち》に出る道、いわゆる銀山街道を運ばれたが、そこがまた陰陽を結ぶ陸路の中心にされていた。それは銀山領側の道であったが、浜田藩内の道としては、浜田から有福《ありふく》・跡市《あといち》・市木《いちき》を経て、三坂《みさか》峠を越えて加計《かけ》に出る道があった。どれもあまり便利な道でもなかったので、川としては唯一陰陽を結んでいる江川の道が、江戸中期になって非常に発達するようになった。

水深の深い江津の湊が、日本海の西廻り航路の発達とともに、帆船の重要な寄港地として大変にぎわうようになり、また三次《みよし》が広島の支藩の城下町として栄え、三次商人の活動も活発になっていたので、この二つを結ぶ江川の役割がしだいに大きくなってきたのである。全盛期には、上下する川船の数は数百艘あったといわれ、各所の船着場がにぎわった。石見銀山領の船着場には銀のぬけ売りを取り締まる番所がおかれ、船の荷改めが行なわれた。私の村の船津という部落も、住郷口《じゅうごうぐち》といわれた番所のおかれた船着場であった。他に江津口《ごうつくち》・川本口《かわもとくち》・小《お》原口《ばらくち》（粕淵）、浜原口、都賀口《つがくち》など九ヶ所の番所があった。また川戸は浜田藩の船着場として重視され、江戸時代から、川本に次ぐ町場を形成していた。川船は、荷を積んだときには一人が棹をさし、二人して川岸を縄を曳き、空船のときは一人が棹をさし、一人が縄を曳いて上ったが、江津から三次までは五日を要したという。上り風のあるときは、帆を張って上っていった。下りは櫂一本で三次から江津まで一日で出たという。しかし荷や人を途中でおろすときは、三次から川本まで二日がかりであったという。また朝早く江津を出た船も川本で船泊りになるのが普通だったようで、この川筋では上り下りの船が立寄る川本の船着場が一番にぎわった。そこには宿ができ、芸者も四、五十人はいたという。また、主要な船着場には川船で働く舟子の集落も出来ていた。江川ぞいの集落の多くは、山裾のなるべく高い所に、石垣を築いているのが普通だが、舟子や船着場の集落には、しばしば石垣を築かずに、川を背にし、道を前にした家をみることができる。川船が通うことで生活していた人たちの家が、毎年、梅雨になると人々の心配する洪水に、しばしば被害をうけることになる。

川船で運ばれたものは、江津からは塩、魚、干魚、あるいは江津あたりにさかんな粗陶器や瓦、樽につめた鰯などの魚肥などが多かった。一方、三次からは酒や砂糖、反物、日用品などが川本あたりまで下されたという。また江戸時代から明治初期まで、川本や石見高原の矢上《やがみ》や出羽《いずわ》で盛んに生産された鉄（銑鉄や鋼）も江津に下り、そこからさらに日本海の帆船で、遠く北陸や九州・大阪へと運ばれたのである。そして江川ぞいの天領の他の産物も、川を下って江戸に運ばれたのである。

川の道を考えてみると、この狭い河谷も意外に、他の広い地域と交流のあったところだったことがわかる。とくに山陽の安芸や備後とは、古くから文化や経済の面で深い関わりをもっていて、同じ島根県の出雲地方よりも、むしろ広島県との共通性が強く現れているのである。その一つが、石見地方に非常に多い真宗の門徒の例である。これは安芸全体に広まった真宗が、戦国以後、石見に入ってきたためである。とくに江川流域は、三次の照林坊《しょうりんぼう》という大きな西本願寺系の寺院の布教によるものが多く、他の宗派の寺が二十ヶ寺以下であるのに、真宗寺院は大・小あわせて百ヶ寺を超えているのである。

こうした江川の水運の跡を訪ねようと、各地の船着場を歩いてみたが、どこにもその跡を見ることができなかった。それは昭和四十七年の七月の、百年に一度といわれる大洪水で、川岸の多くの家が床上、あるいは二階まで浸水し、村や町がひどい被害をうけ、その後、堤防の大改修や町の地上げがされたりして、川岸や町の様子が全く変ってしまったからである。「あそこが元の船着場でしたよ」といわれても、高いコンクリートやブロックの壁があるだけで、昔のような船着場らしい石段があるでもなく、想像をたくましくする手がかりさえなくなっていた。

大洪水になると水は橋げたをこす。橋げたを高くした新しい橋が架かる。

渡船と橋

江川を上下した川船が縦の道であるとすれば、対岸の村と村をむすぶ渡船は、川の横の道であろう。この横の道は、今ではどこでも橋がある。私の村も、対岸の川戸とは立派な鉄の橋で結ばれている。この鉄橋の前身になる吊り橋が架かったのは、私が小学校に入学したばかりの昭和二十五年の五月のことで、その時の村をあげての喜びようは、今でも覚えている。渡りぞめの日、村の大きな祝い事があるときに行なわれていた、大田植の田囃子が谷《たに》部落の方から船津《ふなつ》に出てきて、大変なにぎわいであった。そして、村長とともに、渡りぞめの先頭をきったのが、長年、渡船を守り通していた渡屋の老人であった。私は、子どもながら、〝ああ村人の感謝の気持なのだな〟と思ったものだ。私もその前日には、教頭先生に暗くなるまで学校に残されて、大きな条幅の紙に、大きな筆で何枚も何枚も「おおはし」と書かされた。その一枚を祝いの展覧会に出品したのだが、母はそれを今も大切にタンスにしまっている。

戦前、橋が架かっていたのは、江津・川本・都賀・三次の四ヶ所だけで、他の村々は、対岸と渡船でしか結ばれていなかったのである。江川に橋を架けるのは容易ではなかった。川口だけでなく、上流まで川幅が広く、しかも集落の規模は小さい。そしてもっとめんどうなことは、この川が洪水を起こすと、ふだんの水位からは想像もできないくらい水位が上がって、十メートルから十四・五メートルにもなる。蛇行の屈曲点の河蝕崖に怒濤のようにぶつかって大きな渦をまき、また激流となって下の屈曲点にぶつかっていく。河谷全体がうなりをあげるのである。そんな洪水にも流されない橋にするには、とにかく洪水時の水位より高く架けなくてはならない。小さな集落だけの力で架けるのは、大変な負担でもあった。お役所が金をつぎこんで架けるにしては、経済的な価値があまりにも少ない。鉄道のようにいうなら、ひどい赤字橋なのだ。江川に橋が架かるのが遅れたのはそのためである。

吊り橋の架かるまでの渡船の思い出は、私にはぼんやりしたものでしかない。母につれられて対岸の病院にいったことや、江津に出るときに乗ったかな、といったほどのものであるが、渡屋の老人の船のさばきのみごとさだけはよく覚えている。船は二十人位は乗れ、また牛や荷車も乗せることができるがっしりしたものであったが、それを一人であやつるのである。船津の側はそれほど深くないが急流で、対岸の船着場は真向いにある。老人は、まず急流を岸にそって棹をさして上る。ころをみはからって、川岸をトーンと突いて櫓にもちかえ、流れに乗るようにして川を渡る。舟をゆらさずに対岸の船着場にすべりこむようにぴたりと着けたものであった。

渡船を守る船頭というのは大変な仕事なのだと気がついたのは、随分と後になってからのことである。というのは吊り橋を新しい鉄橋につけ替えるときに、二年間ばかり渡船が復活したことがあった。ちょうどその頃、私は浜田の高校へ通うようになっていたので、毎日渡船を利用することになったからである。渡船に乗って通うのも楽なことではないが、船頭はまさに雨にも、風にも、河谷におりる深い川霧にもまけてはいられない。その頃はすでに、江津や浜田、あるいは川上の川本などに通勤、通学する者もふえていたので、朝の一番列車が走る五時すぎには船を出し、また終列車の到着する十時頃までは渡さなければならない。私はその渡船で通っていたとき、対岸に三江線が走りだした大正の頃から戦後になって吊り橋が架かるまで、村の中で一番忙しく、また重い責任を感じていたのがこの老人だったのではないかと思った。村人にとって、渡船が出なければ、汽車は絵に描いた餅にすぎず、少しの便利にもならなかったろう。それどころか、汽車が通ったことで川を上下していた川船がなくなっているのだから、かえって不便であったにちがいない。老人は駅と村とを結んで、汽関車の運転士の延長を、くる日もくる日も務めつづけていたことになるのだ。父母の話でも、老人は夜半の急病人に戸を叩かれることがあっても、いやな顔ひとつせず、一ぷくタバコをすって船を出し、病院から帰ってくるのを川岸で待っていてくれたという。

渡船を利用しはじめると、毎日の天気と川の表情が気になったものだ。山陰は「弁当を忘れても、傘は忘れるな」といわれるように、一日中晴れあがっている日は、年間を通じて少ない。とくに梅雨や秋にはしばしば増水し、船止めになることもある。それも、江川のなり立ち上、石見には降らなくても山陽側でひどい雨が降れば増水するので、思わぬときに船止めをくうのである。朝、雷が鳴ったら川を渡るなという諺は、渡船を使ってみてはじめて実感のわく言葉になってきた。朝は船が出たのに帰りはもう船止めで、もう一度川戸から汽車で次の川平駅にひき返し、そこの鉄橋を渡って、川辺の道を歩いて帰ったことも何度かあった。

私が利用していた渡船が、一度転覆したことがある。あれは、梅雨の増水も田畑を浸すほどのこともなく、真夏が来ようとしていた頃であったが、水はまだ濁流で水勢も強く残っていた。そのころは、あの老人はすでに亡くなり、まだ川になれていない人が臨時に船頭をしていた。船も岡田式渡船といって、川に張りわたした太いワイヤーにつけた滑車と、船の舳先をワイヤーで結びつけ、川の流れを利用して船を斜にして渡すのである。この方式は、大きな渡船場の川本などで、かつて使われていたもので、従来の手こぎのものより多くの人と、多くの牛馬を渡すことができたのだときいた。しかし、この船の欠点は、人が前に乗り過ぎると尻が浮いて、川に突っこんで危険なのであった。私の村では使っていなかったので、その欠点を皆が知らなかった。上りの一番列車に乗ろうとする人が、船の出ぎわにかけつけて舳先にかなりの人が乗ってしまった。私もその中にいたのだが、真中にさしかかったとき、船が舳先から川に突込みワイヤーも切れて転覆してしまったのだ。二十五、六人は濁流に放り出された。寺の鐘がなり、サイレンが鳴って大騒ぎになった。ちょうどアユ獲り船が出ており、すばやく助けにきてくれたが、男女二人が水死してしまった。私は、ずうずうしくも重いカバンをもったまま、立ち泳ぎでしばらく流れにまかせていたが、船底を上にして流れてきた渡船に乗って、一キロ近く川下の川原に上がった。転覆して腹をみせている船ほど安全なものはなかったからである。軽い夏服であったことや、川で泳ぎ馴れた人が多かったことが悲劇を最少限にとどめたが、今のように川で泳げない人なら、大半が死んでいただろう。

稲を干したあとのハゼには、山畑に作ったアズキ・ダイズ・クロマメを干す。

　鉄橋が架って渡船は消えた。今では江川の各所に橋があって、橋のない川がどんなに不便であったかも、忘れられようとしている。人々が川面を気にするのは、ただ洪水のおそれがあるときだけになっている。川が生活に密着していた頃、川はきれいであった。川岸にきたない物を投げるということはなかった。単に眺めの対象になってしまったとき、川はよごれ、川岸にごみをみるようになった。

山の畑

　村の生活は、かなり自給自足的であった。少ない田畑をこまめに作り、屋敷地のまわりには果樹を植え、また家畜を飼うなど、自然の素材をできるかぎり使うということだったので、それだけ仕事は多く、子どもの働きをも必要にしていた。今から思えば、少年の頃は遊んでばかりいたのではなく、むしろよく仕事の手助けをしてい

山畑は茶畑になっている所が多い。山畑の作業はつらいが、茶は現金収入になるのだ。

たと思う。果樹などは、夏ミカン・ダイダイ・ユズ・キンカン・温州ミカン・ウスカワミカン・西条ガキ・富有ガキ・太郎ガキ・キネリ、それに渋紙を作るためのシブガキ、ナシ・モモ・ウメ・イチジク・ビワ、そしてクリやギンナンも入れれば、かなりの数があって、その収穫は、ほとんど子どもの役目のようであった。

果樹や野菜は沢山の種類を作りながら、かんじんの米は作りにくかった。狭い河谷の中では一番広くて平坦な土地が使える氾濫原が、水田として利用できないところが多かったためである。私の村などその典型的な所の一つで、下の原や上の原という氾濫原はほとんど畑地であった。江川のゆたかな水が目の前を流れていても、それは残念ながら全く耕地を潤す水にはならなかった。江川の随所に早瀬があるといっても、全体には非常に川床の勾配がゆるやかな川である。川口から百二十キロもある三次《みよし》盆地の海抜が百三十メートルといえば、そのゆるやかさがわかるであろう。三江線に乗っても、川岸の新しい国道を走っても坂を川上にどんどん登っていく感じは全くしないのである。しかも、繰り返しおこる洪水が土砂を積みあげてできたのが氾濫原であるから、そこは川のふだんの水位から四、五メートルから十メートル近くの高さになっている。そのため、江川の水を川上からひくこともできない。

こうした氾濫原にも、所によっては古くからの水田があるが、それは氾濫原に流れこむ江川の支流や、谷川の水をひいてできたものである。私の村でいうと、上の原の一部にある水田がそれであるが、その水は小川ぞいの田を潤すだけで、氾濫原にまではとうていゆきわたらない。この十数年間に水田化された氾濫原もあるが、そこでは大型のポンプで川の水を汲みあげているのである。下の原もその一つで、今ではみごとな水田となっている。

邑智《おおち》郡の耕地は全面積の六パーセント位であるが、そのうちには、畑にしても、水田にしても、よくもこんな所にと思うような、条件の悪い場所に開かれたものも含まれている。支流ぞいに石見の高原を登ってゆくときに、そうした水田を見ることがある。支流の谷口に水田があり、道がカーブするとまた水田がある。道が流れからだんだん離れて、山の急坂をうねって登りだすと、家も水田も視界から消え、深山に入ったような気分になる。樹木に隠れて、はるか下の流れはみえず、渓流の音ばかり聞えてくる。樹木の繁みの隙から谷底をのぞいてみると、ときどき二、三戸の農家と水田が見えたりする。水とわずかな平地があれば、田を開き人が住んだのである。

私の村の畑地も、平坦な氾濫原だけではなく、もっと条件の悪いものが多い。平坦な土地だけ耕してすむほど広い土地ではないのである。山裾の傾斜地や中腹にある、ちょっとした平地はもちろんのこと、山の頂きのわずかな平地や驚くような急斜面でも、また小石まじりの土地や川に近い砂地でも、畑になりそうな所は残りなく開かれたという感じで、畑地があった。そして飲み水さえあれば、そんな所にも人が住んだのである。平野《ひらの》と後平《うしろびら》という部落もそうだ。平野は山の中腹の平坦地に、後平はそこからさらに三百メートルほどの山に登り、尾根を行った窪地にできた集落である。後平に五、六戸あった家はなくなったが、平野には二戸ほど今も残り、人が住んでいる。

急傾斜の山畑には、スンドリ山、テッペン、クリノソラなど、いかにも山畑らしく傾斜や高さをあらわす呼び名がついている。そんな山畑には、土地の流出を防ぐために、みごとな石垣が築かれてある所が多かった。

畑地の大半は桑畑だったが、残りの畑も最大限に利用されて実に多くの作物が作られていた。麦のあとに豆類やサツマイモを植える山畑、ゴボウ、ダイコン、サトイモなどを植える氾濫原の深い畑、ソバやアズキしか植えられない石まじりの畑、他の野菜類をいろいろ植えていた屋敷まわりの畑と、畑地の質に応じた作物をこまかく作っていた。思いだせる作物を指折ってみると、その種類の多さに驚くほどで、昔の農家が年中忙しかったのも分るようだ。

狭く、条件の悪い耕地で作物を育てるには、作物にこまやかな愛情をそそぎ、いつもめんどうをみてやらねばならない。そのためだったのだろう。畑は常にきれいで、荒れた感じなど全くなかった。「畑を見れば家の内がわかる」とか、逆に「家の内を見れば畑がわかる」といったものだが、村では、まめに働くことが何よりも大切なこととされ、それが何にでも通じていたのだろう。

氾濫原の畑は土が深く、ゴボウやボウイモなどがよくできる。

耕地の土質が様々なので、土地に合った農具が必要だ。山仕事の道具もあるので、納屋は道具でいっぱいだ。

同じこまやかさが、畑しかない農家の最大の現金収入源であった、養蚕にも必要だったのである。蚕は、蚕さんとかお蚕さんとかいって、呼びすてにしなかったものだが、その蚕さんは、幼虫のときには大変弱く、精神こめてめんどうをみないと、たちまち死んでしまう。桑の葉は、一枚一枚きれいにふいて与えなくてはならず、また湿度も気温もマユのよしあしに微妙に影響するので、春・夏・秋と年に三回（現在は五、六回になっている）の養蚕の期間は、非常に忙しいとともに、せん細さが必要であった。

こまやかさとは、また非常な忍耐でもあった。急傾斜の山畑をうっていくには、土を下に流さないように、傾斜の下から上へ後ずさりしながらうって登り、また下に降りてうっていくという大変な重労働である。私は山畑を耕したことはないが、平地の畑をうっていて、隣の畑にいた老人にいわれたことを覚えている。「畑をうつときにはなあ、先をみちゃいけんでな。鍬の落ちる刃先《はさき》を見て、一鍬、一鍬うっておりゃあ、いつの間にか畑はうち終っとるもんだけぇのう」と。老人は、遊びたい気持が先にたって、畝の先をみながら耕す私の心をみすかすようにいってのけた。

黙々として働く農民、とよくいうが、その黙々と、というのがむつかしいのである。この忍耐強さは、前の水害の記憶が消えないうちに、再び江川が増水して田畑をいためても、それを数年にして元にもどすという力ともなっていたのではないだろうか。今のように、国や県の大きな援助を受けるのではなく、村の小さな力で土地を守り育ててきたのも、そこにあったのだろう。

茶の入ったヤカンをもち、弁当をオイコに入れて朝露の山道を登り、たんねんに耕していたその山畑は、今ではほんのわずかしか残っていない。十数年前あたりから、急斜面の畑地はほとんど杉や桧の山林に変った。また茶畑に変った畑地も多い。

水田のある谷底の集落は残っても、畑しかない山の上の集落は、山畑がしだいに山林に変っていく頃、消えていった。不便さにおいては、谷底の集落も、山の上の集落も大差ない。しかし、畑作では収入の足しにならず、山での生活に欠かせなかった炭焼きの仕事もなくなって、人々は山の畑と家を捨てて平地に下りてこざるをえなかった。後平の人たちも、同じ歩みをして新たに平地に家をかまえ、仕事を変えて生活している。村を去っていった人もいる。

芋殿さま

石見路の農村を歩いていると、道のかたわらに「泰雲《たいうん》院殿《いんでん》義《ぎ》岳良忠《がくりょうちゅう》居士《こじ》」という戒名を刻んだ石碑を、しばしば見ることがある。私の見たかぎりでは、だいたい江戸末期の頃に建立されたものが多い。村人たちが講をつくり、ささやかな資金を出しあって造ったものであるから、昔の村や部落の大きさに応じて、二メートル近くの立派な石碑から、自然石の小さなものまである。田んぼや畑の片隅に、ときには寺院の境内にも立つその石碑の前には、峠の石の地蔵のように、きまって花が供えてある。なかには真新しい卒塔婆《そとうば》がそばに立ててあったりする。年に一度の供養を、かかさず行なっている村人もいるのである。

江川流域の村でもそんな石碑を各所で見かける。私の村にも小学校の側の畑の隅にかなり大きな石碑がある。石碑のある部落の人たちが、毎年八月末の地蔵供養のときに、必ず泰雲院殿の供養をしている。秋になってサツマイモがとれるようになると、初穂を供えるのと同じ気持で、碑の前に芋を供えている。村人たちが、こんなにして大切に石碑を守ってきたのには理由があるのだ。

彼らはこの碑を、泰雲院殿といういかめしく威圧的な名では呼ばない。芋殿さまとか、芋代官さんという。親しみのある呼び名だが、そこには親しみ以上の、ある感謝の気持がこめられているのである。この石碑のことを語るには、どうしても芋代官と呼ばれた人のことにふれなくてはならない。

石見地方、とくにその西部の人にとって、長く忘れることのできない人物がいた。享保十六年（一七三一）に、大森銀山領の代官として江戸から赴任してきた、六十歳の老武士である。名は井戸《いど》平左衛門《へいざえもん》正明《まさあき》といった。

享保年間の石見地方は、長雨や大洪水、旱ばつや虫害などで連年の凶作つづきで、井戸正明が赴任した当時は、「領内荒涼もっとも酸鼻を極む」という状況であったから、新しい代官のやり方次第で、領民はさらに苦しみをうけねばならなくなるのだ。

しかし、幸いにも新任の代官は、誠実で温厚な人柄だった。彼は赴任する前には幕府の勘定所に長年つとめ、将軍吉宗から黄金二枚を下賜されたこともあった。その役職がら地方行政には明るかったが、彼が眼の前にみる領内の農村の窮状は、とても江戸の役所で考えていたようなものではない。年貢米の徴収のみを事とする、これまでの代官のあり方を改めなければ、どうにもならないのであった。農民の生活の安定こそがまず必要であるが、田畑に乏しく、開墾の余地のほとんどない石見の地で、彼らの生活を少しでも楽にする術《すべ》が容易にみつかるものでもなかった。

赴任した翌年、正明がそんなことに思いなやんでいた頃、大森を訪れていた一人の旅の僧に会った。僧は「薩《さつ》摩《ま》国で作っている芋は、どんなやせ土にもできるし、日でりにも強い。そのうえ味もよい。薩摩ではこれを半年

石見の村々に建つ芋殿さまの碑は、サツマイモが大切な食糧だった時代の名残りである。

のあいだ常食にあてている」と語った。正明は一介の旅僧の話を信じて、さっそく人をやって芋を求めたが、薩摩藩はこれを拒んだ。そこで正明は幕府に願いでて、幕府の力で種芋百斤余をとりよせ、村高百石につき芋八個ずつを与えて試作させたのである。しかし、その試みは経験がないためにほとんどが失敗し、成功したのはわずか一村だけであった。この一村に残った芋が、やがて銀山領全体に、石見地方に、また山陰地方へと拡がってゆくのであるが、正明はそれをみぬうちに大森を去り、切腹して果てたのである。この切腹も、やはり領民の窮状を救った行為が原因であった。

芋の試作にはほとんど失敗した享保十七年（一七三二）の秋は、連年の凶作のしめくくりのような大凶作が西日本をおそった。石見地方も例外ではなく、ウンカの大発生で、領民の多くは餓死寸前においこまれた。正明はこの惨状を見るにしのびず、幕府の指令をまたずに年貢を免除し、みずからの私財を投じ、幕府囲米の放出を独断で決定して、窮民に米を配ったのであった。『徳川実紀』に、「井戸平左衛門御代官所は、食行き届きて餓死人無きの由」と特記されている。全国で餓死者は十万余とも三十万余ともいわれた年のことである。正明のこの善政も幕府の命令によらない行為であったために、代官職を免ぜられ、享保十八年（一七三三）の五月に備中《びっちゅう》笠岡《かさおか》の陣屋で、多くの人々に迷惑のかからぬようにと、みずから命を断ったのである。彼が大森にいたのはわずか二年余であるが、領民たちは彼の恩徳をいつまでも忘れなかった。年貢米の免除も、救米も一時のものであるが、試作された芋は年ごとに普及し、農民や海辺の漁民の食糧源として、彼らのいのちを護っていたのである。

山が海に落ちこんだような石見海岸には、棚田や段々畑として開かれている所もあるが、一方では山ひだ深くはいあがっている砂地もある。所によってはかなり広い砂丘状の土地もある。そうした所は、ここ十年ほどの間に工場の敷地や新興住宅地、あるいはブドウ園やモモ園に変っているが、もとは多く芋畑であった。夏の日でりに強く、やせ地にもできる芋は、石見海岸の砂地にもよく育ったのである。そして石見の山間部でも、川辺の砂地に、山の傾斜面に植えられた。私の村でも各所に芋畑があり、麦の後地に芋を植えるところもあった。

ちょうど米の端境期《はざかいき》に収穫でき、しかも他の作物のように年貢の対象とされない芋を手にすることができるようになったとき、農民はどんなにありがたく思ったことだろう。その芋のありがたみは、凶作の年のみならず、いつも井戸正明の名を思いうかべ、感謝の気持をいだかせることに通じ、彼の戒名を刻んだ石碑を建て、供養をつづけさせてきたのである。江戸末期の文化・文政期の六年余の間、ほぼ日本中を旅した修験者、野田泉光院の『日本九峰修行日記』の中に、この井戸正明の碑のことが書かれている。当時すでに、石見路のあちこちに碑が建立され、供養が行なわれていたことが知れるが、日記にはこうも書いている。「仁心は百代の宝とは是を云ひたれども、仁愛は施しがたき事なり」と。

壊れた石碑

しかし、施しがたき仁愛を長くうけとめてきた石見の人々の生活も変ってきた。江川の小さな支流、三原《みはら》川の谷口の木谷《きたに》という集落で、道端の石碑の写真を撮っていたとき、土地の老人がやってきて、なんだかすまなそうに言った。「はずかしいことなんですよ。石碑はかたむいているし、台石は壊れているしのう。字もはっきりとわからんしのう」碑は福光《ふくみつ》石という風化しやすい石でできていた。

「わしらの曾《ひい》じいさんの代に皆で建てたもんだが、こがぁになりゃ、建てかえにゃならんのだがのう、わし一人でもやろうかと思うんだが、皆で建てたんだけ、そうもいかんでのう。相談をすりゃあ、皆やるやるいうんだが、いざ金の話になりゃなかなか折り合いがつかんしのう。まあ、これくらいの碑を建てるにゃ二、三十万はかかるけぇのう」

見たところ、木谷の戸数は十軒に満たないようであった。頭わりにしてもかなりの出費になるにちがいない。しかし、老人の心にひっかかっているのは、経費のことだけではなく、石碑をだんだんそまつにするようになってきたことにもあるようだった。

「昔のように芋はつくらんようになったし、若いもんにゃあ、芋のありがたみはわからんようになっとるけぇ、無理もないがのう。あんたらでもそうだろう」

私は抗弁しなかった。彼にとっても、なにも芋の世話にならずに、一年中米を食って生活できる今の方がいいにちがいない。しかし、芋で食いつないだ昔のことを思えば、とてもこの石碑をそまつにしてはおけないと考える老人の気持が、その話と人柄からしのばれた。

谷あいの小さな田んぼでは、十月初めの澄んだ光の中で、重そうに穂のたれた稲の刈り入れに忙しそうであった。石碑に供えるために作っていると老人がいった、二、三、四畝の芋畑をみながら、川上の高原の村三原《みはら》へと登っていった。それは石見海岸の温泉津《ゆのつ》にぬける道で、バスが日に四、五本通っている。最近は道幅も広げられ、アスファルト舗装されたすばらしい道になっている。かなりの坂道であるが、谷川のせせらぎを聞き、稔りの秋独特のあまずっぱいような大気をすって歩いていると、実に楽しい。出会うのは自家用車かライトバンばかりで、歩く人は全くといっていいほどいない。三原までに出合ったのは、学校帰りの小学生の男の子一人であった。

そういえば、江川のほとりの食料品屋で、三原まで歩いてどのくらいかかりますかと尋ねたとき、店の若い女の人は、「歩いてですか、さぁ、どのくらいかなぁ」と、とっさには答えられなかった。いあわせた客のお婆さんが、「そうだのう、一時間半はかかるでなぁ。道がようなっとるけぇ、楽にゆけますがのう」といってくれた。

歩く道の時代はもう終っているのだ。三原までの道すじには、二、三軒、五、六軒といった小さな集落や、築紫原という二十軒ばかりの集落があるが、ほとんどの家の門先には自動車があった。

道はたしかに自動車道になってはいるが、交通量はわずかである。立派なアスファルト道が少々気はずかしそうに見えるほどで、ものを考えながら歩くにはまことに都合よい。この谷すじの耕地のほとんどが水田で、畑地は屋敷まわりに多少あるだけだ。少し前なら芋やソバ、アズキを植えた山畑であったと思える傾斜地には、私の村と同じように、杉か松か檜が植林してあったり、茶畑になっていた。木谷の老人のいったことは、石見の海岸部でも山間部でも同じことなのである。米作りにくらべて、手間がかかって現金収入になりにくい畑作物は、芋だけでなくだんだんと減る一方なのだ。畑を作るより、現金収入になる他の仕事をせざるをえないのが今の農村なのである。芋を植えるにしても、屋敷地つづきの畑に二、三畝植えれば十分なのだ。この地方の農家でも、今では芋を食べることが、都会の人が八百屋で買って食べるのと似たことになり、子どものおやつにさえならない。「あんたらでもそうだろう」といわれたときに、私は強いて抗弁しなかったが、多少は芋のありがたみは知っている。戦後十数年を子ども時代で過した者なら誰もがそうだろうが、私も芋がゆをうまいと思って食ったし、芋づるも食べた。晩秋の夕暮どき、柿の葉のたき火や風呂の残り火で芋を焼いて食べたことや、冬は冬で、雪遊びにつかれてこたつにもぐりこみながら、輪切りにした干し芋や蒸し芋を焼いて食べた思い出がある。農家では冬の寒さから芋をまもるために、床下に分厚くモミガラを敷いて、芋をたくわえていたものであった。

江川の河谷の村々は、この川の特異性に強く作用されて、大同小異の村ばかりである。狭い河谷の私の村におこった様々な変貌は、ほかの村にも共通した変化でもあった。小さな村の生活は、外の大きな社会の変動にうながされるようにして、変っていった。だが、また変らぬ何かがあるようにも思う。少年の頃から親しんできた山や川は、そのままの姿で夜を知らせ、朝を迎えてくれる。夕刻になれば、山肌をつたわって霧がゆるやかに下りてきて、そっと川面に足をおろす。それは昼と夜の区切りであり、その霧がふたたび山肌をすべって昇ってゆくとき、太陽はもう山の端から高くあがって朗らかな力強い光を放ち、一日が晴れあがる。川霧は作物にしっとりと潤いを与えてくれるものであった。山と川の表情は、その日その日の天気を様々に教えてくれもした。そうした自然のいとなみは変りようがなく、これだけは変ってほしい江川の水害をふくめて、宿命的にこの地の人々の生活を規定しつづけるであろう。

自然のほかに、もう一つ変っていないと思われるものがある。それはこの流域の村々の全体をまとめていく中

国道と鉄橋が河谷の村を大きく変えた。二人の立つ国道の下が渡船の船着場だったのだが、それもやがて人々の記憶から消えていくのだろうか。

心が、今も昔もどこにもないということである。より川口に近い所に、その流域の中心となるような大きな町がうまれ、上流の人々の文化や経済をふくめた生活全体は、様々なかたちでそこに吸引されるのがふつうだろうが、江川ではそれがないのだ。河谷の村はそれぞれ、江津《ごうつ》に近ければ川口の方に、三次《みよし》に近い村は上流の方にひかれ、同じ流域に住むという一体意識が薄かったように思う。同じことが石見高原の村にもいえるだろう。そこは大きくは江川によって、さらに江川支流や高原の低い山によって細かく分断されている。それらの村は、日本海側の浜田や大田（かつては大森）などの町にそれぞれひかれるだけでなく、中国山脈がそれほど高峻で越えにくい山でないこともあって、むしろ山陽側の町と深い関わりをもっているものもある。

村々を永く小さく分立させてきた山や川のくみあわさった自然境界を、外からの大きな力をかりることで、多少は変えることができた。鉄道が敷かれ、橋が架かり、広い道路が作られて、孤立しがちだった村は自然境界を越えて、以前とは比べようのないほど太い線で結びあわされている。

しかし、点と点とが太い線で結ばれたからといって、一つ一つの点としての村自体が大きな点にかわることも、どこかの一点を大きくしてそこを中心とすることもできない。それがこの地域の特色であるように思う。点を結ぶ太い線は、周辺の大きな点である江津や大田や浜田、あるいは山陽側の三次や大朝《おおあさ》などに結ばれていて、小さな点でしかない邑智郡の村は、それぞれに近い大きな点に以前にもましてひかれやすいのである。

歩く以外にない細い線だけの時代は、不便さだけからいえば、河谷の村も高原の村もさほどかわりはなかったであろう。その一部に太い線の鉄道が敷かれると、そこだけが急に便利になる。三江線の走る村が、一時、この地域のある範囲の中心になった時代もあった。私などは、駅のある所から遠くなればなるほど不便な所で、そこが昔から開けていなかったような錯覚をおぼえ、石見高原の村を山の中のさらに山の中の村のように考えていたものであった。ところが現在、この地域のどの村にも、同じような太い線の道路がまんべんなく通っている。どの村のどの家にも自家用車がおかれ、スーっといけるようになると、道は再び歩く時代のものと同質的になっていく。それは、河谷の村や高原の村の生活をも同質にしてしまうのだろうか。

茅葺屋根の傷んだ茅を取替える差し茅の作業をしている。

瀬戸内の古い町

文・写真
谷沢　明
鈴木　清
高橋建爾

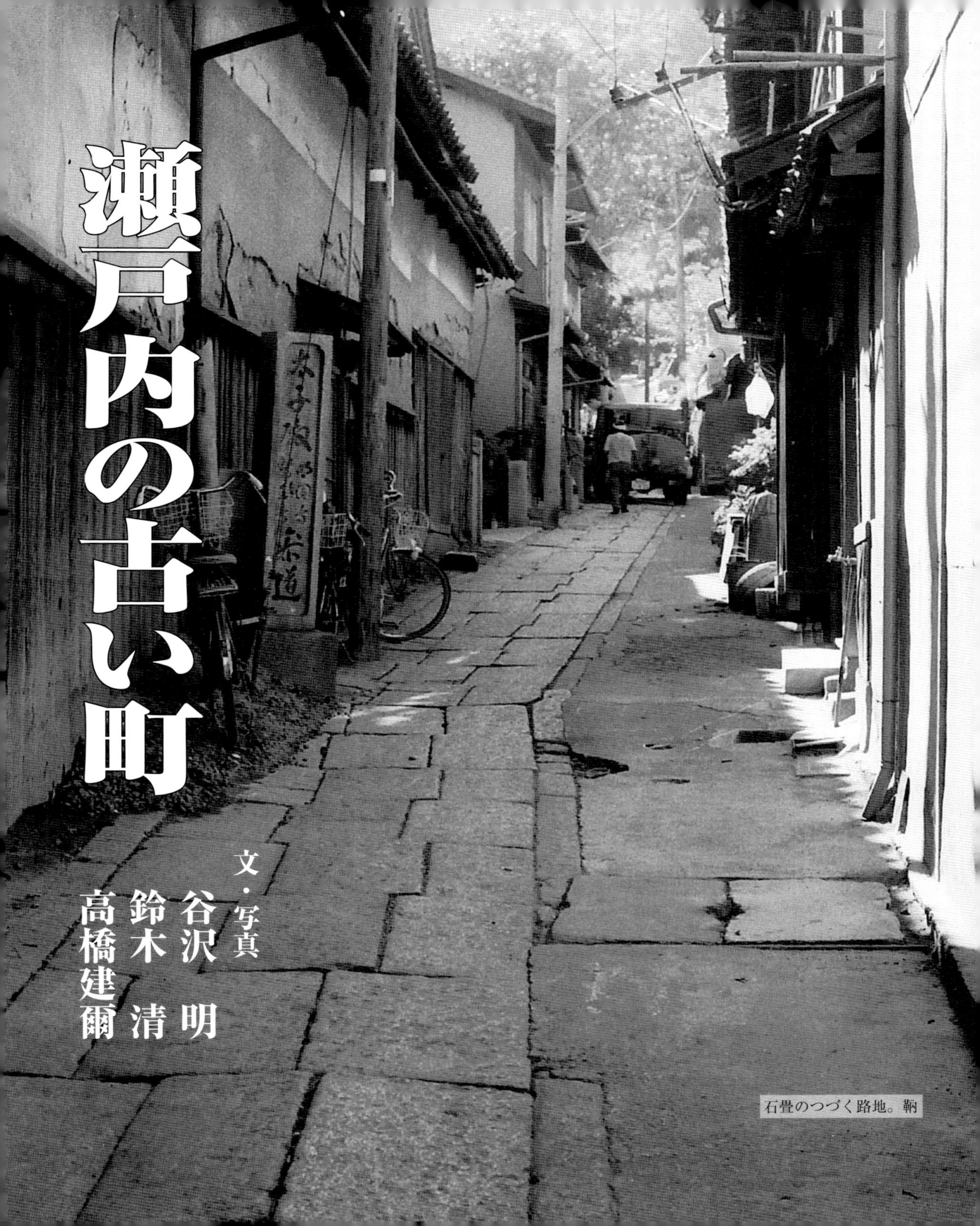

石畳のつづく路地。鞆

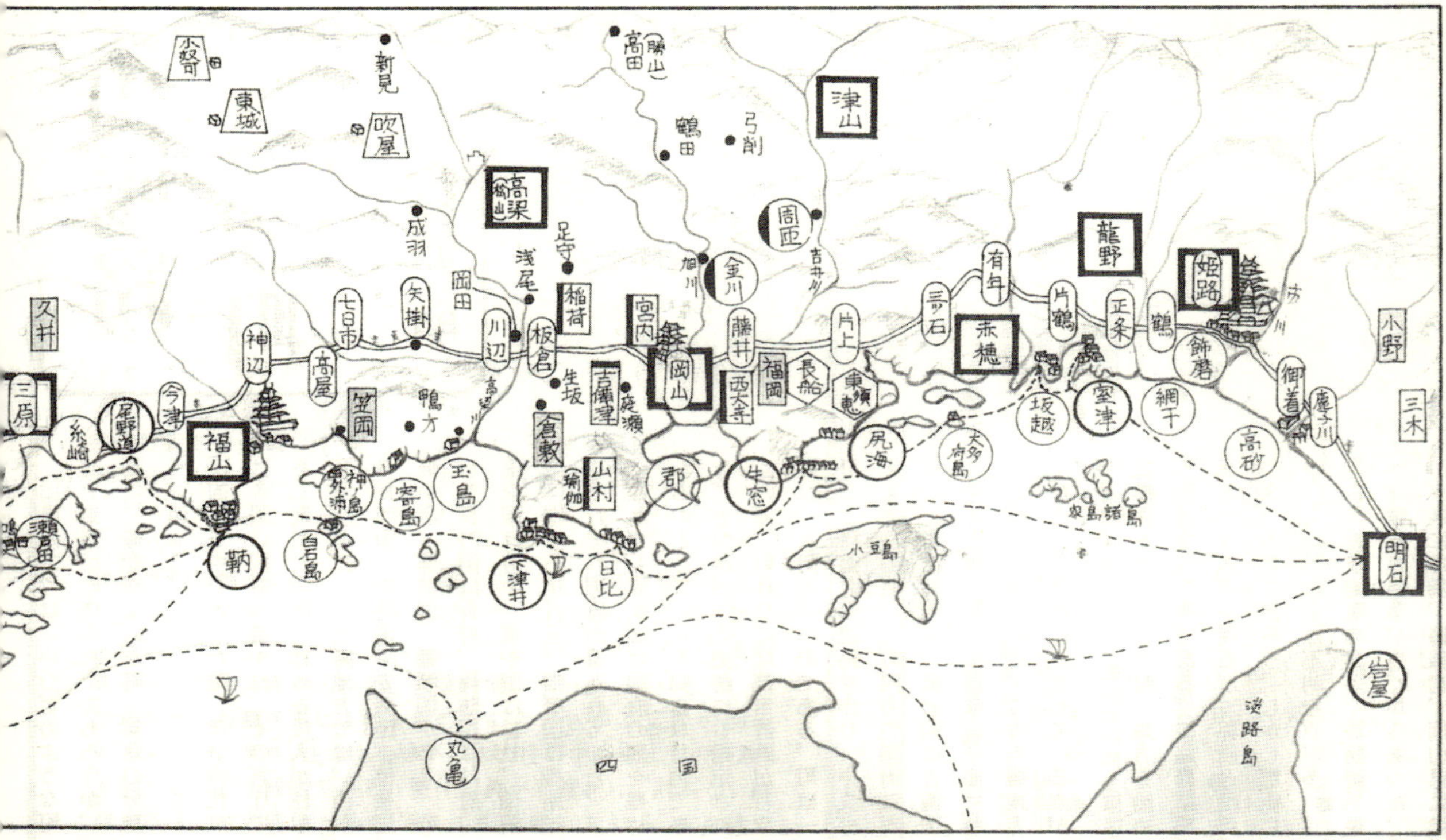

はじめに

私たちは学生時代からの旅仲間です。学校が休みになるたびに、どこか安く泊まれる所を捜しては、旅をしました。旅といっても一度に何カ所も巡るというのではなく、ひとつの場所に一週間くらい滞在するというものです。

昭和四十八年夏、山口県上関《かみのせき》を訪ねたのを最初に、広島県御手洗《みたらい》、山口県岩国、広島県鞆《とも》の浦、福島県会津地方、徳島県一宇村とそのような旅を重ねました。また昭和五十年夏から、広島県三原市に二年にわたり通い続けることになりました。

私たちは同じ大学で建築学を学びましたが、全員が同級生ではありません。三人とも同じサークルに属していたわけでもありません。

昭和四十年代初期、私たちの通っていた法政大学はゆれ動く時で、一時期ではありますが、建築設計の科目において、学年生を廃止したカリキュラムが編成されたことがありました。学期始め、先生がそれぞれの方針を述べ、テーマにそって学生が付く先生を決めるという制度に変わりました。これは、ひとつのクラスに多様な学生がいたので、指導しにくく、学力の向上には役立たないということで長くは続きませんでした。しかしそれは、学生間においてタテのつながりを生むという良き交流の場を作りました。課題の提出まぎわには泊り込み、ひとつの作品を仕上げる作業が続き、そのなかから学年をぬきにしたつながりが生まれていったのです。

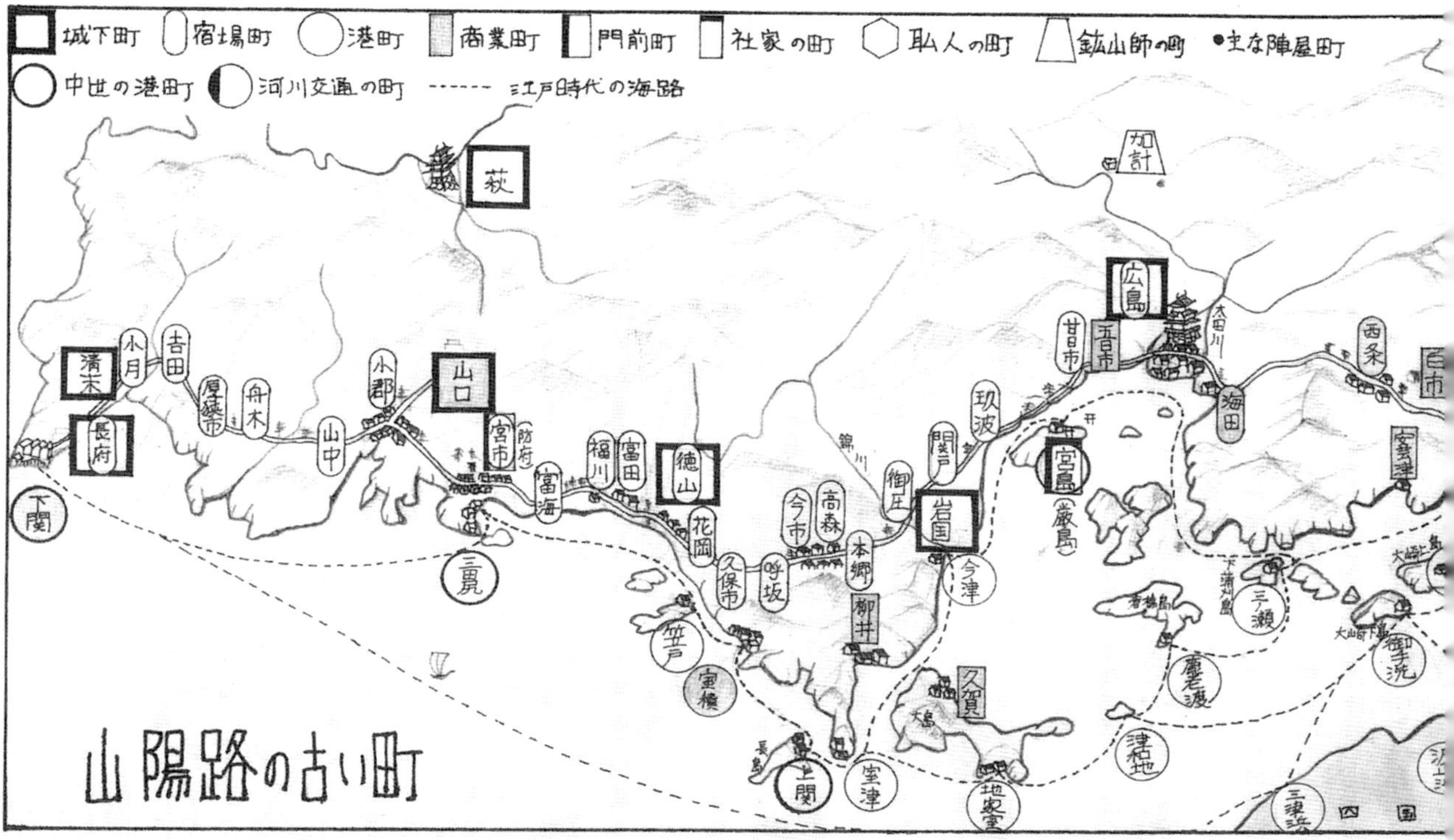

このような学年をぬきにしたつながりのなかにおいて、もうひとつ広いつながりも生まれてきます。何かおもしろそうな企画があれば、他からもそれに参加してみたいという人が集まってくるという機会がふえるものです。また世話をする人もいるものです。私たちはそのようななかから出会っていったのです。

瀬戸内の港町である上関、御手洗へ行ったのは、町家を調べるためです。それは私たち三人がグループで行動した初めての機会でもありました。

またどこか行ってみたいということに話がはずみ、こんどは岩国の城下町を見学にいくことになりました。次の年の春の連休の時です。調査というほどおおげさなものではなく、ちょっとした休みに出かけていった旅行です。岩国は城下町であり、前の年に訪ねた港町と比べると家々のたたずまいや町の成り立ちにちがいがあって、興味を覚えました。

その頃、谷沢明が宮本常一先生の指導で広島県民俗篇住居の調査をしており、県下の古い港町として鞆の浦の町家を鈴木清、高橋建爾両君の協力を得て、調べることになりました。鞆の浦では町家の調査の他、岩国での経験を生かし、町の成りたち等にも目を向けました。その後、武蔵野美術大学生活文化研究会で調査報告をすることになり、それを機会とし、この会で学ぶようになりました。

妙なものです。ちょっと旅行に行こうとかということで集まった三人ですが、いつの間にか、旅仲間から調査仲間へ変っていったのです。

調査仲間として私たちを決定づけた出来事に三原市の民家調査があります。これは市史民俗篇住居の調査であり、私たちがはじめてとりくむ大仕事でもありました。三原は武士の家、商人の家、職人の家、農家、漁家をそれぞれのタイプの家を総合して調査できる機会としてまたとない所です。三原市の調査の始まる前、始まった一年後、二年後に私たちは学業を終えましたが、おもしろさにひかれ、つい就職するのも忘れていました。

三原市の調査結果は近いうちに別な形で報告できるようになると思います。ここでは私たちの三原市へ入るまでの動き、瀬戸内の町を訪ねた時のことをまとめてみます。

港よりの通りに蔵が軒を連ねている。鞆の浦

上関

旧問屋街。平入りの家が坂田家

朝鮮通信使来訪図（幕末）。正面にあるのが毛利藩の番所

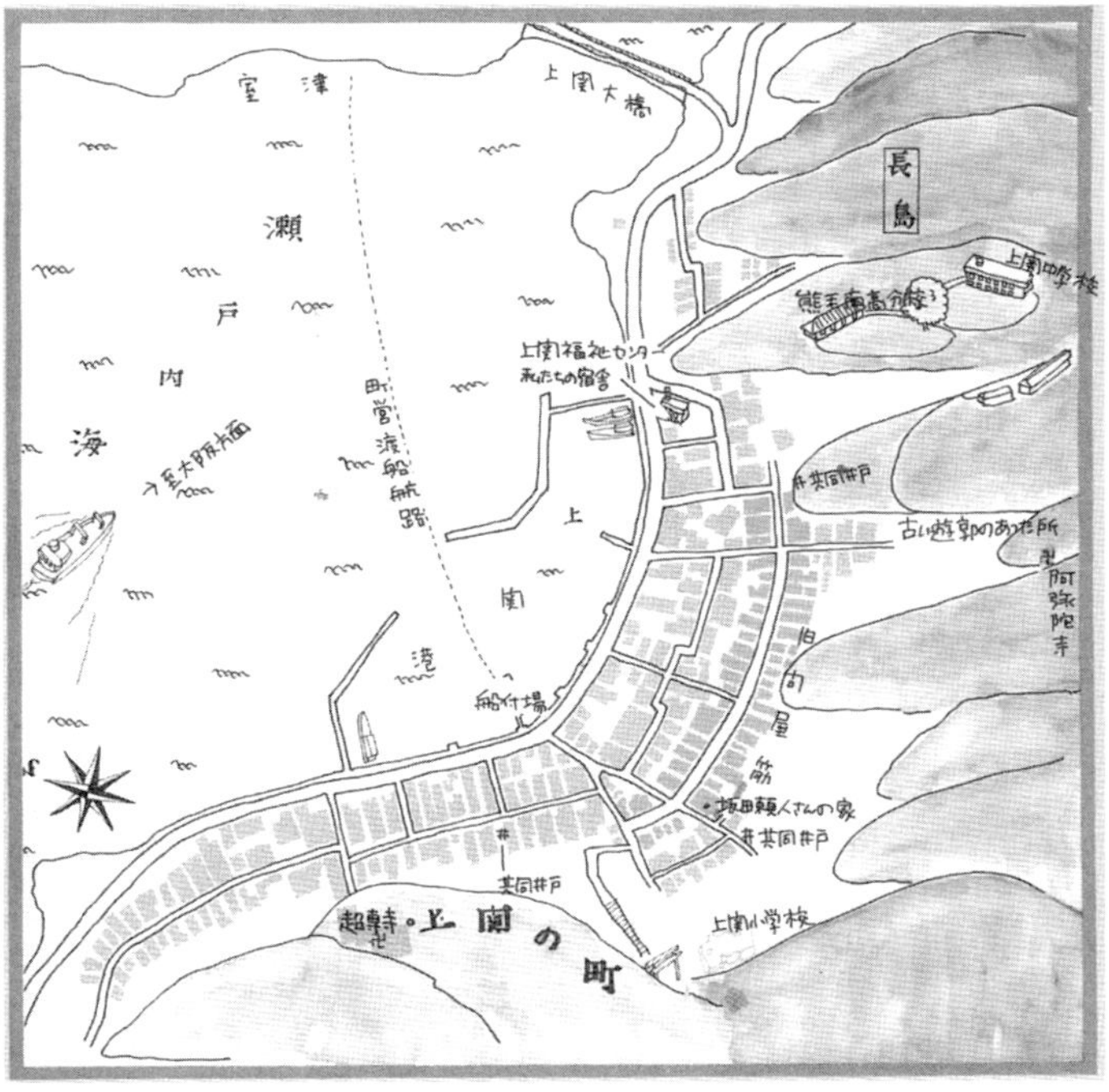

上関略図

■民家を知らない仲間が集まる

上関《かみのせき》は山口県の瀬戸内海に浮かぶ長島に発達した、人口一七〇〇人（昭和四十五年現在）ほどの古い港町である。国鉄山陽線柳井駅からバスで約一時間、黒潮の流れ込む澄んだ海を右手に見ながら室津半島を南下すると、やがて海峡をはさんで長島が間近に見えてくる。長島は昭和四十四年に架けられた上関大橋によって、本州と陸続きとなった。バスはスルスルとこの橋を渡り、長島のとっかかりの集落上関に着く。

昭和四十八年七月二十二日、大きなリュックサックを背負った学生の一団がこの上関に到着した。一行は女性一人を含む、七人の仲間で、夏休みを利用して行なわれる上関の民家調査の参加希望者であった。仲間といっても七人はほとんど初対面に近く、出身地も仙台、埼玉、東京、静岡、大阪とさまざまであった。しかも民家や町並を研究テーマとして、国内を旅行していたリーダー（谷沢）以外は、皆民家というものをよく知らなかった。私もその一人で、この調査に参加するのに多少の不安があったが、心配してもはじまらない。そういう呑気な空気が仲間の間にあった。

上関の民家調査は六日間にわたって行なわれたが、滞在中は教育委員会や町の人たちの御厚意により、中央公民館を利用させていただくことになっていた。町には二、三軒の旅館があるが、各自用意した調査費用では、とても旅館に泊まり込むことはできない。また公民館に泊めていただくことによって、町の人たちとより親しくなれるのではないか、という期待があった。ちなみに公民館の使用料は光熱費を含め、一日五〇円であった。

■上関の町を歩く

上関の古い町並は、やや山沿いに海岸線と並行する一筋の町を構成していた。ゆるくカーブしたその道の両側には、二階建ての古い商家がズラリと軒を並べていた。地図ではゆるいカーブだと思った道に立ってみると、家々が力強いリズムを持って迫ってくる。それぞれの家の表情は皆ちがっているが、それでいて町全体はよく調和している。先人の町への細やかな感覚が感じられる町である。

町の背後をとりかこむ丘の中腹には竈《かまど》八幡宮が祭られ、超専寺、阿弥陀寺という二つの寺が建てられている。

調査中のある日、竈八幡宮のある丘に登って町を望んでみた。上関の町は海峡の脇にちょうど口を開いた格好で町を形成する。内湾は非常におだやかであった。のちに聞いた話であるが、このあたりによく吹く強い南風が、長島の小高い丘にさえぎられるためだ、と土地の古老が話してくれた。

書物を読むと帆船時代の船は、順風（追い風）に帆をかけて進み、風や潮の流れが悪いと、港に立ち寄って風待ち、潮待ちをして航海を続けたという。近世以来、上関は天然の良港の一つに数えられた。

山口県の瀬戸内海岸の帆船時代の港には、下関、中関、笠戸、室積があり、後に帆船が沖のコースをとるようになって発達した大島郡の地家室《じかむろ》、沖家室《おきかむろ》などがある。

上関もこれらの港と同様に、重要な風待港の一つであった。

■初めて民家をみせてもらう

上関で見せていただいた家は、あらかじめ町の教育委員会の飯田勇さんやそのほかの人を通じて紹介していただいた。

さあ、今日から調査開始だ、という日、まず役場へ行って地図をもらい、飯田さんに案内されて紹介された家を一軒一軒あいさつしてまわる。家の中まで見るのだからあまり歓迎されないだろうと思ったが、たいていの家で「ああ、ええ」と快く引き受けてくれた。その返事が少し気軽に思えて一応「間取りを調べる時には座敷にあがらせていただかなくてはなりませんが」と念を押すのだが、それでも「好きなだけ見てええ」という返事が返ってきた。その日から実測が始まる。初めは一日二軒の割合で進められたが、調査の後半は疲れが出て一日一軒になる。実測も体力がものをいうのだ。

上関の旧商家は妻入りで二階建ての家が多い。その中にポツポツと平入りの家が混って建っている。商家の正面は広い開口部がとられ、ガラス戸や格子がはまる。格子や家屋材料には、広島県周辺でとれるベンガラにススを混ぜて塗っていた。黒光りする柱や建具には古いという感じはない。屋根は本瓦葺きが多く、瓦は岬を一つへだてた福浦で生産していた。

この通りに面して建つ家の屋敷は、間口に比べて奥行が長い。だいたい奥行一〇間以上あり、一四～一五間あ

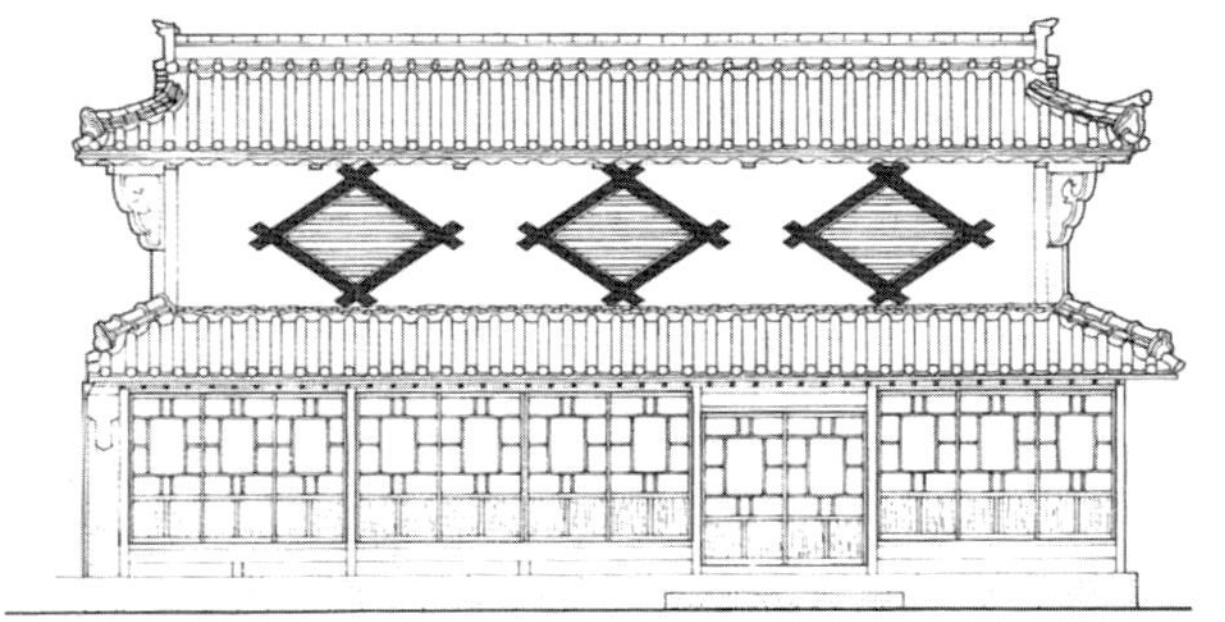

立面図（S＝1/150）

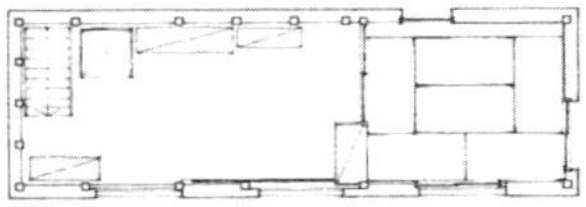

二階平面図（S＝1/250）

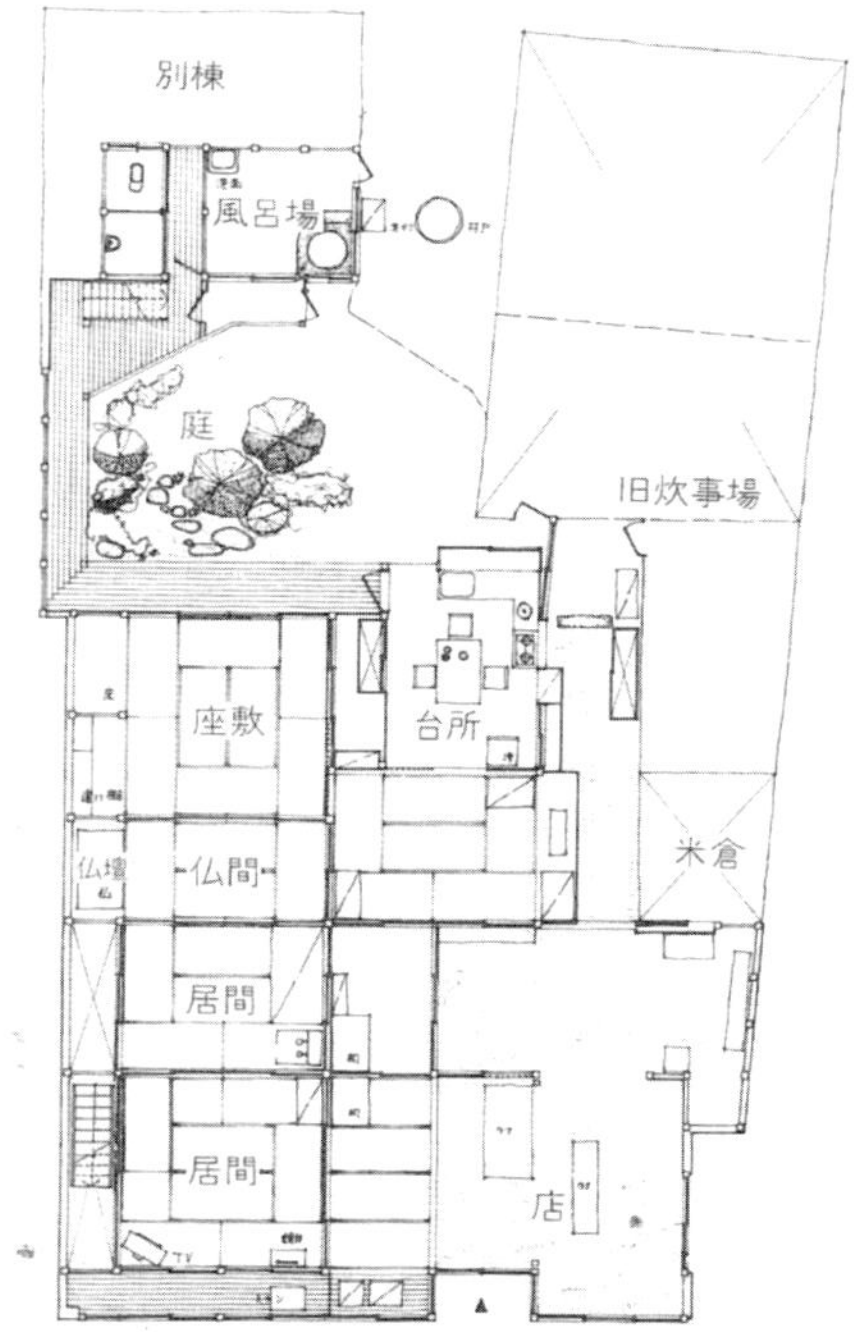

一階平面図（S＝1/250）

■上関の問屋・坂田さんの家

上関の古い町に入ると、白壁の二階に大きな菱形の格子窓をつけた家が目に入る。上関の旧問屋の建物は妻入りが多いが、なかには平入りの建物も混じり、町並景観を変化に富んだものにしている。

家の中に入ると、通り庭が奥まで続き、これに沿って部屋が並ぶ。主屋の裏には中庭をとり、別棟で風呂、便所等を設け、渡り廊下で主屋と結ぶ。上関の古い建物の多くはこのようなつくりをする。また屋敷が扇形にとられている点も興味深い。

上：妻入りの町屋。粟屋園芸店
下：遊郭の中庭

る家もみられた。また道が弓状に発達しているため扇形の屋敷も少なくない。

　間取りや屋敷取りをみると、細長い敷地に工夫して家が建てられている事に感心させられる。道に面して主屋を置き、次に中庭や便所、風呂場を取り、最奥部に蔵を建てている。主屋には片側に通り土間、反対側にはミセ、中の間、座敷が一列に並び、土間とのあがり口を接客の場や台所として使っている。中庭は座敷から鑑賞できる。

　この商家筋では四軒の旧商家をみせていただいた。前頁の図に示したのは坂田頼人さんのお宅でこの家の建築された年代は残念ながらわからない。旧問屋筋の中ほどに建ち、平入りの主屋の正面には菱形の窓があり、古い町並の景観に迫力を添えている。現在は履物店を営んでいるが、かつては問屋だったという。外壁の白壁は土壁の上に漆喰を塗ったもので、漆喰のつなぎにふのりを使っている。さらに水をよくはじくために菜種油を入れ、白を引き立たせるためにカキハイを混ぜたという。カキハイとは貝のカキのカラを焼いて粉にしたものである。

　間取りをみると主屋の片側に部屋が一列に配されている。これは上関の他の商家にもみられた。手前から二室目の居間と土間との境にある三畳間は他の家でヨコザと呼ばれ、ここで食事をしたり、また新しい客が来た場合には「チョットこっちへおいでませ」といってヨコザに招いたという。たぶん茶の間的な部屋であったのだろう。この家では手前の八畳間が現在居間として使われていた。

■室津と福浦の遊廓

　上関の遊廓はすでに見られなくなったが、室津や福浦には大正時代に建てられた遊廓が残っていた。私達はこの遊廓を各一軒ずつ見せていただいた。

　二軒の旧遊廓の間取りはロ字型とコ字型の違いはあるが、互いに坪庭をとりその周囲に廊下を廻し、細かく仕切られた部屋を持つ点など共通したつくりがみられる。左頁の図で示したのは室津の遊廓である。

　室津は上関と海峡をはさむ対岸の集落である。その町の北隅に、かつて遊廓を営んだ家が数軒、軒を連ねていた。入口を唐破風《からはふ》や千鳥破風で飾り、一階の窓には格子戸が全面にはめられ、普通の町屋とは少しおもむきを異にしている。

　その中の一軒、中川勝之さん宅は、入口の破風や格子はすでに改造してあったが、間取りは以前遊廓を営む頃の姿をとどめていた。入口を入ると幅一間ほどの廻り階段が客の目の前に現われる。客はその階段によって二階の客間へ案内された。玄関の脇の部屋は現在車庫として使われているが、かつては女郎さんの居並ぶ部屋であった。その奥に家人の住まう部屋や、風呂・台所・便所などがとられ、階段が置かれている。家の中ほどに一間半×三間の坪庭がとられ、遊廓の内部を明るいものにしていた。坪庭を設ける遊廓は福浦にもみられた。

　二階はほとんど客間で占められ、八畳一室、六畳二室、四畳半五室、三畳二室がとられている。各室は壁で仕切られ、床の間と押入れを供えていた。

■自炊とミーティングで夜がふける

　公民館の朝はセミのなき声で始まる。午前七時頃の起床である。起きると寝袋をたたんですぐに朝食の用意をする。大広間の間借り生活だから寝袋はキチンとたたんで出かける時には荷物と一緒に部屋の隅にまとめていく。日中は老人の寄合いや町の集まりでこの部屋を使うこともあるからである。

　朝食はパンと牛乳で済ませる。パンはすぐ腹がへるが

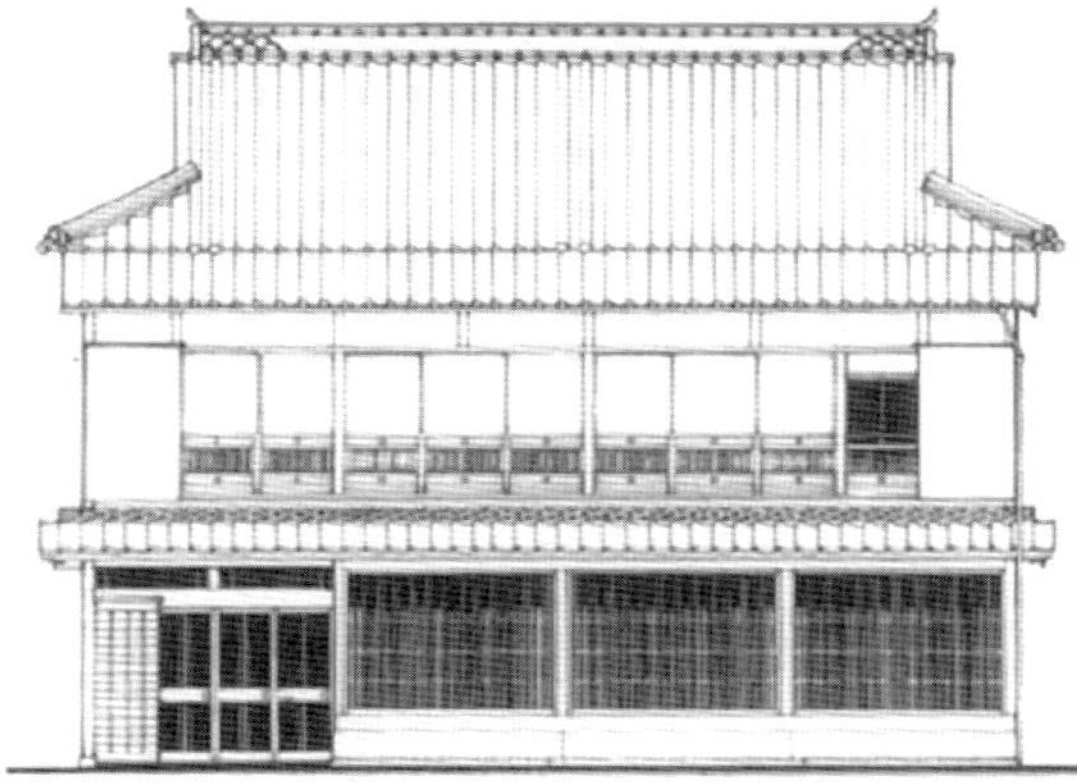

立面図（S＝1/150）

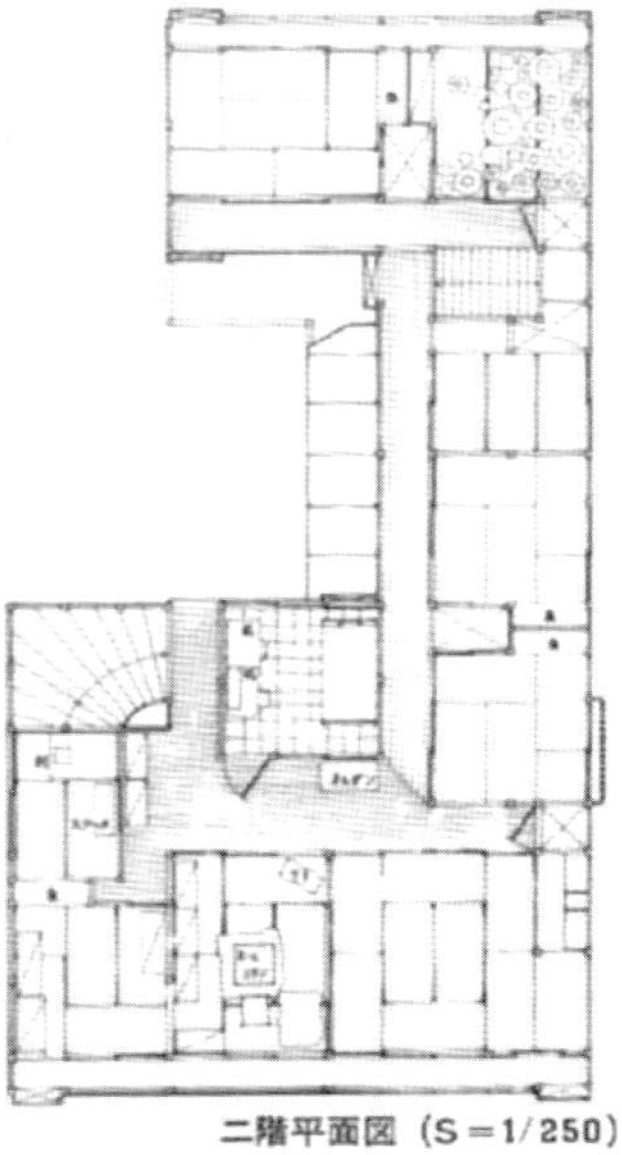

二階平面図（S＝1/250）

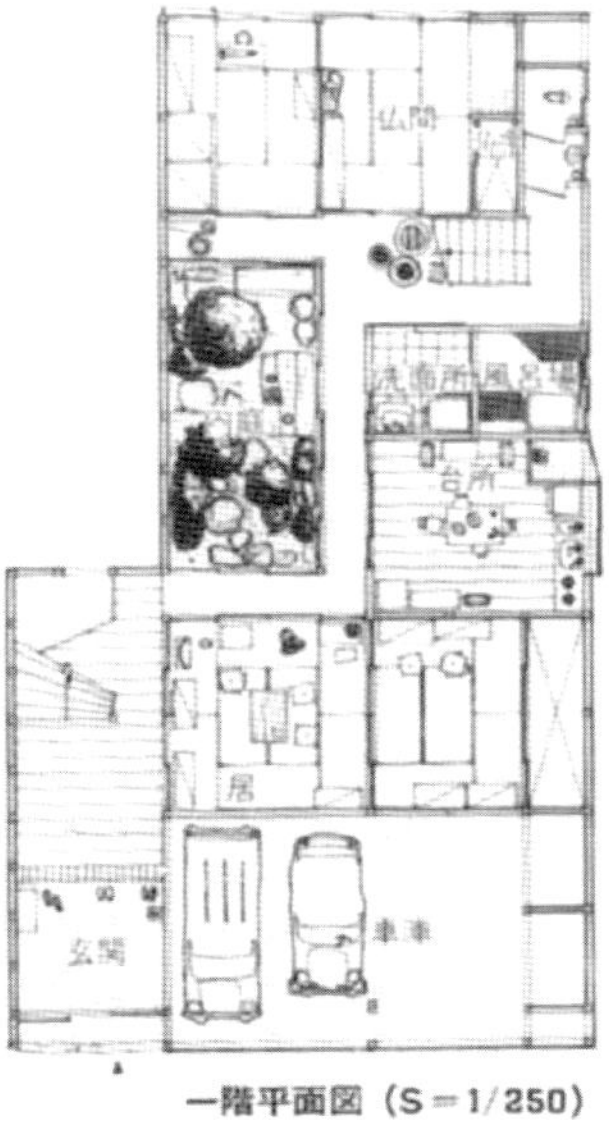

一階平面図（S＝1/250）

見事なカーブを描く遊郭の階段

■室津の旧遊郭・中川さんの家

　港町として栄えたこの町には遊郭が発達をした。古くは町の中に散在していたが、大正の頃一角に集められ遊郭街がつくられた。今でも十数軒が残り、中には玄関に唐破風、千鳥破風を設けたものもみられる。

　玄関を入ると正面に朱塗りの廻り階段があり、初めて入る者は少しオロオロしてしまう。客はこの階段を登り二階の部屋に入った。二階にはいくつもの部屋が中庭を中心にコの字型に配置され、各部屋は廊下でつながる。奥の部屋は海が眼下に見え落陽が美しい。

かつてみんなで使った共同井戸

なによりも手軽に用意できる。八時前には公民館を出るが、頭の中は半分眠っていた。公民館から私たちの調査する旧商家まで歩いて一〇分とかからない。対岸の室津の遊廓を調べた時は、町営の渡船を利用した。片道大人一五円で一時間に二〜三便室津と上関を往復している。朝夕は上関小、中学校と熊毛南高校分校に通う学生たちで混んでいた。

昼食は公民館に帰ってとる。パンと牛乳とおかずを少し買った。食後は午後一時頃まで昼寝する。空気が澄んでいるので日中は日射しが強く、海岸地なので湿度も高い。夜は寝苦しいから日中少し昼寝をしたのである。

午後一時すぎに再び公民館を出て調査地に向う。夢中になって民家を測っていると、正直いってその場その場で疑問に思ったことを考える余裕がなかった。ただただ実測に追われていたので、一日の調査が終る頃には、鉛筆を握る手も重くなってくる。しかし、とにかく作業することによって、図が一枚二枚とでき上がり、それがたまっていくのが私たちの大きな楽しみになっていた。

公民館への帰り道にその日の食事当番が店に寄って、晩のおかずと翌朝のパンと牛乳を買う。この頃から皆の目はいきいきと輝きはじめてくる。二人ずつ順に食事当番にあたり、公民館の調理室を借りて全員の食事をつくる。味付けの難しい煮物類はさけて、生野菜や焼き魚、玉子焼きなどがしばしば食卓に登場する。米のとぎ方から味付けまで初めてのこととなると時間がかかった。その間に食当以外の者が風呂に入る。そして夕食が終ると、もう九時すぎになっていた。

夜はその日測った図をひろげて、気付いた事を順に話した。民家について、町について、町に住む人について、使われていた道具類について。気付いたことは何を話してもよかった。一人が話をすると、あとのものはそれをきく。ところが話をする事に慣れていないから、ついつい皆にわかってもらおうとして「あの…何ていうか…」を連発してしまう。

皆の関心は各自の見た町の様子が、自分達の住む町とどう違っているのか、どこが似ているのかということであった。例えば上関の町は人間的だという意見が出た。丘にあがると全体を一望できる町、自動車は海岸道路を走り、町中にはほとんどみかけない町、町で見知らぬ人が私たちに「こんにちは」と声をかける町。そういう町を私たちは人間的だと思った。そして東京や大阪、仙台など仲間の住む町の様子と比べてみる。するとますますこの町が人間的な町に思えてくる。

では何故この町には若者が少ないのか。何故町がしだいにさびれてきたのか。古い家が多く残っているのか。皆どのように生活を立てているのか。そういう疑問は何ほども答えられないまま、ミーティングは夜遅くまで続いた。上関で抱いた疑問はその後の調査にひきつがれていった。

（鈴木）

御手洗

北側醤油店。この向かいに住まいの北川家がある。

寺に通じる狭い路地

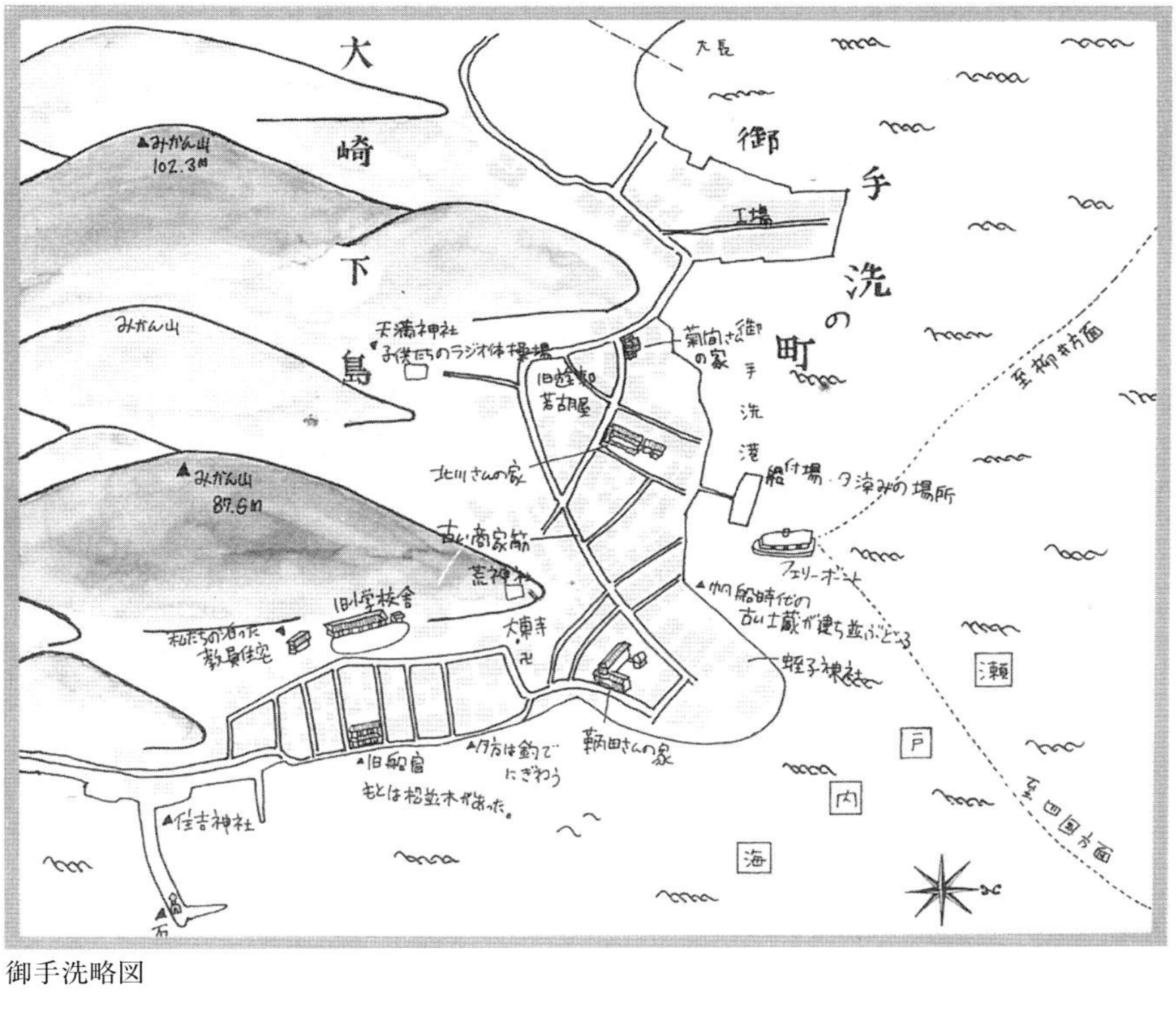

御手洗略図

■上関から御手洗《みたらい》へ

昭和四十八年八月の初旬に上関の調査を終え、私たちは次の調査地である御手洗へ向った。御手洗は広島県豊田郡大崎下島の東端に発達した集落で、大崎下島は瀬戸内海に浮かぶ芸予諸島のうちの一島である。

御手洗へは山口県柳井から広島まで山陽本線で行き、広島からは呉線に乗りかえて竹原へ、そして竹原駅から大きなリュックを背負って港まで歩いた。

港の待合室に着くと急に空腹を覚え、上関での最後の日に作ったにぎりめしの包みを開いた。にぎりめしは一人二個ずつ、六人分をまとめて包んでいた。が、あけてみると一二個作ったはずのにぎりめしが、ひとつの大きな飯のかたまりになっていた。上関の調査の直後で疲れていたせいか、皆何も言わず、一串の肉だんごをおかずにして、それをほぐして食べた。竹原港からは木《き》の江《え》まで高速艇を使い、木の江からはフェリーに乗って大崎下島の御手洗に渡った。

御手洗中心部の町並

御手洗には前もって仲間の一人が訪れ、旅館の経営者でもあり、郷土史家でもある木村吉聡《きちそう》さんに、滞在期間中の御世話をお願いしてあった。木村さんは当時廃校になっていた御手洗小学校の教員宿舎を借りられるよう、その関係者に承諾をとってくれていた。私たちは、御手洗で六日間にわたって民家調査をさせていただき、木村さんはじめ現地の人々の御厚意に支えられて、調査が進められていった。

御手洗は内海交通の発達により近世から栄えた港町である。この地に村が形づくられるのは寛文六年（一六六六）のころからで、隣村の大長《おおちょう》の人たちが移住してきたという。そして港に寄港する船に食料などを補給して生活をたてていた。

瀬戸内海の船の航路は陸地沿いの「地乗り」から、近世に入ると「沖乗り」のコースがとられるようになる。「地乗り」は帆と櫓の共用の船が多かった時代に、山陽の海岸に沿って鞆《とも》から尾道、三原、竹原、蒲刈《かまがり》三ノ瀬、広島、室津上関へ航行したコースをいう。それに対し「沖乗り」は、近世に入り風を利用した帆だけの船が鞆から田島、弓削《ゆげ》島、岩城島、鼻繰《はなぐり》の瀬戸、御手洗、倉橋島の鹿老《かろう》渡《と》、室津上関へという沖の最短距離をとったコースである。

御手洗が港町として発達するのは、「沖乗り」の航路である、鞆から室津上関へ向かう途中の道筋に位置していたことによる。また御手洗の瀬戸の潮流が他の瀬戸に比べてそれほど速くなかったことや、風を防ぐ山があるという自然条件に恵まれていたことも、港町として発達する大きな要因であった。

現在の御手洗は蛭子《えびす》町（八番町）の海岸通りに倉が並び、問屋が多かった頃の面影を残しており、このあたり

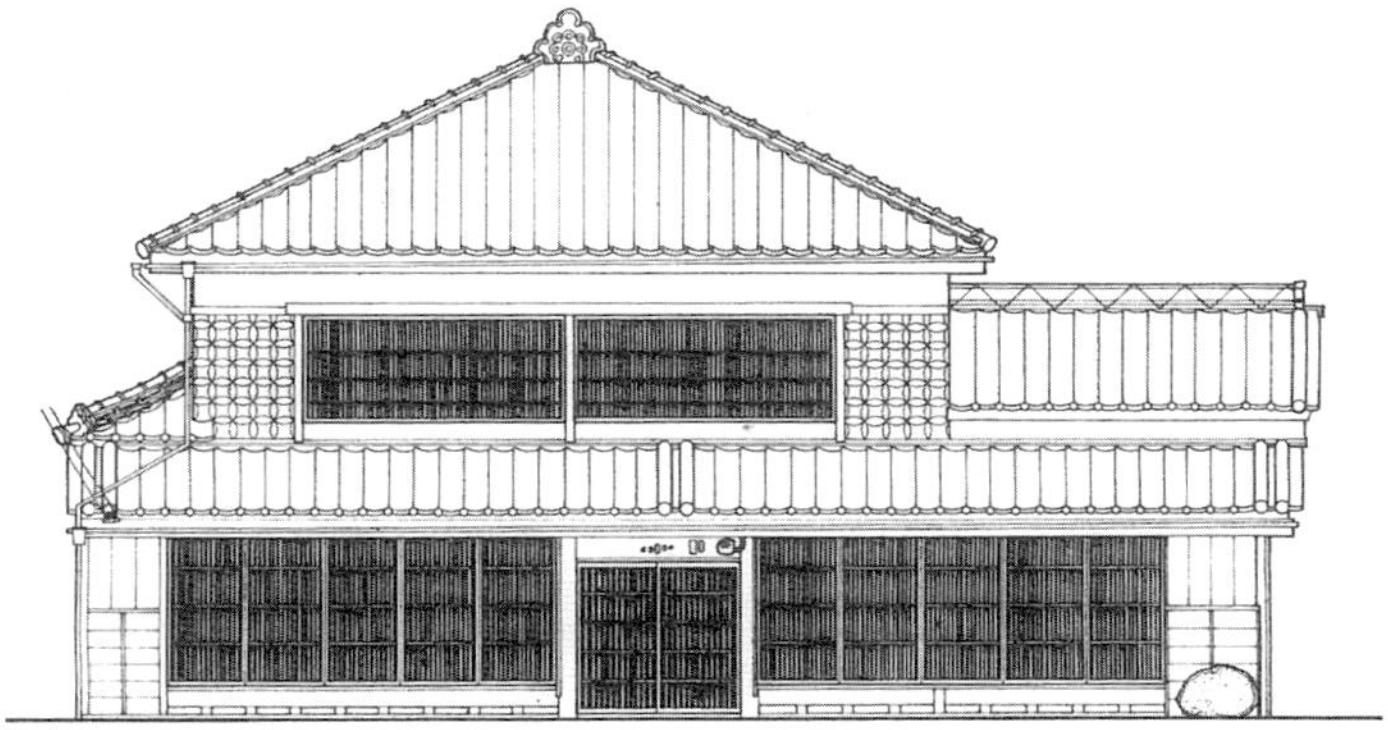

立面図（S＝1/150）

鞆田さん宅の屋敷は奥が長くとられ、立派な中庭がある

鞆田さん宅の内部

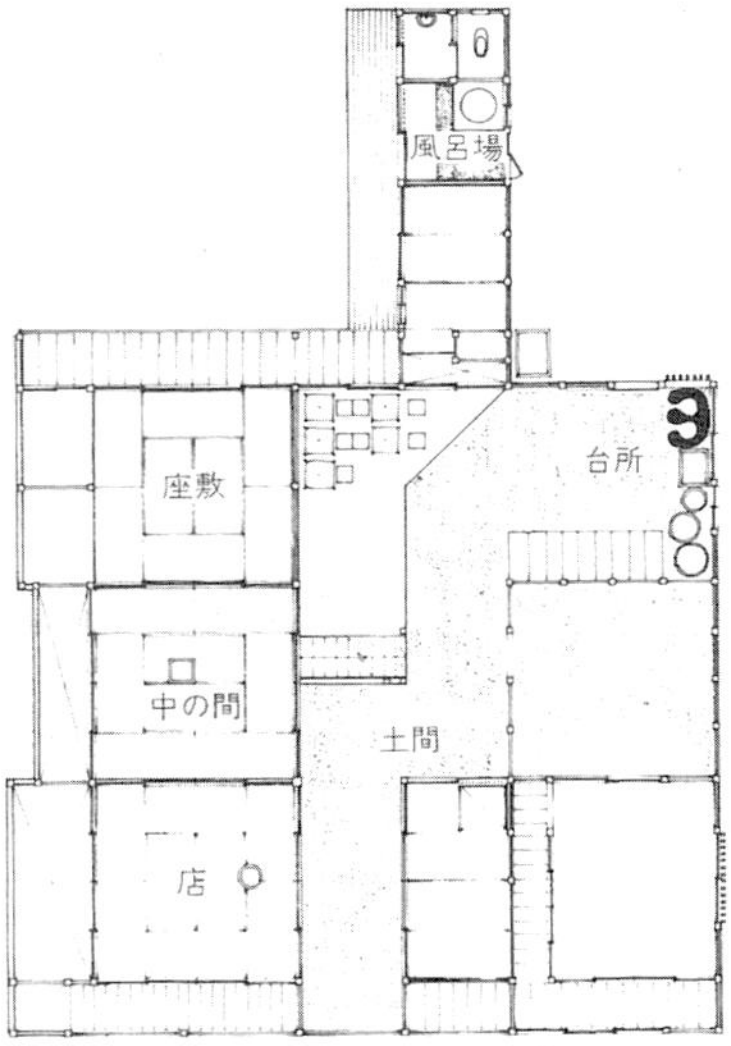

復元平面図（S＝1/250）

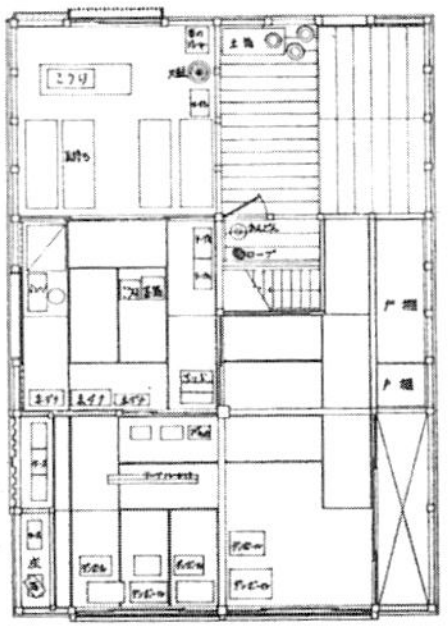

二階平面図（S＝1/250）

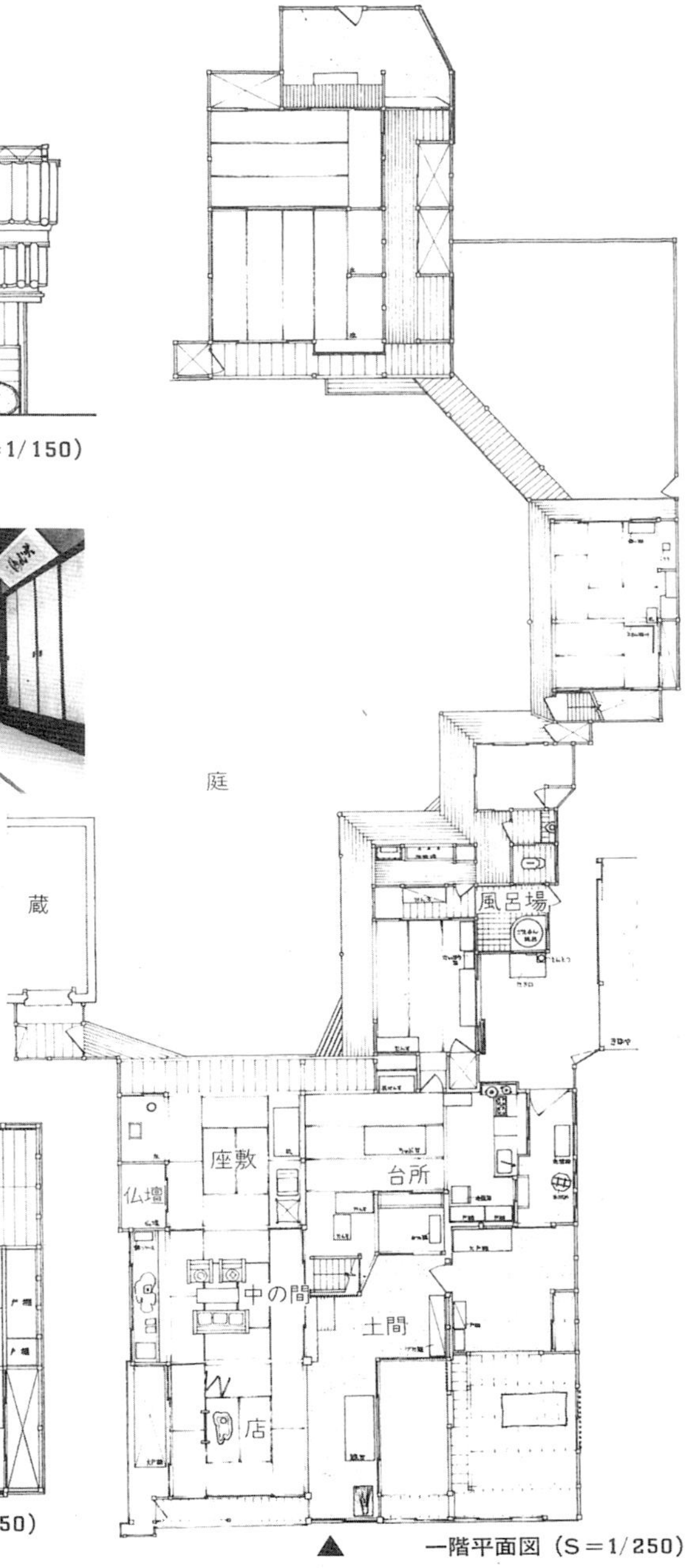

一階平面図（S＝1/250）

■海産物問屋・鞆田さんの家

御手洗の旧問屋街には、間口の狭い塗りごめ造りの商家が軒を連ねている。外を歩いただけではすっと通りすごしてしまうような町であるが、一歩家屋の中に入ってみると、そのフトコロの深さに驚く。御手洗は数多くある瀬戸内海の港町でも特に繁栄をきわめたところである。それが家の造りに現われて興味深い。

主屋は通り庭に沿って、ミセ、ナカノマ、ザシキと三室が続く比較的単純なつくりであるが、庭を中心とした屋敷の配置は御手洗商人の贅《ぜい》をつくしたものといえよう。

住吉通りに建つ長屋と元船宿

が初期の船着場で、港町としての中心地であった。また住吉町（六番町）は下町の雰囲気をもち、船宿を営んでいたという家が軒を並べている。

■御手洗で調べた民家

私たちは御手洗で五軒の民家を見せていただいたが、そのうちの二軒の民家について述べてみたい。一軒はかつての豪商鞆《とも》田《だ》稔さん宅と、もう一軒は船宿である。

鞆田さん宅は蛭子町にあり、明治二十七、八年頃まで海産物や雑穀類を扱っていた大きな問屋であった。主屋のファサードは簡素でふつうの町屋と変りがないと思われた。ところが中へはいってみると、屋敷の奥行が非常に長く、そこに立派な離れ座敷や蔵が建てられているのに驚いた。しかも通りの向かい側には別邸まで備えている。別邸から見る瀬戸内の景色はすばらしく、豪商の優雅さを思わせた。このような小さな島に、これだけ広い屋敷と立派なすまいがあることが、不思議であった。また私たちのために御主人の鞆田稔さんは、半日くらいかけて各部屋を案内してくれ、御手洗の歌だというレコードまで、聞かせて下さった。鞆田さんとそのすまいを見ていると、東京に住みなれた私たちには、体験できないような生活のゆとりを感じた。

鞆田さん宅の間取りは、入口を入って左側にミセ、ナカノマ、ザシキとよばれる部屋が並び、ザシキの右隣りにダイドコロがある。これまでが一般の町家と同じで、ミセは客の応待に、ナカノマは茶の間あるいは客室として、ザシキは客室あるいは居室として使われている。ダイドコロは炊事場兼食事室になる。主屋の大きさは、間口六間半、奥行七間。主屋の裏には長い廊下でつながれたはなれ座敷と蔵を配している点が特徴である。一番奥の座敷は仏間となっている。二階には、鞆田さんのコレクションである陶器のつぼ類が数多く、特に表側の部屋に並べてある。

次の船宿は、住吉町の中ほどにある二軒続きの家である。もとは土地の資産家である金子さんが三軒長屋として建てたものであるというが、現在は二軒だけになっている。間口三間と二間半の家屋で奥行はそれぞれ五間半ほどある。間取りは鞆田さん宅と同じ町家の配置である。ミセで客の接待をし、主に二階で客にくつろいでもらう。ナカノマは家の人が常時いる部屋で、ザシキと共に居室となっている。そういう家が三軒並んでいた。また家屋の土間部分は前面のみで、通り庭になっていない。

昔、土間部分には風呂桶がおかれ、寄港する船があると真先に風呂を沸かしたという。船が見えると、てんま船に乗り迎えに行った。その際、汁のみ（汁の具）をもって出むき「お風呂が沸いたけん、おいでつかわさい」と挨拶した。汁のみはとうふが大半で、とうふは時化《しけ》よけと言われていた。着くとまずお茶を出し、風呂に入ってもらい、なじみの芸者が背中を流したりした。私たちが伺った木村豊さんの親の時代には、三味線の音の出ない日、タイコのならない晩はないほどであったという。また夜でもお客やべっぴん（遊女）が出たり入ったりするので、戸を閉めて寝ることもなかったし、火の消えたこともなかったという。そして客は帰りには祝儀を置いていった。これは汁のみに対し支払われたものである。

■水の使い方を教えられる

私たちは御手洗で、民家調査以外にも学園生活では得られない多くの体験をすることができた。中でも印象深かったのは水の使い方であった。御手洗でも上関でも、

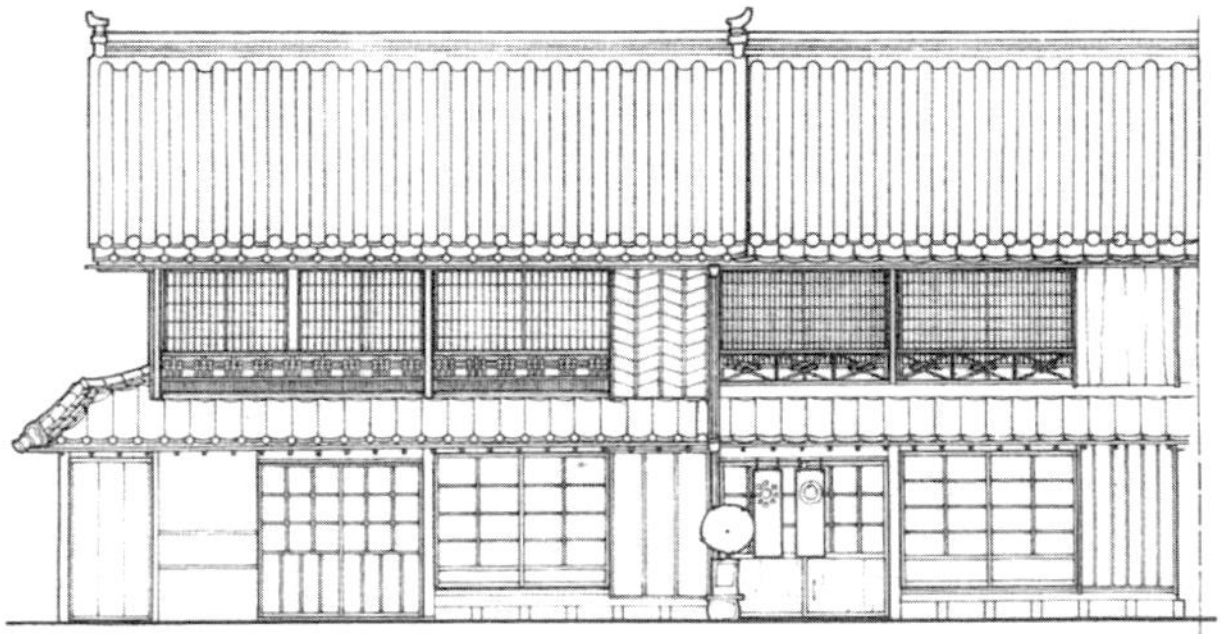

立面図（S＝1/150）

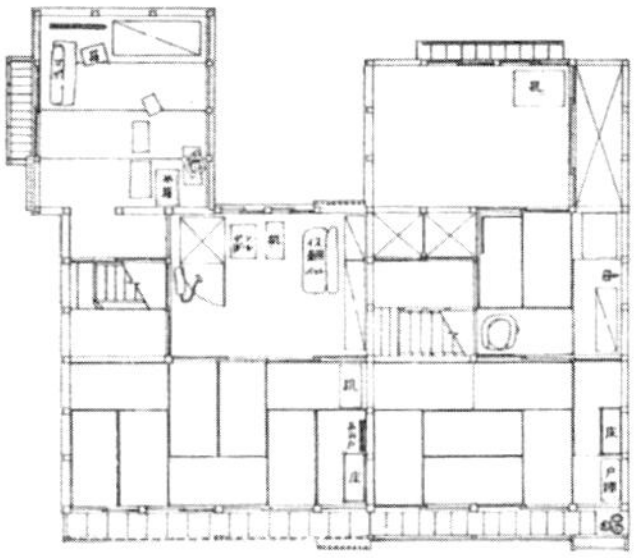

二階平面図（S＝1/250）

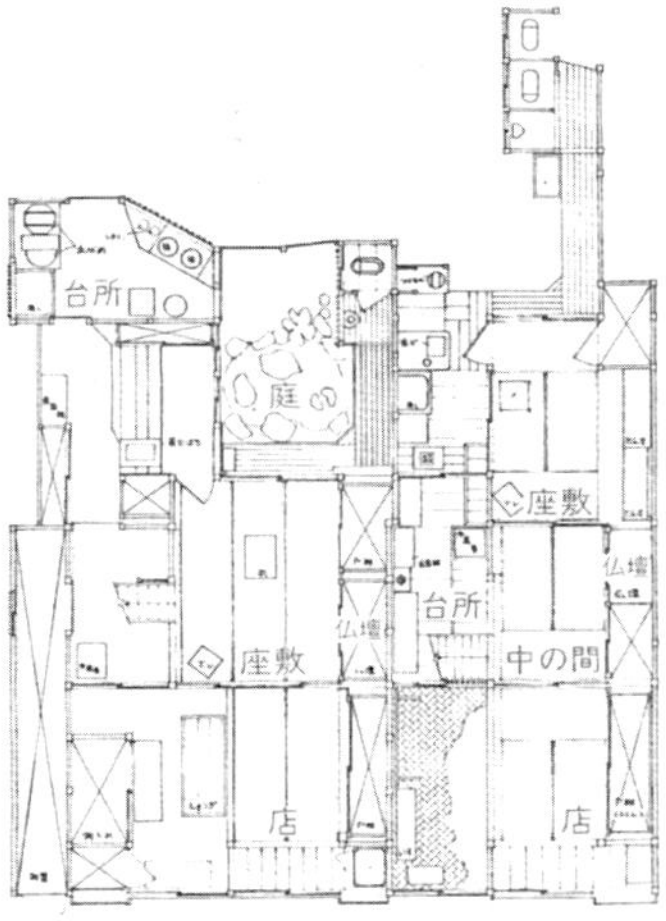

▲ 一階平面図（S＝1/250）

船宿のみせ

船宿の台所

■御手洗の旧船宿・木村さんの家

住吉通りを歩くと潮風で風化した戸袋に意味ありげな白い文字が目につく。若本屋張五郎、略して若張という船宿であった。四国の宇和島藩、大洲藩の指定である。船宿というと何か特殊なつくりを思い浮かべるが、ここは長屋の一角にあり簡素なたたずまいをみせる。土間を奥に進むと大きな五ェ門風呂があった。きいてみると「これが船宿の唯一の商売道具じゃ」とのことであった。

土地の人々は水をとても大切にしていた。最初私たちはそういったことに気づかず、洗濯をするとき共同の井戸の水をふんだんに使い、バケツで洗っていた。するとき近くのおばさんが「これを使いなさい」といって大きなタライを貸してくれた。その時は単なる親切としか考えなかったが、しばらくして「島では水が貴重なんだよ」ということを、やさしく教えてくれていたことに気づき、すごく恥ずかしく思った。そして私たちは知らない土地を訪れる時、いろいろなことに気を配らなければならないことを知った。

水を得る方法は、地下水を用いる井戸と雨水をためるやり方があるが、島では地表面が少ないため、地下水や貯水池からの利用は一〇〇％町の供給を満たすものになっていない。また地下水は海岸に近づくと塩水を含んでしまうので、井戸の数も限られてくる。

御手洗ではそれらに対処し、特に夏の水不足を解消しようと小谷の流水を貯えてダムがつくられた。それでも雨量の少ない夏の時期には、完全に供給を満たすまでには至っていないようである。

水を大事に使うという考え方は、銭湯でも同じであったように思う。御手洗には銭湯は一ヵ所しかなかったが、ここに入りに来る人は多い。私たちは毎日の実測調査を終え、夕方銭湯に行くのが楽しみの一つになっていた。銭湯の湯舟は円形で風呂場の中央におかれ、そのまわりに水をたくわえた水そうと、洗い水の出る水道の蛇口が並んでいる。だから湯舟に入っている人と、そのまわりで体を洗っている人との会話がうまく交されている。私たちにとってみれば、土地の人々の話を聞く絶好の場でもあった。

そんな銭湯であったが、私たちの滞在期間中、折からの水不足のために風呂の湯が、ひざ小僧までしかないことがあった。それでも人々は湯舟のとなりにある水そうの水を上手に使って体を流し、湯舟につかっていた。私たちもそのまねをして風呂に入った。

また前回の調査地である上関では次のような話も聞いている。上関には以前銭湯は何軒かあったが、銭湯とは別に共同風呂があったという。七軒から一〇軒位の家が共同の風呂を持ち、風呂に入りに行くときは、石けんや手ぬぐいと一緒に薪も持っていった。そして早く行った人から順番に入り、あとからきた人はたき口で薪をくべながら、小一時間も話し込んでいることもめずらしくなかったという。このような共同風呂を通じて、島の人たちがいかに水を大事にしていたか教えられるし、それが町の人々の共同意識を強めていたのではないかと思う。

■御手洗で出会った人々

私たちが毎日通った食堂は常盤《ときわ》町にあり、地図をみると宿舎から山すその道を通って、ほぼ真北に向かうとたどりつけることになっている。が現地ではそう簡単に目的地には行けなかった。御手洗の路地は、私たちには自由勝手な迷路のように思われた。しかしそのうち、どの路地も海岸線にならう簡単に出られる、というひとつの法則をもっていることに気づいてきた。だから道に迷うとまず海岸の道に出た。遠回りではあったが海岸の道を行く方が確実だったのである。そんな町で、私たちはいろいろと貴重な体験をした。

私たちが海岸通りを歩いていると、御手洗に数人しかいないが、道端で網をつくろったり、漁の用具をそろえている漁師によく出会った。また海の上に浮かんでいるタコ船をみては一度乗ってみたいと思っていた。そんなとき御手洗郷土史家の木村さんが、道端でタコ漁の用具を整えていた漁師に、漁に出るとき一緒に私たちを連れていってくれないかと、頼んでくれた。漁師は初め黙っていたが、条件付きで承諾してくれた。朝四時までに港に来なければ出てしまうよ、ということだった。

当日になると、私たちは皆意思の弱さを暴露し、寝坊してしまった。ところが、その漁師は私たちの宿舎まで迎えにきてくれた。その上、船の上でとる朝食のにぎりめしを私たちの分までつくってくれていた。私たちは、御手洗の漁師気質にふれ、その人のよさを感じながら心からすまないと思った。その漁師のおかげで、私たちはタコ船に乗りタコ漁をみることができた。

船には、奥さんとむすこさんも乗っており、いつも三人で漁をするという。私たちはじゃまにならぬようタコ漁の作業を見守った。途中、タコと一緒にあがってきたイカをその漁師がその場で引きさいてくれ、そのさしみを味わった。

昼前に、タコ船は一たん港に戻って私たちを降ろし、すぐまた漁に出ていった。

また私たちは、御手洗で夕涼みというものを初めて味わった。夕方風呂に入り夕食をすませると、人々はゆったりとした足どりで、住吉通りの海岸沿いに集まり始める。縁台に腰をおろして将棋をやり出す人、子供をおぶって立話をする若い嫁さん、海べりに縁台を置いて並んで腰かけ話をする老人、海をながめながら皆それぞれ思い思いの人とききままに語り合う。いろんな話し声が聞えてくるが、その内容まではわからない。子供たちは騒いだり笑ったりしている。僕らはその中に混じって、その雰囲気に浸った。そこに一緒にいるだけで心がなごんだ。

そして人々は汗が引っ込む時刻になると、それぞれ自分の家へ戻っていく。すると辺りは急に静かになり、今までのなごやかさがウソのようにさえ思えてくる。それでも僕らは去りがたく、遅くなるまで話をしていたこともあった。夕涼みをしたあとは不思議にぐっすり眠れた。

（高橋）

蛸《たこ》漁をするおじさん一休み

岩国

錦見の町並

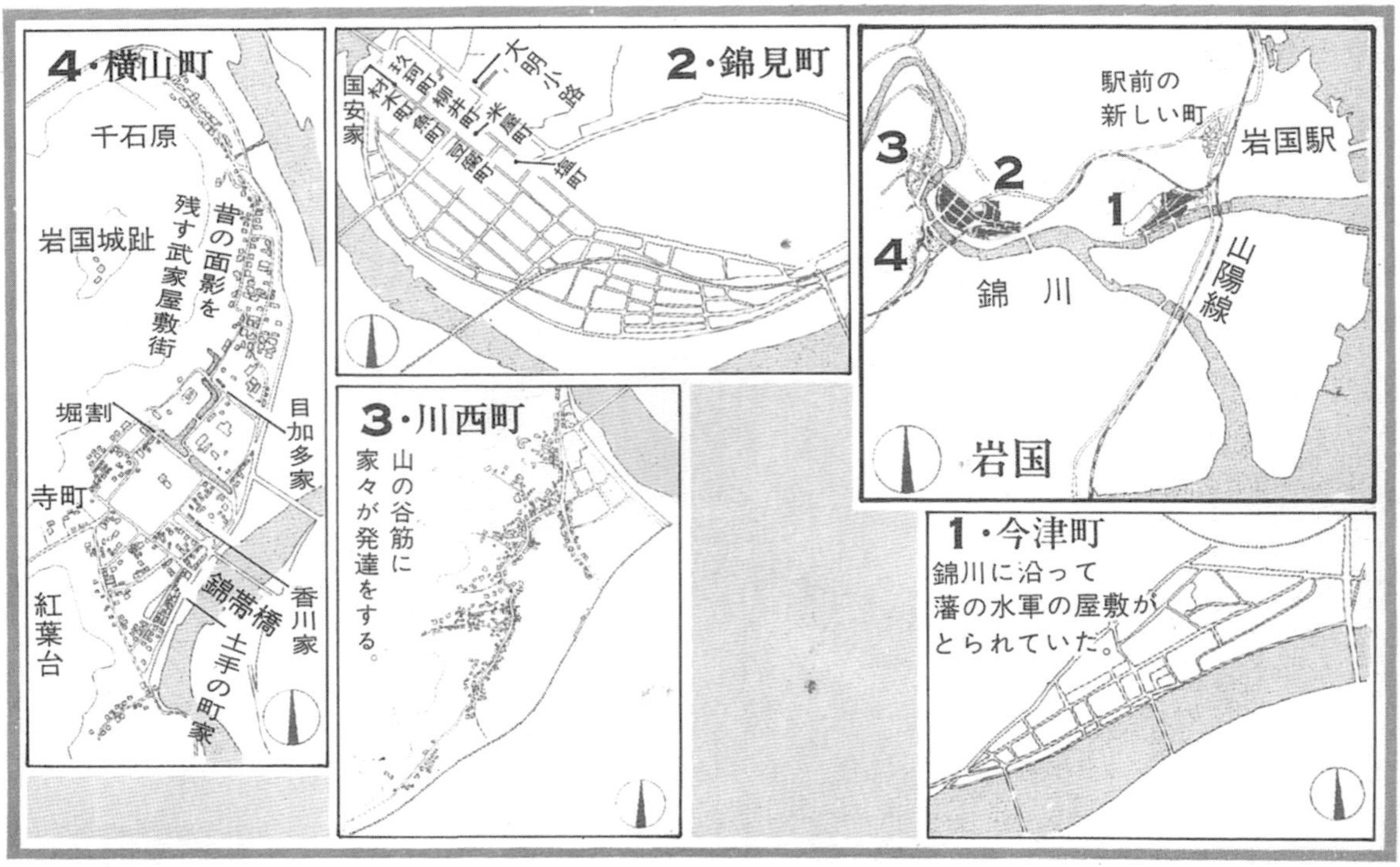

岩国の町略図

■岩国への小旅行

「またどこか旅行にでも行ってみようか」と誰ともなしに言いだしたのは、新学期も始まってまもない頃であった。上関、御手洗では港町の姿や、町家について調べ、江戸時代に発達した町の姿が、おぼろげながら頭の中にはいりかけた時期であった。またこのような旅が、意外に土地の人々とふれあう機会の多いことを知った直後でもあった。

「今度は城下町でも訪ねてみよう」ということになり、同じ瀬戸内海にある岩国に向けて出発をした。春の連休を利用した小旅行である。岩国は町割り、武家屋敷、町家とも昔の姿をとどめる城下町として知られている。

岩国では町割り、家老の家、町人の家を見学した。昨年の夏のように自炊するには少々おおげさに思え、私たちはユースホステルに泊った。ユースホステルにはだれが決めたのか知らないが、原則として三泊以上宿泊できないという決まりがあった。観光名所を回るのであったらそれだけでも十分な日にちはあるが、少しおちついてその土地の様子を探ってみようと思ったら、これでは不足である。事情を話したら、ユースホステルの方々は私たちを喜んで受け入れ、郷土の歴史に詳しい谷本米一さんを紹介して下さった。

谷本さんは私たちを連れ、町の端々まで案内して下さった。この機会に途中、詳しく調べたいと思う家については、後日伺ってよいかどうかを尋ねてみた。そして家老の家として香川氏宅、武士の家として目加多氏宅、町人の家として国安氏宅を調べることになった。

■岩国の町の成りたち

岩国は吉川《きっかわ》氏の城下町である。町は蛇行した錦川をはさみ、城山の山麓に横山、その南に川西、川の対岸に錦《にし》見《み》、その東に今津が発達をする。

江戸時代の町の姿を知るため私たちは徴古館《ちょうこかん》を訪ね、古図を閲覧し、次に図書館で古の町の家数などを調べた。

横山は城山の山麓に南北に延びた町である。町は上口《かみくち》、下口《しもくち》、千石原、万屋谷《よろずだに》、川原町から成り、江戸時代には一五〇軒ほどの武士の家があった。錦帯橋を渡り、直進すると広場に出て、そこを右に折れると堀に出る。この堀を境に町は上口と下口に分かれる。ここは上級武士が居住し、藩主の館や役所などが置かれ、「郭内」と称されていた。現在も堀割りをはじめ、家老の家の長屋門や主屋、土塀に囲まれた上級武士の家々が当時の面影を色濃く残している。堀に囲まれた一角が藩主の館であり、今は公園となり吉香《きっこう》神社が祭られている。また紅葉谷公園付近は寺町であった。

吉香神社から山裾を北に向かうと、千石原に出る。竹林に囲

城下と横山町を結んでいる錦帯橋

錦川の土手の上の町並

紅葉谷の公園では子どもたちがよく遊んでいる。

まれた静かな土地である。当時は上口と千石原の境に門が設けられ、千石原には足軽の家を三十余軒置き、北の守りとしていた。

　万屋谷は下口の門を出て、南に川西に向かう道から右に折れた谷あいの小さな集落であり、江戸時代には二十数軒の武士の家があった。

　錦帯橋から左に折れると、土手の片側に町家作りの家々が並んでいる。ここが川原町であり、江戸時代には六十数軒の町家があった。今も古風な構えの家並が続く。

　横山の南に置かれた武家街が川西である。ちょうど錦川の西に位置し、道祖峠に向かう道筋に町が発達をする。町作りの際に一五〇軒の武家屋敷が置かれ、その数は横山と同じであった。しかし町の作りは横山とは異なる。横山では平地に整然と区画された町が作られたのに対し、川西では、谷筋に屋敷を構えている点が特色である。のち川の付近に町家が作られてゆく。

　錦見は錦帯橋から南東に延びる弓形の町である。計画当初は、武家屋敷五五〇軒、町屋一三〇軒が置かれた。錦帯橋延長にあたる道は大明《だいみょう》小路と呼ばれ、中級の武家屋敷が置かれた。屋敷は、間口一〇間、奥行一五軒平均で割られ、一五〇坪前後のものが多く作られた。

　錦見は町人の町でもある。町家は大明小路の南側の二本の道に置かれた。大明小路と平行に延びる道は縦町、これに垂直に交わる道を横町と呼んでいる。縦町は道幅二間半、長さ約六〇間、横町は道幅一間半、長さ約三〇間であり、タンザク型の町割りをなす。

　大明小路の南側は本町、二本目の道が裏町である。本町は錦帯橋方面から、玖珂町、柳井町、米屋町、塩町と続き、裏町は材木町、肴町、豆腐町と続く。これらを「岩国七町」と呼んでいる。玖珂町、柳井町は町名からすると、他所の土地から商人を呼び寄せて、作られた町であることがわかる。米屋町、塩町、材木町、豆腐町は取りあつかう商品からとった町名であり、その種の商人が集まっていたところと考えられる。

　この二筋の道は今も本瓦葺きの町家が多く、昔の面影をとどめる。玖珂町の国安氏宅などは古くからの町家であり古風を残す。町家の敷地の奥行きは一五間前後、間口は二間から六間ほどの広さである。

　錦見の武家屋敷は大明小路をはじめ、「岩国七町」をとりまく形で作られている。外郭には足軽が多く住んでいた。大明小路の北側に山手小路、南側に道茂小路、瑞相寺小路、鉄砲小路本町、鉄砲小路沖町の町が続いた。山手小路にはくずれかけた土塀の家々が残っている。

　今津は錦見の東に位置し、錦川の北岸に細長く町が形作られている。ここは船手組屋敷が置かれ、水軍の拠点となった所である。また御茶屋が作られ、藩主が船に乗って江戸などに出かける際の休息所にあてられていた。そこは今津船手の奉行所、組役人の勤番所も兼ねていた。

　岩国の城下町は地理的に離れた四つの地域から構成されているのが特色である。そして四つの町はそれぞれの役割を果たしながら岩国の一部として機能していた。

　岩国の町を歩いて、江戸時代の町はそれぞれの機能を持ち、与えられた役割を果たしながらひとつのまとまりを作っていたということを教えられた。それぞれの町に

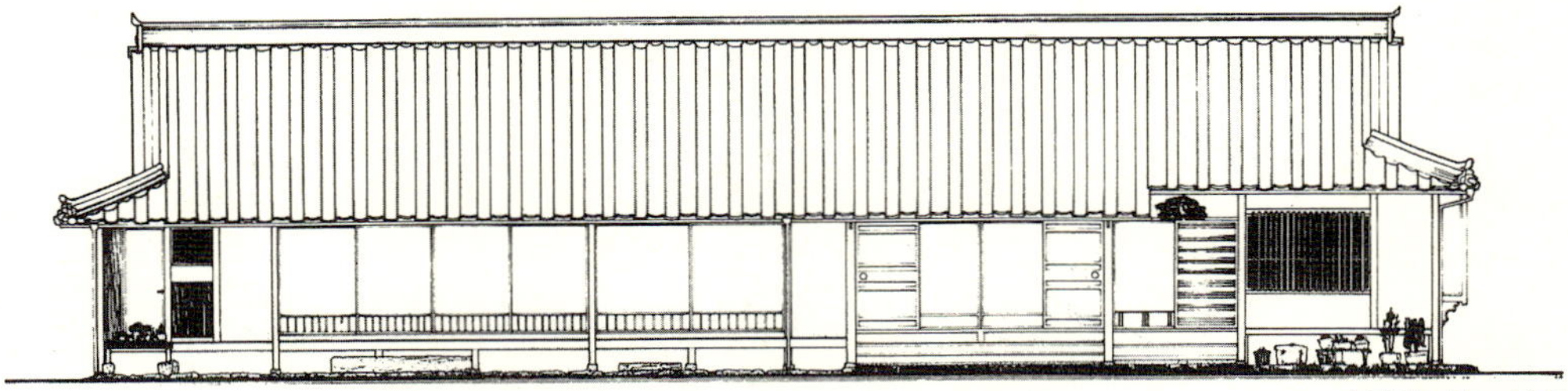

立面図（S＝1/150）

■元吉川藩家老・香川さんの家

横山の町には長屋門を構えたり、土塀に門を備えた屋敷が続く。当時の武家の屋敷がいたるところに残っている。

香川家は家老の家である。白壁造りの長屋門をくぐり、主屋に向かうと「鶴」と書かれた額のかかげられた式台がある。主屋の前には手入れの行きとどいた庭がみられる。武家屋敷の面影を色濃く残した家である。

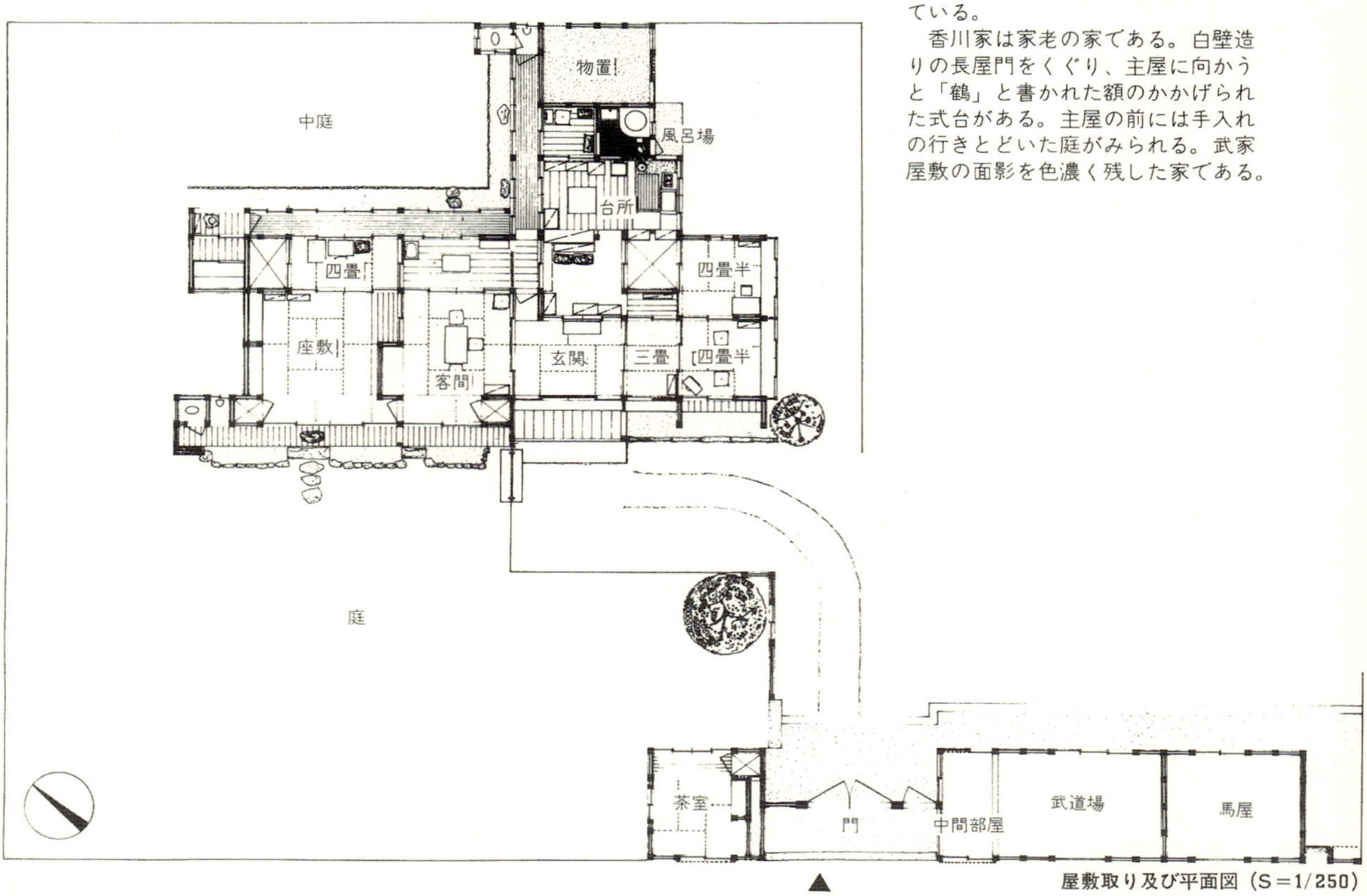

屋敷取り及び平面図（S＝1/250）

横山町の武家屋敷

は個性豊かな表情があり、これが町の景観を魅力あるものにしているということに気づいた。
現代の町は概して無表情である。そして無表情な町がはてしなく広がったため、町の魅力は失なわれていった。町の役割りが町並景観のなかに現われ、町の領域にひとつのまとまりが感じられる町作りに興味を覚えた。

■武家屋敷を訪ねて

武家屋敷を見学したのは岩国が最初であった。立派な門構えや土塀の続く町並は、私たちを知らず知らずのうちに、江戸時代に引きこんでいく。一〇〇年以上たった現代でさえ、そこにはお侍さんが住んでいるような錯覚にとらわれた。

玄関に立ち、恐る恐る来意を告げると、やがて婦人が現われ、畳に手をついて古式豊かに迎えられ、ますます驚いてしまった。武家屋敷は外観からして、少し立ち入り難いが、実際伺ってみると、このように暖かく迎え入れられることも少なくない。私たち三人ホッとした。

横山の武家屋敷として香川氏宅、目加多氏宅を実測させていただいた。香川家は錦帯橋の近くに立派な長屋門を構える家である。目加多家は藩主の館のあった地の東に塀をへだてて位置する。ここでは香川家の作りについて紹介しよう。

香川家は藩政時代には八五〇石の家禄を持ち、家老を勤めた家である。現在、屋敷はほぼ正方形の敷地で、四〇〇坪の広さがある。長屋門、主屋、前庭のあたりは昔のままであるが、裏庭、主屋の南東側の様子が以前とは少々異なっている。

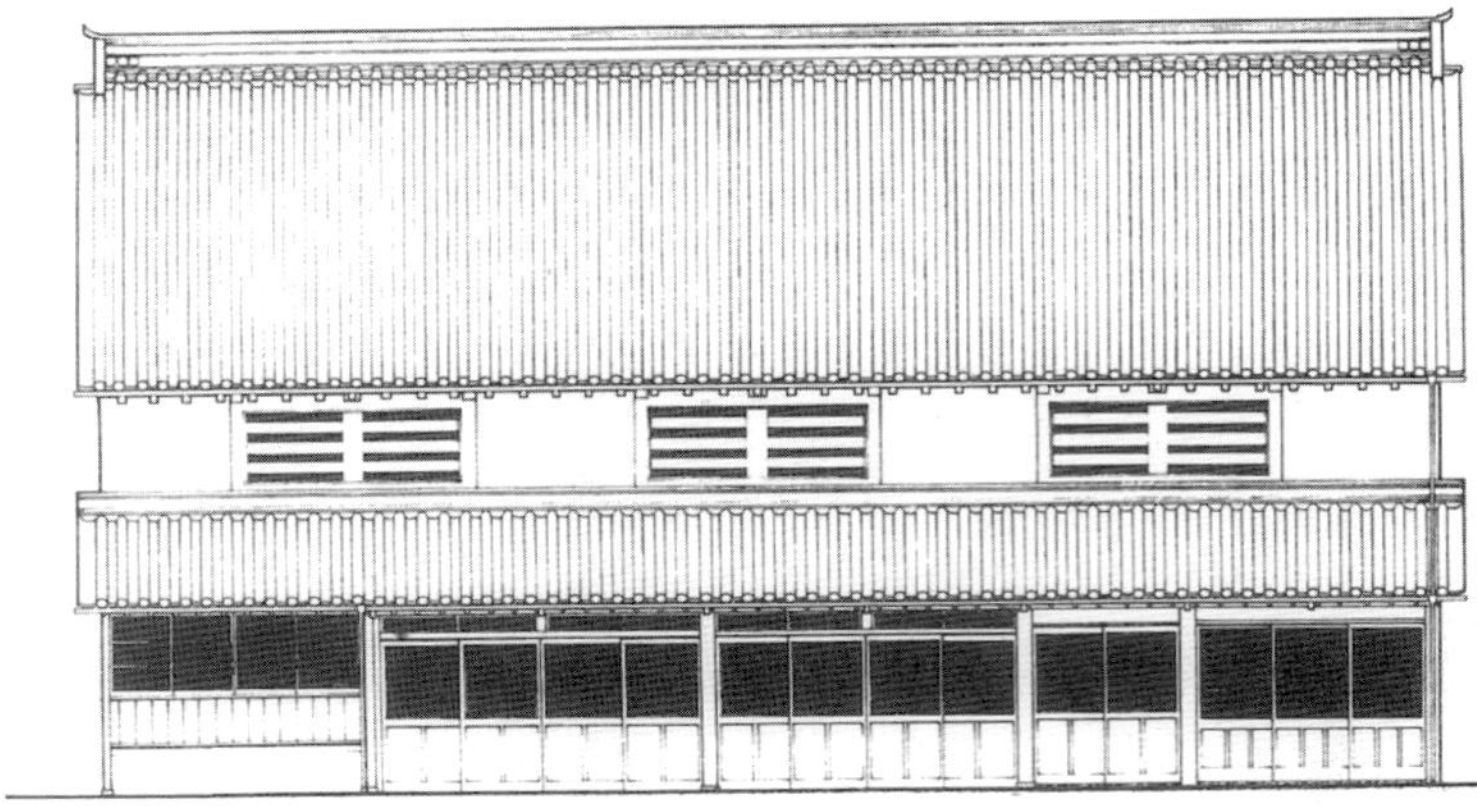

立面図（S＝1/150）

■岩国の町家・国安さんの家

横山の町から錦帯橋を越えると岩国の古い商業地となる。ここには岩国七町があり城下に物資を給供していた。

国安家は松ヶ枝屋という鬢付油を作った家である。本瓦葺きのどうどうとした主屋は、岩国の商家でも豪商と呼ぶにふさわしい。

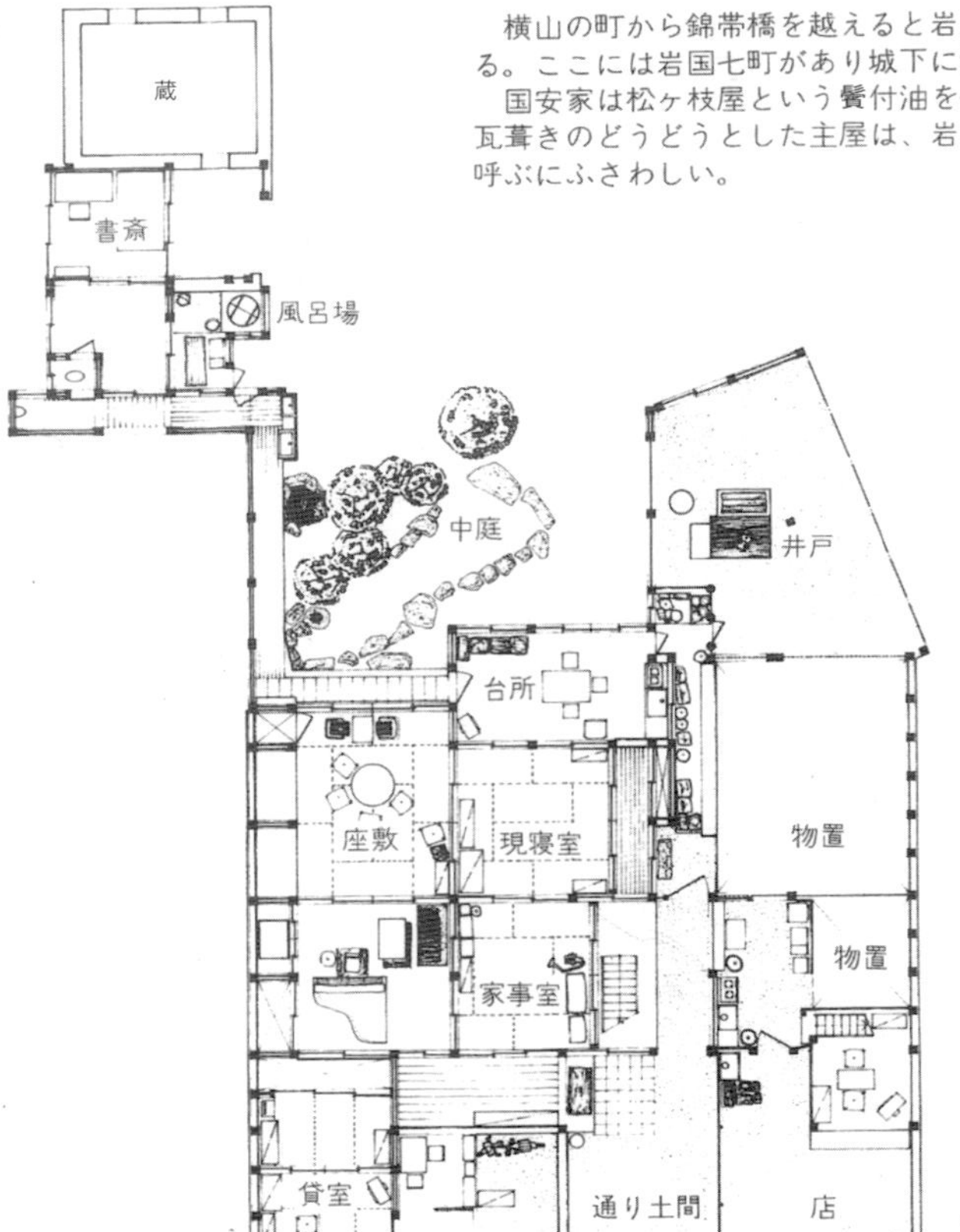

平面図（S＝1/250）

元武家屋敷の目加多さんの家。写真上から主屋・座敷・式台

太い材料を使った国安さん宅の構造

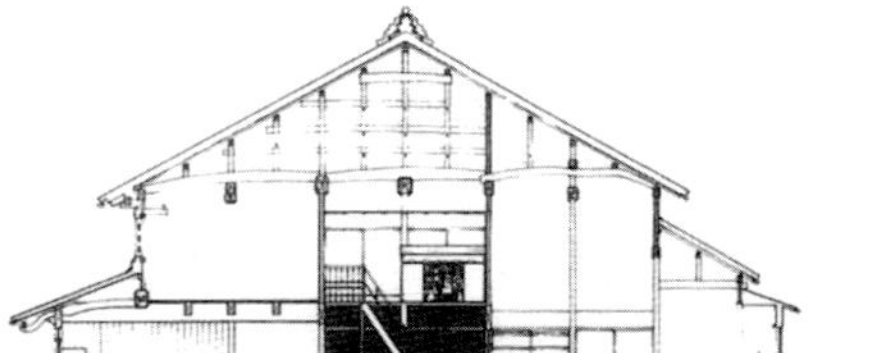

断面図（S＝1/300）

長屋門は入母屋造り本瓦葺きの建物で、門の右側に中《ちゅう》間《げん》部屋、武道場、馬屋、左側に茶室を配す。門の両脇には一尺四寸×七寸の柱が立ち、内開きの大きな板戸が入っている。板戸に取りつけた金具は、風格がある。外壁は漆喰塗りで、下に板の腰壁が付く。茶室、中間部屋には格子窓、武道場、馬屋に横格子の窓を作り、格子窓の上には板庇《いたびさし》を付ける。元禄年間に建てられた門と伝えられる。

主屋も武家屋敷としての姿を良くとどめる。式台を上がると六畳の玄関があり、左に八畳の客間、一〇畳の座敷、右に三畳、四畳半を配す。四畳半の前には幅一尺五寸ほどの小縁が付く。家の人の話によると供待ちの縁といい、お供の人がここで待っていたという。これらの部屋の裏側にも部屋が四室付くが、現在は収納場として使用されている。主屋の裏には台所、風呂場、物置きが付属する。以前は主屋の他に別棟として隠居部屋、蔵、風呂小屋、農具小屋があり、主屋の南に畑、西にヤブがあった。

■商家を訪ねて

岩国の商家として、私たちは本町玖珂町の国安家を訪ねた。玖珂町の入口、道の南側に間口八間半の主屋を構える大規模な町家である。

国安家は松ヶ枝屋という屋号の油屋で、鬢付け油を製造、販売していた。のち、醤油屋も営んでいた。岩国の豪商の家である。

現在国安さんは学校の先生をしておられる。私たちが訪ねた時は、奥様が迎えて下さった。調査にはおおいに協力していただいた。

主屋は平入り切妻造り、本瓦葺き二階建ての堂々たるもので、外壁は漆喰で塗られ、二階に三カ所横格子の入った窓がある。一階の外観は改造され、ガラス戸が入っている。主屋の梁行は六間であり、前後に一間ずつのオダレ（庇）が付く。

主屋は座敷、仏間、寝室、家事室の八畳四室が中心になり、道路に面してミセノマが設けられている。主屋の裏は庭園になっており、井戸もここに作られている。庭の奥には蔵が建ち、蔵と主屋の間に書斎、風呂場、便所などの別棟を設ける。道と裏庭とは通り庭で接続されている。通り庭の面積はかなり広く取られているのが特色である。

（谷沢明）

国安家の正面

鞆《とも》

右手の鞆港の向こうに仙酔島がある。

寺町通りにでる路地

電柱を利用して小魚を干す。

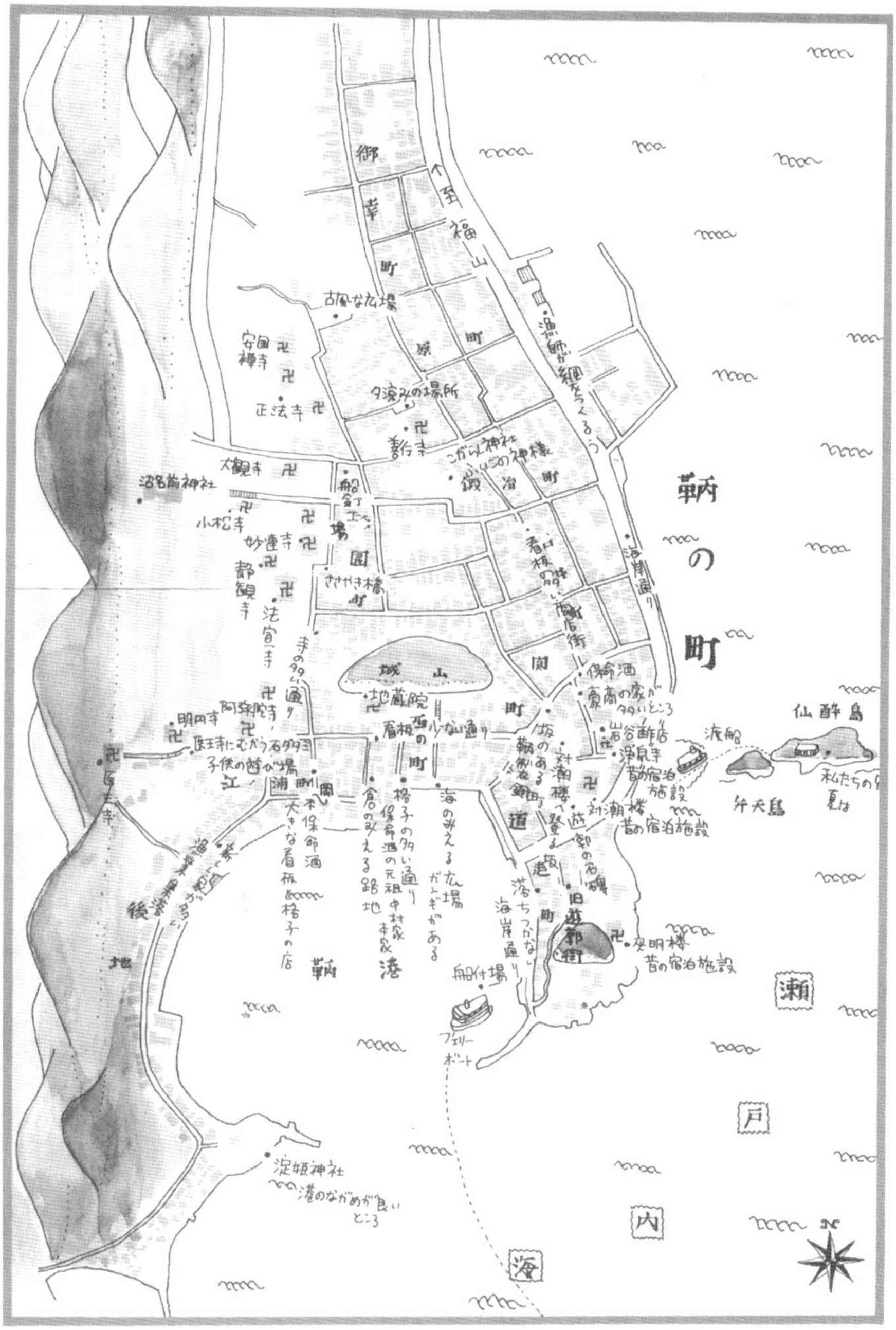

鞆の町略図

■鞆の町

鞆は広島県福山市からバスで約一時間の距離にある。福山から芦田川沿いに南下し、さらに海岸づたいに行くと、やがて半島の東南端にある鞆の町が見えてくる。このあたりは塩飽《しわく》諸島の島々が遠くに見え、近くには仙酔《せんすい》島《じま》、弁天島、皇后島などの島影が入りくんでとても景色のよい所である。鞆にはこの風景を楽しみに訪れる人も多い。

私たちが鞆を訪れたのは、岩国へ行った四ヶ月後の昭和四十九年八月末から九月初めまでの八日間で、メンバーは岩国と同じ三人であった。私たちは仙酔島の国民宿舎に宿をとり、毎日一〇分ほど船に乗って鞆まで通った。上関や御手洗の時のように、適当な宿泊施設が見つからなかったため国民宿舎を利用したのだが、正直いって当時一日二四〇〇円の宿泊費は、私たちにとって多大な出費であった。

鞆での最初の頃、仙酔島から船で鞆に渡り東の海岸通りに降りると、強くはあったが心地よい風が吹いていた。この風は東南の風でヤマジと呼ばれ、台風のときに吹く風として鞆の人々に嫌われていた。案の上、私たちは三日目に台風と遭遇し、仙酔島に丸一日とじ込められた。

鞆の地形は、その風が町なかに入るの防ぐように、東南部にふたつの小高い所があり、その東側が崖となり、天然の防波堤となっている。また鞆の港は水深の深い入江であるため、波が静かで、天然の良港として古くから栄えていたという。地理的にも内海航路の地乗りと沖乗りの分岐点にあたっていたので、近世に入り沖乗りのコースがとられるようになってからますます栄えた。

その中心となっていたのが、鞆港に出入りする他国の船の世話をする廻船問屋であり、鞆港に荷上げされた品物が数多く取り扱われていた。その品物は、福山市史によると、次の三つに大別される。ひとつは中継的商業の商品である米、大豆、茶などで、鞆に運ばれてきた品物を一時保管し、さらに大阪などの都市に運ばれるものである。第二は買入商品の干鰯、油粕などの肥料で、問屋から近くの農村に送られる。第三は積出し商品のタバコ、鉄、ろうそく、網などで、近くの町や村あるいは鞆で生産された品物が問屋を経て他国に送られた。鞆の大きな産物は、舟釘や碇などの鉄製品や網、保命酒である。保命酒は江戸初期に地元の人が考案した滋養酒である。

旧遊郭街

保命酒の店

鞆港はそうした品物を運搬する船の出入りで賑わう一方、漁港としても知られていた。鞆の産物の中に網があげられていたことでもわかるように、鯛網を中心とした網漁が栄んに行なわれた。福山市史によると、鞆は福山藩の重要な漁業港で、荷あげされた魚を藩府の御用をはじめ福山の城下町に供給していた。元禄年間における鞆の船数は約二〇〇艘で、仮に当時の鞆の戸数七〇一戸と比較してみると、三割近くを占める。このように鞆は内海航路による商業もさることながら、漁業の占めていた割合も多かった。

■地図を片手に町を歩く

鞆では今まで行なってきた調査と少々異なるやり方をした。役場で三〇〇〇分の一の地図をもらい、その地図の中に気のついたことを書き入れながら歩いた。鞆の町がどのように成り立ってきたのかということを、町や建物の形を通して自分の目で確かめたいと思った。この頃から私たちは、単なる家屋から、家屋と個々の家々が構成する町筋へと興味が広がっていったのである。しかし私たちにとって鞆の町はあまりにも大きすぎ、とまどいを感じていた。しかも町を見る方法も知らなかったので、とにかく歩きまわる以外に手はなかった。鞆の町は南北に約一キロメートル、東西の一番広がった所で六〇〇メートルほどの扇形をしている（旧市街地）。その中に二六九七世帯・九八四三人（昭和五十年現在）が生活している。鞆町は北から原町、鍛冶町、祇園町、石井町、関町、西町、道越町、江浦町の八つの町からなる。

町を歩きながら私たちが興味を抱いたのは人の集まる路地や広場であった。特に目立ったのは子供である。原漁港のうしろに広がる原町は、住宅地が多く細い路地に家々が、植木鉢や縁台などをはみ出して雑然と建ち並んでいる。路地の折れ曲がった部分は人々のたまり場となり、おばあさんたちが縁台に腰かけて話をしたり、子供たちの遊び場にもなっている。このような路地はその付近に住む人たちが寄り集まるスペースになっており、夕方になると、いっそうにぎやかさを増す。車の通るような道でも夕涼みがてら数人集まって話をしたり、子供たちのボールで遊ぶ光景が見られた。それは海岸通りに太い幹線道路ができたために、自動車の通行が少ないことにもよる。

また町の西側の山すそに並ぶ寺町筋は、静かな町筋であるが、寺の前の広場や細い石だたみの路地、それに沼名前《ぬなくま》神社の門前通りなどは子供たちのかっこうの遊び場になっている。近くに駄菓子屋さんがあることも、子供を集める要因になっているようだ。

これに対して町の東南にあたる石井町、関町、西町筋は、昔の商家が多かった所で、いわば鞆の中心部であった。現在、石井町はにぎやかな商店街となっており、関町、西町は古い問屋や造り酒屋の大きな蔵が並び、静かなたたずまいを見せている。石井町の北には鍛冶町があり、小さな鉄工所がみられる。ここは昔、鞆の特産であった船釘を打つ鍛冶屋が多かった所である。このような商業や物を生産することを主にしていた町筋には、子供が遊んだり、町の人々がなごやかに歓談する光景はほとんど見られなかった。

このようにして鞆の町を見ていくと、原町や寺町筋とそれより東南の町筋とでは、ずい分性格がちがうことを感じた。前者は町に住む人々のための私的な道筋のある町であり、後者は計画された公的な道筋のある町と言えそうである。そして私的な道筋のある町の方は、町全体が公園のようでさえあるのだ。人々は路地に縁台を出し人と出会うことを楽しんでいるようである。また子供たちも友達や自然を相手に、色々な遊び方を工夫しているのではないかと思う。それに対し、公的な道筋は、私的な屋敷とはっきり区分されることによって商業の領域として町筋全体を特徴づけている。

岩谷酢店の表通り

■民家を調べる

鞆では五軒の民家を実測させていただく予定であったが、実際に図をとらせてもらえたのは三軒であった。ここでは岩谷酢店と鞆の網屋さんについて述べる。いずれも昔の問屋筋である関町にある商家兼倉庫である。

岩谷酢店は海岸道路ができる以前は、裏側を海に面し建てられていた。裏口には立派な長屋門を構え、近くには蔵が置かれ、船で運ばれた荷物が、船着場から長屋門を経て、蔵に納まるような配置になっている。この家は以前大阪屋とよばれ、酒屋を営む豪商の家だったということから、酒米や酒、その他の商品を運搬するのに、船を利用していたのであろう。

長屋門の二階は茶屋になっており、しばしば文人墨客が滞在し、この茶屋を利用したようである。鞆の大商人はそういう客を受け入れるゆとりがあった。また他国の知識を得ようとする積極性をも持ち合わせていたような気がする。

現在住んでいる岩谷さんはその後この家を買いとり、主に酢や酒を作っていた。

酒をつくっていた頃は、その容器として備前や長州から取り寄せたつぼを用いていたという。それが徐々にガラスのビンに変ってゆく。また酒をつくる際に使う米を蒸す釜が主屋のすぐ裏手にあり、そのたき口が一坪近くの穴になっている。その脇には六角形のレンガ造りの煙突がある。以前は石炭を燃料に使用していたが、近ごろは重油を使ったバーナーを用いるのでそれらは不要になってしまった。酒や酢をつくるのに大切な井戸水は、台所の裏側にあり質がよく、枯れたこともないという。現在も酢を作る水として使用している。

主屋は間口七間半、奥行およそ一一間で、そのうち居住部分は全体の床面積の二六・四％にしか満たない。これにより、この家屋が主に仕事場として建てられたことがよくわかる。家屋が大きい上にあまりにも土間部分が広いので、子供たちは夜になると、各部屋に沿った通り

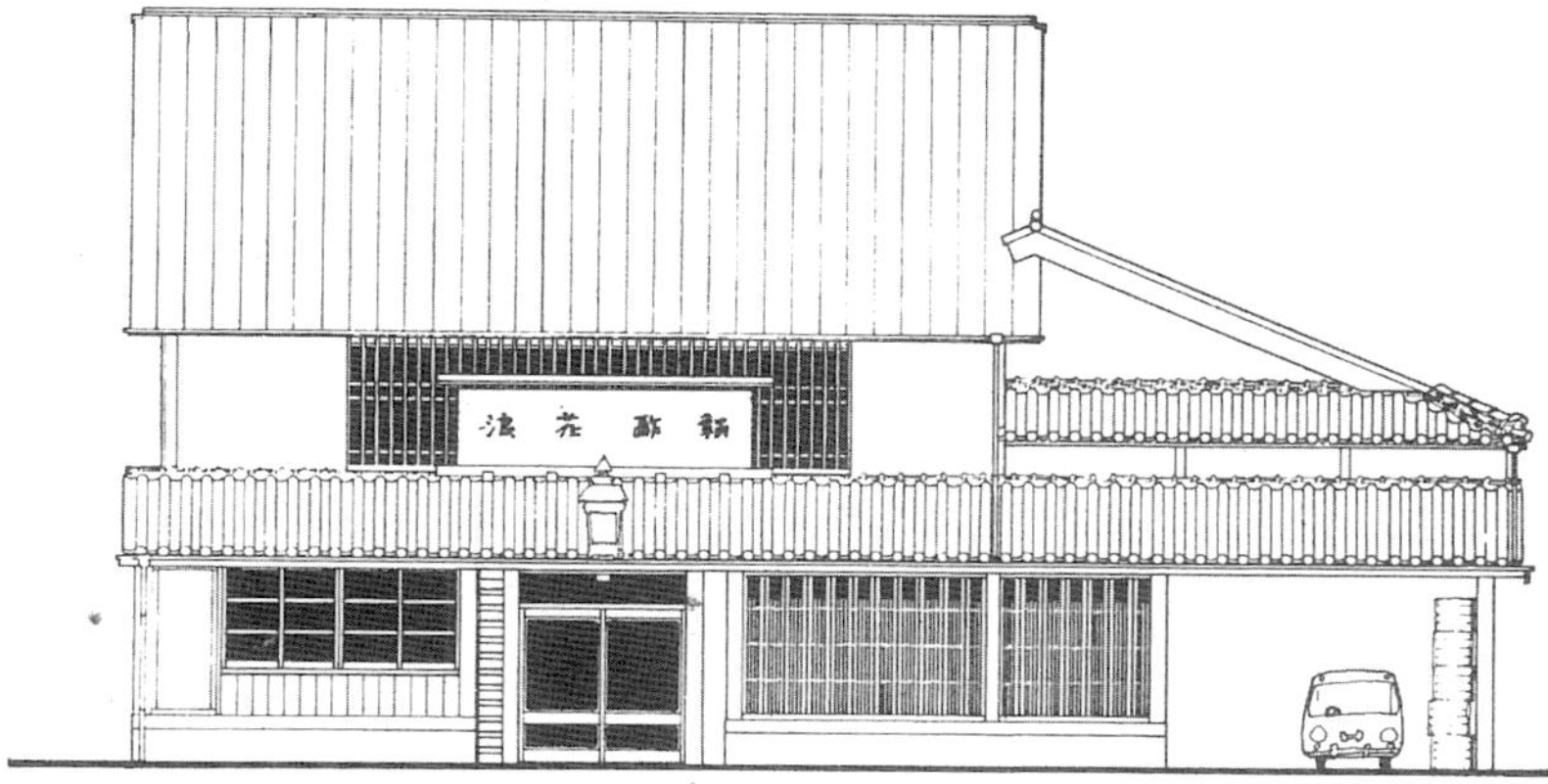

立面図（S＝1/150）

■鞆の商家・岩谷酢店

大きな一枚板の看板とガス灯がひときわ印象的である。鞆の町屋にはこのように古風な、そして力強い看板をかかげた家が少なからずあり、町並を魅力あるものにしている。

当家は保命酒の造り酒屋として建てられたものであるが、現在は酢屋を営む。主屋の裏で酢をつくる。主屋に向って右側の下屋庇の下が倉庫として使われる。

店の奥には仕事場がある

裏側には長屋門があり、以前は石垣で築かれた所まで海になっていた。

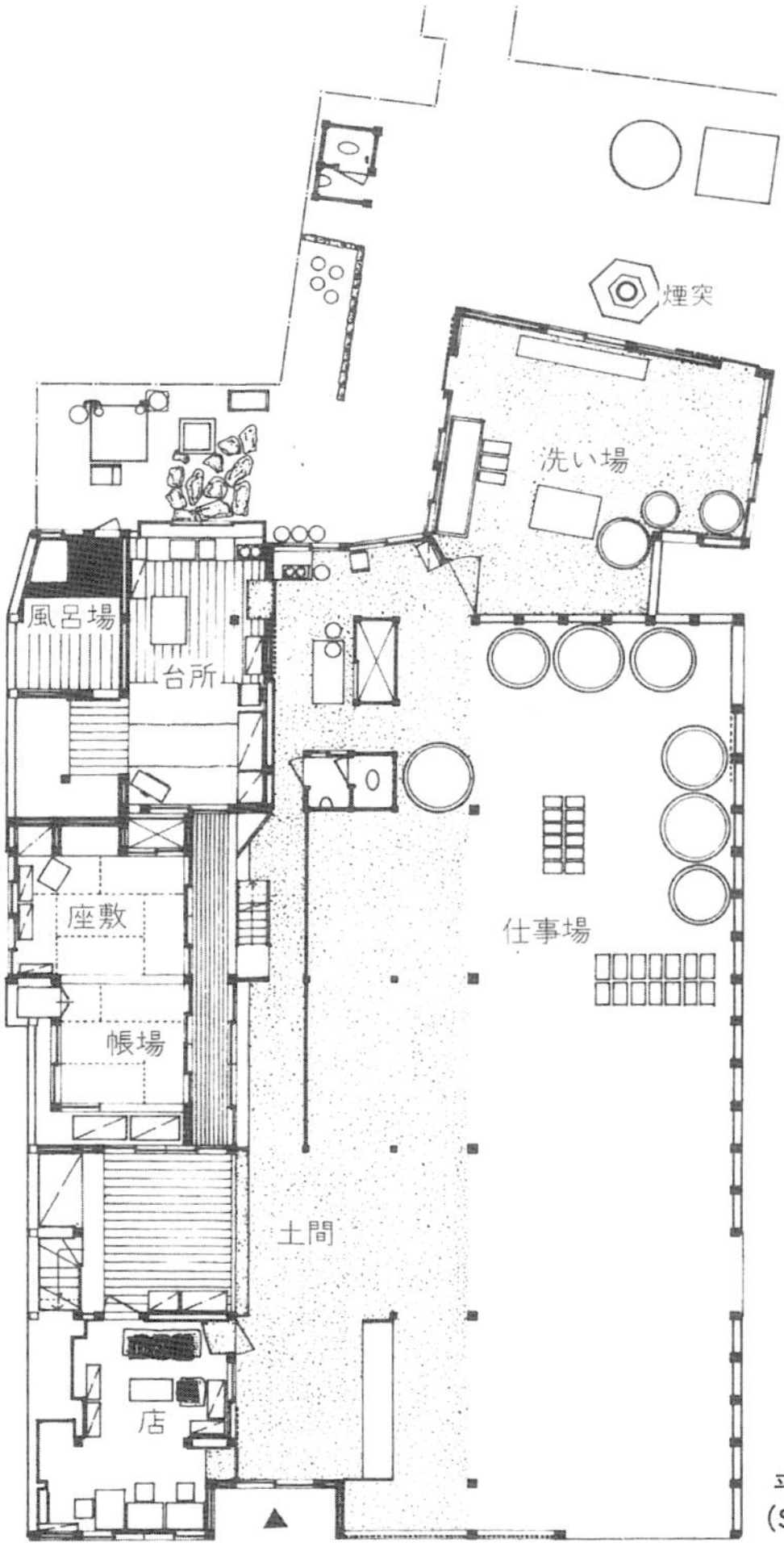

平面図
（S＝1/250）

庭を通るのが恐く、家の中より外の方がいい、と言うそうである。各部屋は一列に表から、酢屋の事務所、帳面つけ場、居室二室、そして台所と並んでいる。居室は以前、使用人の部屋だった。また二階にも部屋があるが、ほとんど居室として使用されていない。

鞆製網店は関町の中心通りに面しており、ちょっとした坂の上にある。さらに通りから家の入口まで階段が設けられ、敷地が五段分高くなっている。以前は通りと敷地の高さが同じであったが、自動車が通るようになってから道路をけずりとり現在のようになったという。家の配置は通りの南東側に主屋がありその隣りが倉になっている。通りを挟んだ向い側には、かつてたくさんの網を作ったという工場が建っている。また主屋の裏には、明治二十三年に近くの村から一〇〇円で買ってきたという

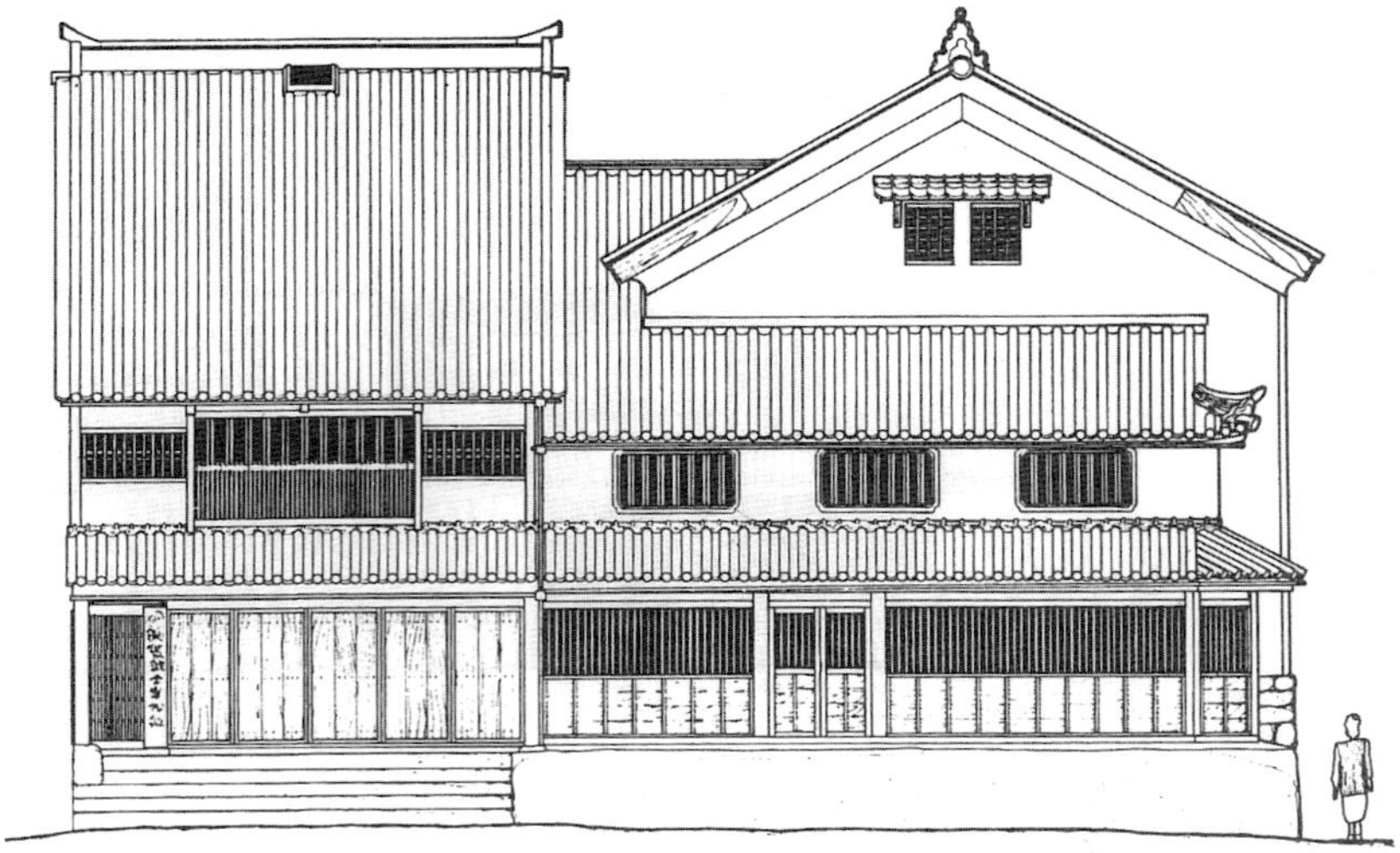

立面図（S＝1/150）

■鞆の網屋
・太田さんの家

鞆は保命酒、船釘、網などを作った町として知られている。それらの家々が今も町のあちこちに点在し、特色ある町並を形づくる。

太田さん宅は関町の坂を登った所あり、道をはさみ網工場と店舗、住居が建っている。

住居は蔵と一体になった造りで、本瓦葺き二階建て平入主屋と妻入りの蔵が見事に結合されている。

太田さんの店先と帳場

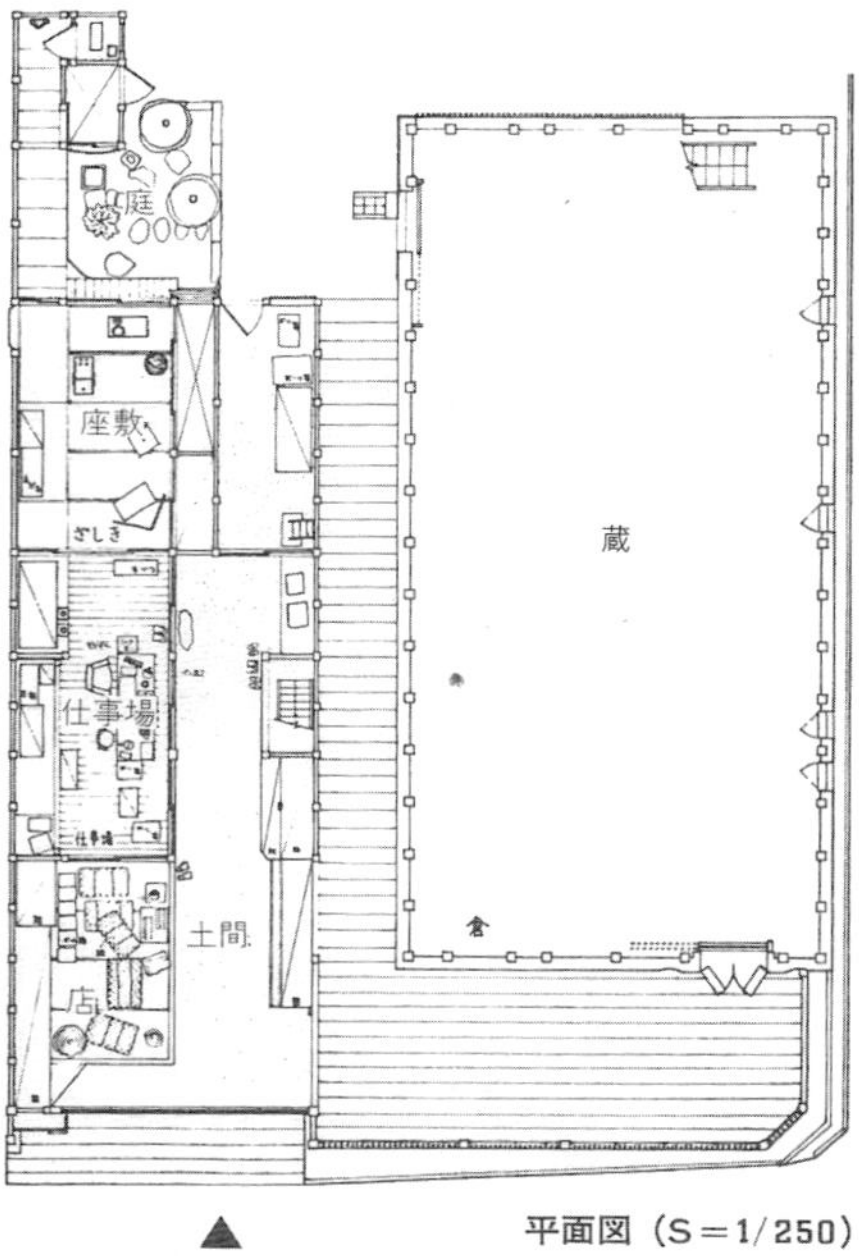

平面図（S＝1/250）

蔵がある。

網は麻を材料にして作るが、その麻は広島から島根にかけての地域で作られたものを取り寄せていた。網は鯛をとる鯛網で、当時麻で編むのが通例だった。その麻が蔵の中に山と積まれていたという。私たちが訪れたとき、網は作られておらず蔵や工場はガラーンとしていた。

主屋の大きさは、間口三間、奥行八間である。部屋は表から畳の上に漁具が並べられた四畳のミセ、帳面つけ場、居室と並んでいる。その裏に中庭があり、便所へ通ずる廊下が脇にとられている。主屋の二階は、荷置き場で二つの大きな四角い穴が開き、吹ぬけになっている。その上には滑車が取りつけられていることから、重いもの等を直接二階へ引上げたものであろう。

このように家屋を見ると、この家の居室部分は一室のみで、先にみた岩谷酢店と同じように、商業やその生産工場のために家屋内の大半の場所が占められている特殊な間取りである。

鞆の町を歩き回ったり、家屋を実測してみると、ひとくちに家屋といってもその利用の仕方がさまざまに変化している。たとえば前述した鞆製網店の蔵は農村から買ってきたものであり、さらに蔵を改造して長屋や幼稚園の講堂にした例もみられる。また福山から長屋を買ってきて住まいにしたり、かまぼこ工場を酒屋にした例など、意外に多いことがわかった。そのほか特に興味深かったのは、蔵を利用して長屋を増築した例であった。その蔵は東南の風（ヤマジ）をまともに受ける建て方だったので、蔵につけて風下側に長屋を増築し、それで蔵を支えている。この長屋には以前、鍛治屋の職人や沖仲仕などが住んでいたという。

このようにして見ていくと、家屋は増改築や移築によって、最大限に利用されてきたことを教えられる。それは建物自体が多様に変化しうる構造をもち、しかも家屋をつくる材料の入手や経済性の上で有利であったからであろう。私たちが今まで実測してきた家屋をみると、不必要な所にほぞ穴のある古材が家屋材としてよく用いられている。材料を再利用しているわけであるが、ここに昔の人が家をつくり、維持していく姿勢が感じられるのである。

（高橋）

路地のたまり場で夕涼み

一人歩きをはじめる

■広島県三原市の調査

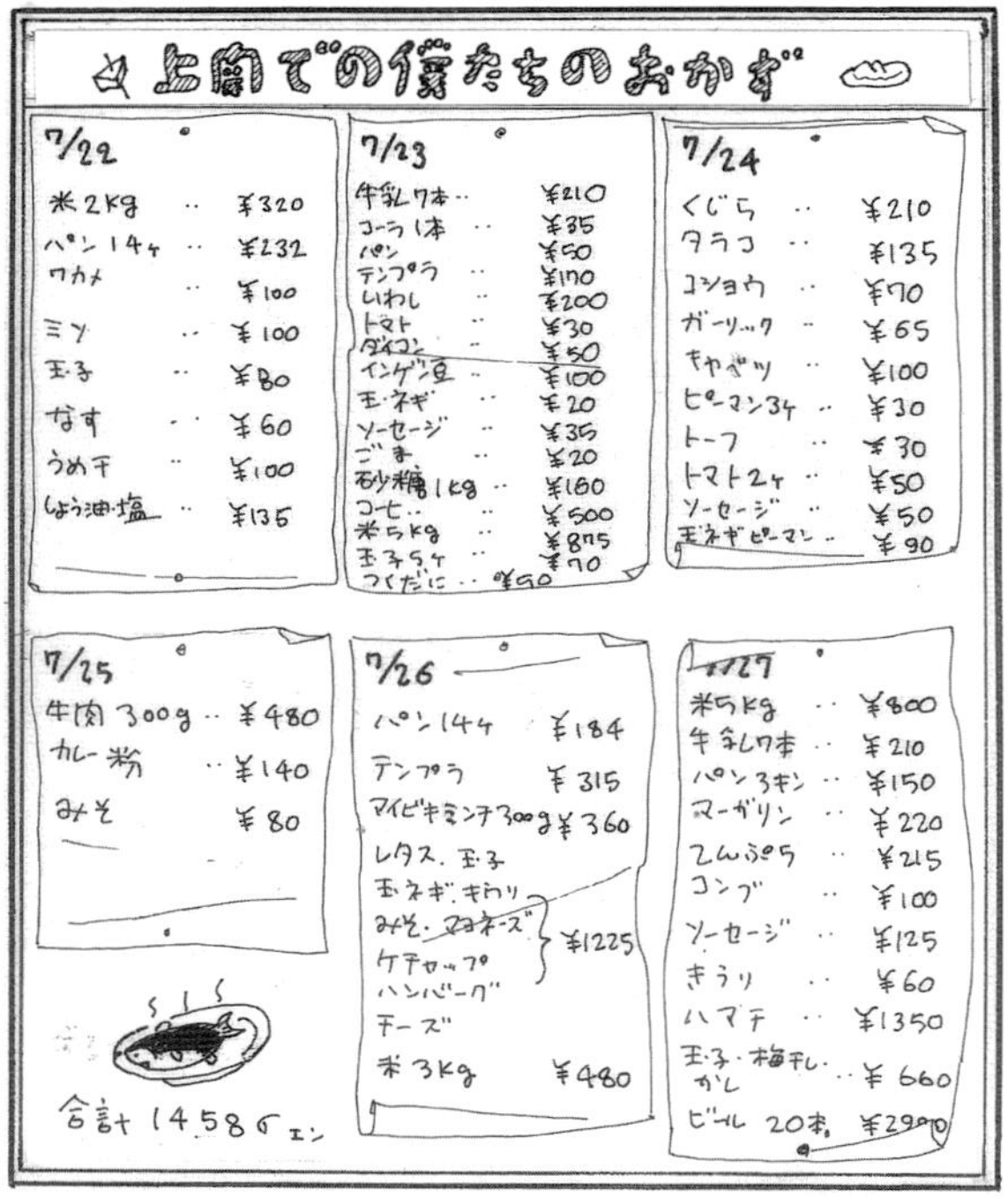

広島県の瀬戸内海沿岸の小都市三原市。その市街東北部に広がる農村である深町を訪ねたのは、昭和五十年の夏であった。三原市の民家調査は市史編さんのための民俗調査の一環として、昭和五十年（一九七五）七月から約二ヶ年に渡って行なわれた。深町をたずねたのはその最初の頃であった。

民家調査の仲間が三原に集まると、調査の進め方を話し合った。その結果、まず一人ずつ別れて各農村を見に行くことになった。集落の様子や古そうな農家が何軒ぐらいあるか見て帰り、それをもとに今後の計画を立てる。古い農家があれば立ち寄ってあいさつし、調査をお願いする。簡単そうに見えるが、初めての土地でこれだけのことを行なうのはなかなか容易でない。今まではリーダーが調査のお膳だてをすべてしてくれていたので一人で歩くのは初めての体験であり、不安がないわけではなかった。今頃の農村はどんな様子だろう。皆忙しく田畑で働いているのではないだろうか。昔の様子などを聞いて取り合ってくれるだろうか。

翌朝、駅前で昼食のパンを買い、深町行きのバスに乗り込んだ。深町は市街の中心からバスで約三〇分、およそ九キロメートルの距離にある。途中、運転手に深町の様子をきき、終点の深町下組でバスを降りた。ここから今来た道をひき返す。あとで気が付いたことだが、この方法は様子のわからぬ土地を初めて歩く時に、得るものの多い方法だ。車窓から集落をひと通りみて目的地に行き、帰りに古そうな集落を寄り道する。無駄な時間をとられない歩き方だと思う。

バスを降りて田んぼ道を歩き始めた。土用にはまだ少し間があったが、アスファルト道路を照りつける陽ざしは強かった。水田を伝わる風がとても心地よい。農村に来たんだなあとはじめて思った。夏の水田にはほとんど人を見かけない。時おり道ゆく老人に「こんにちは」と声をかけてみる。「ハァ良いお天気で」と今まで無表情だった老人の顔が優しい笑顔に変わる。農村には道ですれちがう人にも何か声をかけたくなる雰囲気がある。

　初めてたずねた農家は、あいにく主人が出かけるところであった。昨夜のミーティングで唯一軒紹介された家であったが、出かける途中では話も聞けないと思い、あいさつだけしてその家をあとにした。帰りがけに付近の古そうな家をスケッチした。自分でもヘタクソなスケッチだと思ったが、帰るまでには五～六枚になった。何軒か書いてみると、家の形や屋敷取りに共通の特色らしきものがあることに気付く。このあたりの農家は主屋を中央に置き、向って右に駄屋《だや》、左に蔵を置いている。牛小屋と納屋を合わせた作業小屋をこのあたりでは駄屋と呼ぶ。主屋はワラ葺きや、その上にトタンを被っているが、駄屋、蔵は赤瓦葺きが多い。赤瓦は「うわぐすり」がほどこされており、この地域でアブラ瓦とも呼ばれている。主に広島県西条で生産されたほか、かつて深町でも焼かれたものであることを、後にその土地の老人に聞いた。

　古そうな家は全戸数の二～三割しか見当らない。それらの多くは山ぎわや山に少し上った位置にみられる。そんなことに気を付けながら歩いた。途中、農家で水をごちそうになる。そこで古い家を一～二軒教えてもらって再び歩き始めた。

　教えられた家は周囲を土塀が囲み、門構えのある農家であった。門の手前まで来ると、「この家にはどんな人が住んでいるのだろうか」と不安な気持になる。昨夜のミーティングで、調査をお願いした家の半数は断られると聞いていた。

　断られたらその時は仕方がないと決心して門をくぐった。玄関先で「御免下さい」と二度、三度呼んでみた。家の中で犬が吠えている。しばらくして玄関の戸が開きおばあさんが姿をみせた。その時にはすでに先ほどの不安は消えていた。

「こんにちは、昔のことを知りたいと思ってきたのですが」とあいさつをする。突然の訪問で何の用かといった感じである。初めはこちらのことをいろいろと尋ねられ、説明していくうちに何の用事できたのかわかってもらえた。

　村の様子を聞き、後日家をみせていただきたいとおねがいすると、快く引き受けて下さった。この時深町で調査をお願いに立ち寄った農家は四軒であった。そのうち二軒が調査を引き受けてくれ、後の二軒は御主人が不在で返事ができないとのことで、あいさつだけすませて引き返してきた。

　深町の民家調査は、その年の秋に行なわれた。さきに御主人が不在であった家も含め、計五軒ほどみせていただいた。快く調査を引き受けて下さった家であっても、家をみせていただくということは、どこまでも見せる側の立場で行なわなくてはならないと思う。それを強く感じた調査であった。

　調査中に思わぬドジをすることもある。深町の農家を調査している時である。その家の縁側を拝借し、お茶を御馳走になって、用意してきた昼食のつつみをひろげていた。するとおばあさんが奥から皿を一つもって私たちの方へ近づいてきた。仲間の一人が皿に盛られたものを確かめずに「アッ、どうぞおかまいなく」と遠慮の気持を伝えた。本人は気をきかせたつもりであった。けれどその皿は私たちのそばを通りぬけて、カドニワにつながれた犬の足元へと運ばれた。犬の食事だったのである。

■民家調査は楽しきことかな

民家調査で楽しいと思うことの一つは、人が暮らしている家を見せてもらうということである。人が生活している家の内部は、いろいろな物が置かれ、それによって家の使い方がある程度わかる。部屋によっては物が部屋いっぱいに置かれて、どうして日本人はこう物を沢山持ちたがるのかと思いもするが、しばらくして自分も同じ日本人だったことに気付いて我に返る。とにかく自分の経験したことのない暮らしを見ることができ、時にはその中に自分の暮らしに関係のある部分が発見できるから楽しいのである。

実測して図を描くということも、はじめは家のつくりや暮らしの様子を細かく見ることが主な目的であった。図を描こうとすると家の隅のふだん気付かぬ部分まで見なければならない。床下や屋根裏のつくりなども図を描く時には必要になってくる。そうしないと図が描けない。もちろん、家の人が見ては困るというところは見られない。支障のないところを、あまり迷惑をかけぬように見せていただくわけである。

人が住んでいるといっても、一〇〇年も前に建てられた家であれば、世代も代り、持主も人の手に移っていることが少なくない。また暮らしの立て方も建てられた当初とは違っている場合が多い。旧遊廓が旅館やアパートになっていたり、旧商家が店を閉めて住居になっていた例はごく普通にみられる。中には私たちが調査に訪れると「この家をやるからほぐして持っていっていい。ほぐすにも建てる程の金がかかってかなわん」という人もいた。その家は太い梁を何本も使って頑丈に作られた商家であったが、私たちも家をほぐして持ち帰るだけのたくわえがなかったので話はついそのままになった。昔の家を住みにくいと考えている人は案外多いのである。「昔の家は暗いし、冬はストーブをたいても暖まらん」という声も多く聞かれる。ある農家で老人が「今の家はマッチ箱の様だが地伏（基礎）が丈夫だからええ。農家は家が大きくても玉石の上に乗っとるだけで、台風が吹くと家がフワッと持ちあがってどうもならん」と話してくれた。

こういう話を聞くと、古い家の何を調べていいのかわからなくなってくる。いや本当は現実の問題としてこういう調査のあることを知った上で、多くの民家を見たいと思う。そして人はどういう所に町をつくり住んできたのか。町にはどんな家が建ち、子供たちはどこで遊び、大人たちは何をして働いてきたのか。このような生活に関する様々な問題を掘り下げて考えるならば、きっと古い町や民家もいくらかわかるような気がした。

当初私たちの民家調査は立派な古民家の意匠を図にしていくことに大きな興味を抱いていた。それが数回の調査を終えた現在、古い町や民家の形づくられた背景をはっきりとつかんで、できれば地域の持つ問題を地域の人たちと一緒に考えるところまで進んでいきたいと考えるようになった。それにはまた沢山の試行錯誤を繰り返しながら、調査を重ねていきたいと思っている。

（鈴木）

周防柳井

—ある商家の場合

宮本常一
神保教子
谷沢　明

松山・平郡・祝島への航路のある柳井港

柳井で最初に開かれた古市通り。道幅は意外に狭い。

妻入の家と柳井の町

文　宮本常一

一章

柳井を語るまえに一つの思い出から話をすすめていきたい。昭和の初頃のことであるが、私は大阪で暮していて、よく郊外の農村をあるきまわった。大阪の北の方に能勢《のせ》というところがある。その能勢のあたりをあるいてみると、妻入の家が多いのである。大阪平野でも奈良盆地でも、播州平野でも民家は大てい平入になっているのに、能勢には妻入が多い。どうしたことだろうかと思った。

さてそれから間もなく、私は隠岐へ旅行した。そのとき大阪から福知山線、山陰線を経て、まず出雲大社へまいった。ちょうど夏であったが福知山線にそうた青田の中や山麓の農家は妻入の家が多く、それは能勢とおなじひろがりの中にあることを知った。しかし、福知山から西は平入の家にかわった。

出雲大社へまいって一畑薬師へまいるために平田というところを通ると、ここもまた妻入の家が道の両側にならんでいるのである。そして実は出雲大社の神殿も妻入であった。出雲大社だけでなく、佐太神社も、美保神社もみな妻入なのである。するとそうした古い神社の造り方が民家にもうけつがれて点々として分布を見ているのだろうかと思ってみたが、隠岐は平入になっていたし、島根半島の村々も平入が多かった。

とにかく、こうしたことがあって妻入の民家に関心を持つようになり、気をつけていると、次々に妻入の民家が目について来るのである。大阪府は北の方の能勢にそれがあるばかりでなく、大阪平野の南の和泉山脈の中の谷々の村にも妻入の家が少なくない。今は河内長野市になっている旧高向村滝畑なども大半が妻入であった。しかし山脈の南側の紀ノ川筋は妻入の家はほとんど姿を消す。

ところが、三重県古市（伊勢市）というところはほとんど妻入である。平入の建物を持つ皇太神宮の膝元でこれはまたどうしたことであろうか。古市というところには出雲族（そういう種族があるかどうかは定かでないが）が住んでいたのであろうか。

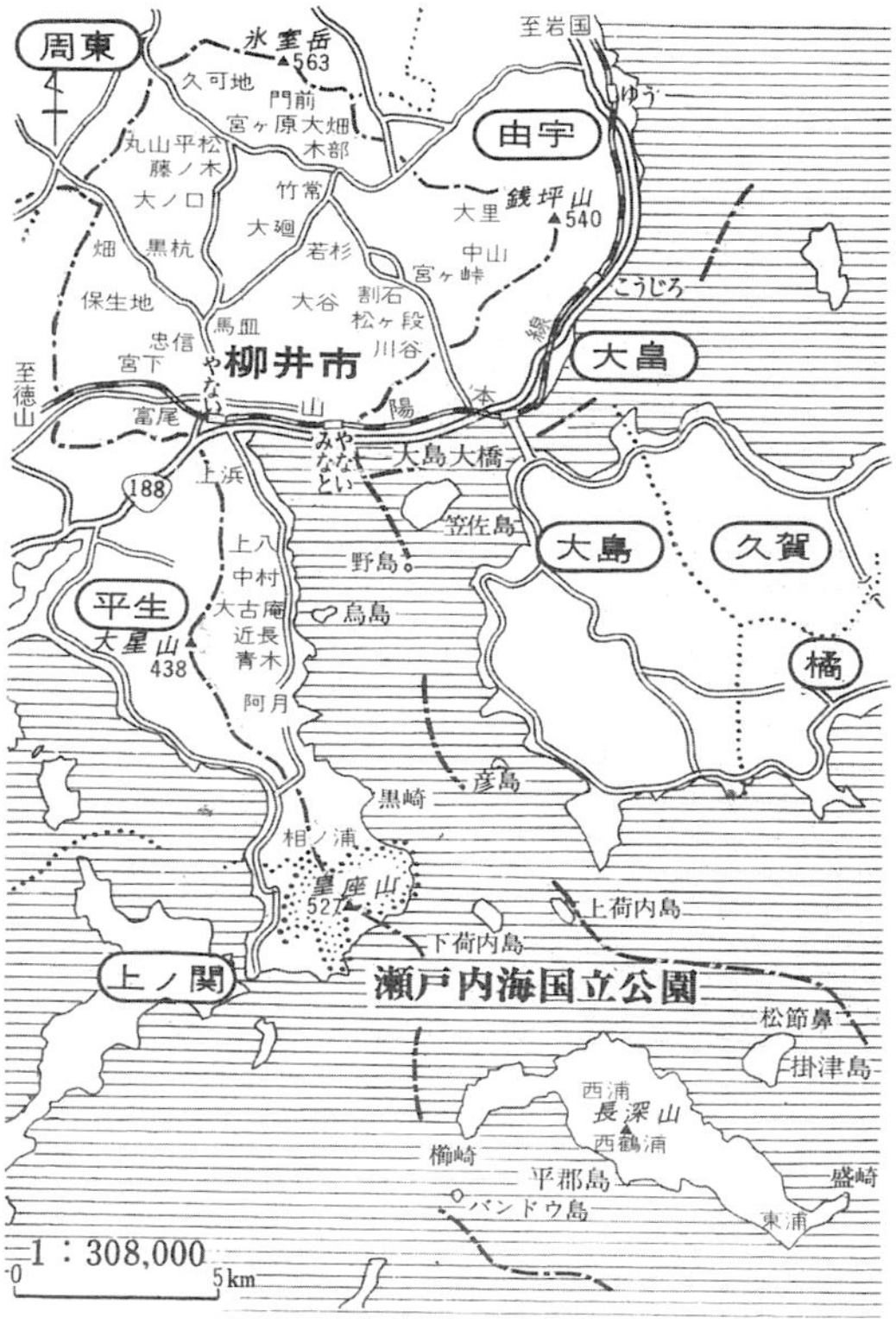

柳井市周辺図

日本海方面では福井県、石川県にも町家には妻入が多い。そしてそのような家は近江の琵琶湖の北の方にも分布を見ていたのである。

さらにまた、富山県、岐阜県の庄川流域の合掌造りの多いところにも妻の側に入口を持った家が見られたが、同時に平入の家もまた多いので、その混在している地帯といってよいのではないかと思う。そういうことになると、長野県、山梨県下に散在する本棟造とよばれる妻入の民家は、一般にその規模が堂々として名主や長百姓の家に多いが、その発祥の地は木曽だといわれており、木曽の大工が造ってあるいたもので、木曽棟といったといい、それが群として存在するのでなく、平入の民家の中にバラバラに点在しているのである。

さてそのように妻入の家がバラバラに点在するところなら、私の生れ故郷などもその中に入れることができる。私の故郷は山口県の大島であるが、私の家の南の方に妻入の家が一軒あった。大きい家ではないが、ほとんどの家が平入であるのに、この家だけ妻入だったので、子供の頃からその家の印象がつよかった。そしてそのような家は、後に島の中を歩く機会をもつようになって来ると、私の村の西の方にある安下庄とか沖浦とよばれる、島の南岸の村にも点々として存在していたのである。しかし、その数は多くはなかった。どうしてそういう家をたてて住んだのであろうか、木曽のようにそういう家のみを建てる大工がいたのか、あるいは住む人の好みによってそういう家を造ったのであろうか。二、三の家できいてみたことがあったが要領は得られなかった。

けれども妻入の民家を建てる技術は大工の誰かがうけついで来ていたはずであるが、私の郷里にそういう大工はいたのであろうか。私の外祖父は大工であったが、そういう家を建てた経験を持っていた。その話を子供の頃に聞いたことがあるが、どこの家であったか、何故そういう家を建てたかについては聞きそびれた。ただ小周防ということばが今耳にのこっているから、小周防のあたりであろうかとも思う。小周防というのは現在光市の中に含まれており、正しくは古周防と書いたのではないかと思う。周防という地名の発祥した地のようにも思われるのであるが、明らかでない。そしてそのあたりにも妻入の家を見かけることができるのであるが、このようにバラバラと散在している地方にはたいていその中心をなすところがあるものである。そのことに気付いてみると、その中心になる町があった。それが柳井である。

二章

私が柳井の町をはじめて訪れたのはいつのことであろうか。よくおぼえていないが、昭和八年（一九三三）頃であろうと思う。年末近く故郷の家を出て、北九州の直方へゆき、そこから太宰府、博多・田島・門司・山口などをあるいて郷里へかえったが、その時柳井の町をほんの少し歩いたことがあり、そこに白壁造りの妻入の商家がならんでいたのを見た。妻入の民家に興味をおぼえはじめていたので心にとまるものがあったが深い関心をもつまでにはいたらなかった。関心を持つにはもっと深くくわしく見る必要があったのだが、私にはその機会がなかった。

昭和二十四年（一九四九）頃から、私は瀬戸内海の沿岸や島をあるくことが多くなって来た。そうした中で、大分県の瀬戸内海沿岸の村々、とくに国東半島で、しころくずしとよばれる中二階の家を多く見かけた。それらの家の壁はほとんど白い漆喰の壁になっており、軒裏まで白くぬられているのである。それは関東地方の土蔵造りを思わせるものであるが、土蔵造りほど重厚ではない。国東半島の日出《ひじ》や杵築《きつき》などの城下町にはそうした白壁造りの町家が多く、一種の風格をなしていた。それらの家はたいてい平入であったが、そうした風景を見るにつけて思い出すのは柳井の町並であった。だが妙に柳井という町を歩いてみる機会は少なかったのである。

豊後（大分県）と周防（山口県）とは、もともと往来がかなり盛んなようであった。それを裏付けるような資料はいくらもある。そのいちいちをここでとりあげようとは思わないが、昭和の初期までは周防には「豊後の番匠」ということばがあった。番匠というのは大工のことで、中世に多くおこなわれたことばであった。「豊後の番匠は腕ききである」と周防では信じられており、よい大工になるために豊後まで修行にいく人は多かった。どうして豊後に腕ききの大工が多かったのか、よくわからないが一通りの推定はできる。国東半島の山々は山伏たちの修業場であり、実に多くの寺がある。そういう寺をたてるために建築や彫刻の技術が発達し、その技術を

白壁の醤油店。明治時代には、甘露醤油を外国にも輸出していた。撮影・小林　淳

もった大工が多かったのであろうと思う。

多分そのためであると思うが、周防大島の大工たちは伊予（愛媛県）から土佐（高知県）へかけて幕末の頃からさかんに稼ぎに出かけていっているが、この大工たちは民家ばかりでなく、寺や神社をたくさんたてている。そして伊予や土佐の人たちからは長州大工といわれたのである。そのように考えて来ると、国東半島の白壁の民家と柳井の白壁の民家は技術の上でつながりがあるかもわからない。

しかし柳井に妻入の町家がなぜ多いかということについての問題はとけて来ない。といって、妻入の家の多い地帯を出雲族の住んだところだなどと簡単に片付けるわけにはいかないのである。

あるいは「町割のとき、それぞれ間口を狭くした。間口がひろいと、町役の負担が重くなるから。それで妻入の家を建てたのであろう」と教えてくれた人もあったが、間口のせまいのは柳井だけではなく、昔のすべての町家は間口がせまい。それでいて平入の家が多い。そうした中にさきほどからも言ったように、柳井・平田・古市・北陸の町のように妻入の町家のならんでいる町があり、妻入の農家の散在する農村がある。

それらのことはこれから多くの建築史家の協力によって明らかにしてもらいたいものである。そして建築技術の変遷だけでなく、そういうことが日本文化の上でどういう意味をもっているかを明らかにしていきたいものである。

もともと合掌造りで、屋根が葺き下げになっていて壁を持っていなければ、入口を妻の側に設けるのはごく自然であり、柱をたてて壁をうけるようになったとしても、伝統的に妻側に入口をつけるのがごく自然のなりゆきであったと思われるが、家を堂々と見せるためには桁行をのばして間口をひろくし、その方から見られるようにするのがよい。宮廷の建築をはじめ、仏寺などもこの方式をとっている。あるいはまた長屋を造って、棟割して住むということになれば、入口は桁行にそうて造られることになる。したがって順序としては妻入よりも平入の方が後に発達したものと思われるが、平入の方が広く一般に流行していった。しかし、そのおこなわれ方を見ると、妻入の分布しているところは国の端々ではなくて、日本海側に密であり、山中には散在しており、太平洋側にはうすいのである。気候風土の影響もあろうが、そのほかにも理由があるのではないかと思われる。しかしそれ以上の詮索はここではやめておく。手っとりばやい結論を出さずに、なおいろいろのことを見てゆけば、さらにいろいろのかくれている問題が見出されて来るのではなかろうか。

それにしても柳井という町にどうして妻入の町家が密集しているのであろうか。それは平田や古市などと共に問題としてとりあげてよいのではないかと思いつつも、この町のことを調べてみる機会をもたなかった。

三章

ところが、昭和五十二年（一九七七）春のこと、平凡社の下中邦彦氏から、「私の親戚に柳井出身の人がいるのだが、その家は柳井でも屈指の旧家である。いちど家のことをくわしくしらべてみたい希望をもっており、場合によっては博物館にしてもよい意向をもっている」とお話があった。その旧家というのが小田善一郎氏の家であった。小田家のことはそれまでにほんのちょっぴり知っていた。「山口県の民家」という昭和四十七年（一九七二）度に緊急調査した報告書の中に、この家のことが見えている。この書物には柳井では小田家のほかに国森家住宅が出ている。国森家は明和七年（一七七〇）ごろに造られたもので、もとは守田家の所有であったが、明治の初に国森家のものになった。現在、国の重要文化財に指定されている。

小田家はそれより古く、元禄十四年（一七〇一）三月十日の棟札があるという。しかし道路に面した店構えなどが改造されていることで文化財の指定をうけていない。が、山口県下に現存する町家ではもっとも古いようである。私は小田さんにお目にかかり、この家にのこっている家具や調度などをしらべることを引き受けた。ついでに柳井の町のことについてもいろいろ教えられることがあるだろうと思ったからである。

柳井という町は山口県の東南隅にある。瀬戸内海に面した古い港町である。その位置についてもう少しくわしくいうと、山口県の東端の岩国から海沿いに汽車で南へ下っていくと大畠というところで大きく西に曲る。前面に大島という島があって、その間は潮のはやい瀬戸になっている。今はこの瀬戸に橋がかかっている。海岸を走って来た汽車が海とわかれてさらに西に向うところにある駅が柳井駅であり、駅の北側に古い町がひろがる。

柳井の南には室津半島という半島が南へ長くのびているが、今はその東側を市域に加え、また西の新庄・余田、北の日積村を加えて、ひろい地域を占めているが、もとは湾奥の山の海にせまったところにある小さい港であった。ということは近世の初期までは海はもっと奥ふかく西の方まで入りこんでいた。そしてさらにその昔は室津半島は島ではなかったかと思うのである。ということは柳井の西に田布施という町があるが、中世の終頃までそのあたりまでは南の方から海が入りこんで来ていた。その入江と柳井の入江との間は昔は川によってつながっていたというから、その川は海の名残りであったと見てもよいのである。

柳井の入江は東から西へ深く入りこんでおり、その入江にのぞんで、三ヶ岳《みつかだけ》の山裾のゆるやかな斜面に早くから人が住み、茶臼山古墳のような大きな前方後円墳ものこしているが、中世に入るとここに楊井庄《やないしょう》が成立した。それはいつ頃のことか明らかでないが、京都の妙法院（蓮華王院）を本所とし、鎌倉時代の初に右近将監盛家が地頭として赴任した。この荘園はそれほど大きなものではなく、三五町歩程度のものであったが、荘園の地域内での開墾がすすみ、多くの名田がひらけたばかりでなく、楊井庄の西には楊井新庄が開発された。

鎌倉時代に開墾の進んだことを示すものに地名がある。その頃の人は自分の開いた土地には自分の名をつけた。そして自分の所有にしたのである。柳井（楊井を後に柳井と書く）には人名の地名になっているものが多いからここにあげておく。

国年・国久・末藤・宗安・行里・宗清・貞末・行光・行長・生仏・国実・広正・大四郎・六郎・行末・忠信などがそれである。また新庄にも重国・安行などの地名が残っている。このようにして土地をひらき、人が住み、前面に海があるということによって港も発達していったのであろう。港といっても漁業をおこなう人たちの住みついたところが多く、その人たちは漁業もおこなうが、

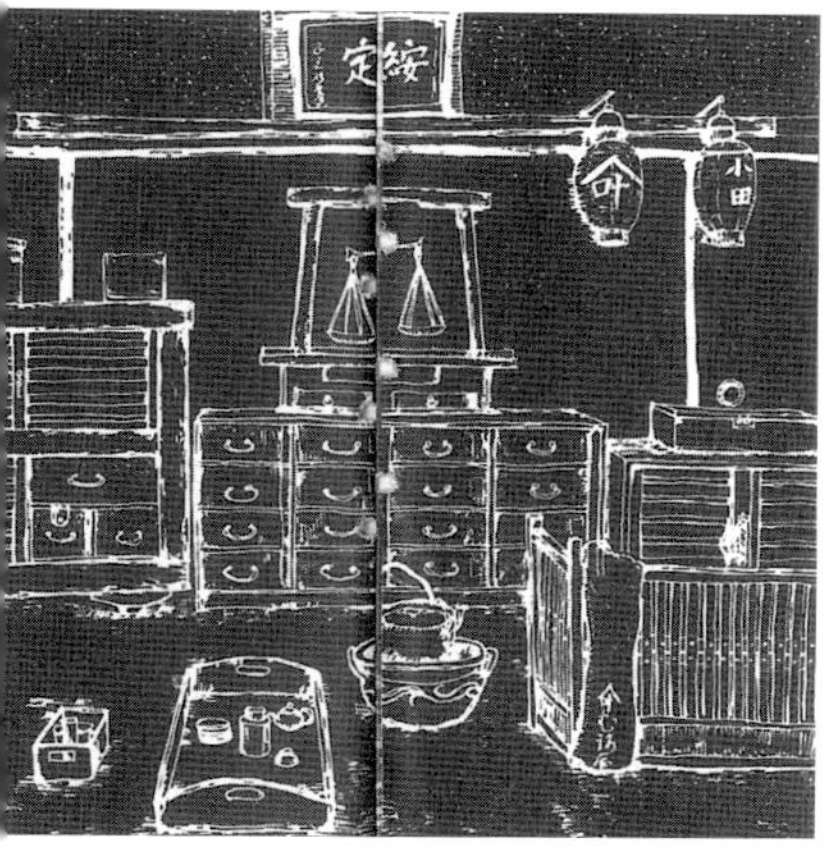

むろやの園の店先風の展示案イラスト

船を操ることに長じていたから、帆船の舸子《かこ》（水夫）役などもつとめたのである。江戸時代のことになるが玖珂《くが》郡の海岸にあった舸子屋敷のあった浦は一二で、屋敷の数は三七六軒、もっとも多かったのが通津《つづ》の一〇〇軒、次が柳井の五一軒、由宇の五〇軒、柱島の四二軒、大島の三九軒などが多い方で、これらの漁民は藩政以前からそこに住んでいた。そして近世に入ると藩の船の舸子役をつとめることになったのだが、岩国藩は参勤交代をしなかったから、その負担も軽かった。

四章

柳井の発展は、柳井が岩国藩に属していたということと深い関係がありはしないかと思う。岩国藩というのは吉川《きっかわ》広家によってはじめられた。慶長五年（一六〇〇）の関ヶ原の戦の折、吉川の宗家毛利氏は西軍に属していたが、広家が東軍の徳川家康に内通したことによって断絶をまぬかれ、防長二州を与えられ、吉川氏はこのうち玖珂郡六万石の地を領有することになった。しかし吉川氏は幕末まで諸侯に列することがなく、宗家からは末家として、清末藩毛利氏の下におかれた。岩国藩が支藩として清末藩の上におかれたのは文久三年（一八六三）のことであった。

この異様な経過は吉川家にとっては屈辱的なものであっただろうが、藩の財政の上から言えば参勤交代による大きな負担がなかっただけでも領民の生活に対する圧迫は少なかったはずである。安政六年（一八五九）九月二十六日岩国を通過した河井継之助（越後長岡藩士）が

その紀行文『塵壺』の中で「領分、家立ち、城市、家中の様子、如何にも富めると云う事なり。土着の士も多くある由。法厳くして、人驕らず、人柄も穏かに思わる。わずかの隔りにて、宮島とは雲泥の違いなり。地勢も宜しく、海田等も開け、好き所なり。博奕は勿論、米相場等の事、尤も厳なり。（中略）士少し貪すると、土着して勝手を直す。其の中に、驕りなどすると、早速罰せらる由。実に山海の利、羨むべき地勢なり」と書いている。河井は武士ではあったが、同時に経世家で、世情を見ぬく眼を持っていた。その河井が岩国を激賞している。とにかく岩国藩領は当時もっとも裕福であり、風格もあった。それはさきにも言ったように、参勤交代による負担をもたなかったからで、財政の余力を開拓にあてたから、耕地もふえ、綿の栽培から木綿の生産がふえ、いよいよ生活の安定を見た。

柳井は岩国藩領のうちであり、ここでも開拓がすすんでいった。古開作（寛文四年）、中開作（貞享三年）、宮本開作（元禄年間）をはじめ、塩浜の角浜、人島浜、玖珂島浜（元禄年間）が相ついで開かれ、入江は陸地にかわり、柳井発展の基礎をかためていったのである。そしてここでは月八回の市が立つようになった。一日・五日・八日・十三日・十七日・二十三日・二十五日・二十七日が市日であり、周辺の農村の人びとや商人たちがこの市に集って来た。そしていろいろの物資が取引された。柳井の町はこの市を中心にして発展し、また商家もふえていった。この町で取扱われた物資は、塩・木綿・油・海産物などであり、それを上方をはじめ各地に運んだと見られる船が享保九年（一七二四）に三五艘ほどあり、漁船が一六艘ほどあった。但し運搬船はもっとも大きいもので一二端帆であったというからそれほど大きなものなら内海航行用の船であったと思われる。

このように柳井が在郷町として発展しはじめたころに、小田家はこの町で商家としてスタートし、町の発展に伴って発展していったのである。

だから、この家には近世に入っての柳井の発展の歴史がそのままきざまれているといってよい。そして町にも古い伝統はまだ息づいている。この町は戦後大工場の誘致に奔走したことがあったが、かならずしも成功したとは言えなかった。そのことが、町に古い姿を残させているばかりでなく、この町のこれからさきの在り方についていろいろの反省と検討の機会を与えている。この町からは東京大学名誉教授で現在沖縄国際大学教授をしている玉野井芳郎博士が出ている。現代の日本の経済・文化のあり方にするどい批判の眼を向けている人であるが、玉野井博士の提唱によって、柳井には今年（昭和五十三年）一月から市が復活した。毎月第三日曜にひらかれている。十一月に京都でお目にかかった時、市見学をかねて帰郷するとのことであった。すぐれた先輩があたたかい眼で郷里の未来を見つめている。そしてそのような眼をもって柳井を見ている人も多いと思う。小田さんもそうした一人で、自分の家を博物館にして、多くの人に見てもらい、柳井の過去について反省するばかりでなく、こういう家がなぜ残ったか、また残すことがどんな意味があるのかについての問題を提供しようとしている。

小田家のこと

文　神保教子
絵・武蔵野美術大学生活文化研究会

柳井に町制がしかれたのは寛文年間（一六六二〜一六七三）で海岸干拓の事業がはじまったころである。そして承応三年（一六五四）には新圧村から代官所が移されている。

天保初期（一八三〇）の頃、松ヶ崎には浮湊が築かれ、藩の沖の蔵がたてられ、廻船の横着けができるようになった。藩は柳井川と姫田川の合流地近くの波止場町に川口番所を設け、自他国領船の出入りや、移出入品検閲および口銭、水車口銭の徴収などを行ない、市場町としてまた港町として発展していった。

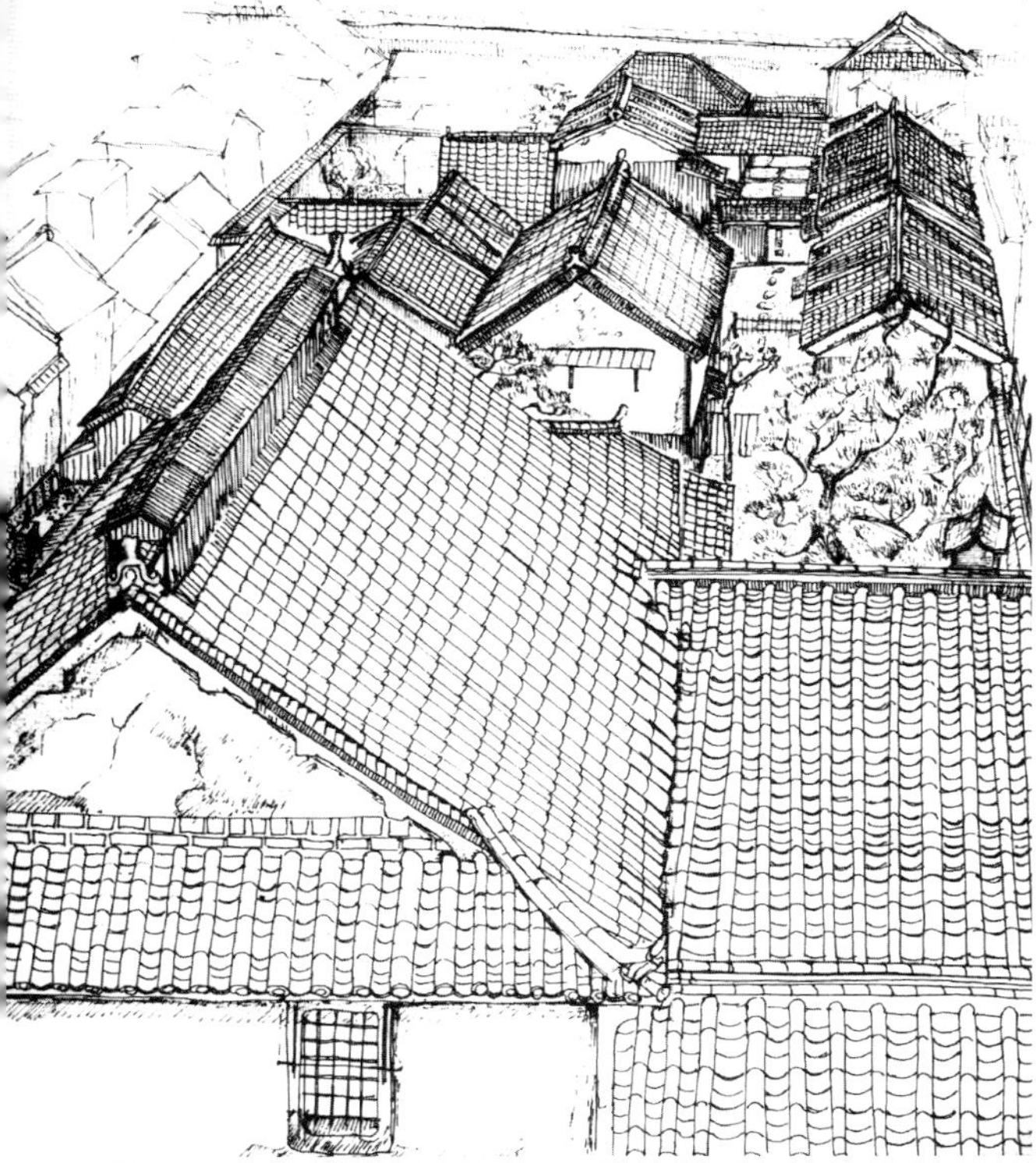

金物屋の三階から銀天街に向かって見おろした小田家の屋並

明治になると政府のすすめによって、大島郡から沢山の移民がハワイ、アメリカに出かけ、そこからの送金が柳井の銀行に送られて来たばかりでなく、その購売力の高まりが柳井をより一層活気あらしめた。しかし第二次世界大戦ののち大島には国鉄のバスが走り、最近は橋がかかって広島とのつながりが強くなり、柳井の商業圏から離れたことは柳井にとって大きな痛手になった。その上新幹線は岩国・徳山を結び、柳井はローカル線の駅になった。発展のテンポのにぶった柳井をなんとか盛りたてたいと川に鯉を飼い、町のシンボルである天神様も改装し、いろいろ努力しているひとびとにとって、繁華街の真中に小田家の二三〇〇平方メートルの広い屋敷がひっそりと眠っていることは気になった。

小田家の当主善一郎氏は洋蘭の研究家として知られ、東京都調布市に在住、邸内に数棟の温室を持ち、洋蘭研究所も併設しており、もうすっかり、東京人になっていたのだが、柳井の人達から声がかかって久し振りに郷里に帰って土蔵を開いてみると古くからの家具が沢山入っている。そこに立って眺めていると、幕末の、明治の、大正の祖先の生活が彷彿と浮んでくる。これを今手離してしまうともう元には戻らない。その上、住宅は県下でも最古の商家造りで、解体してしまうのも勿体ない。資料館にして皆んなに公開すれば、人びとが見にきてくれ

小田家の民具

●生業用具

器物名は平がな表記とした
数字はセンチメートル単位である
高さ＝H　長さ＝L　巾＝巾　直径＝φ

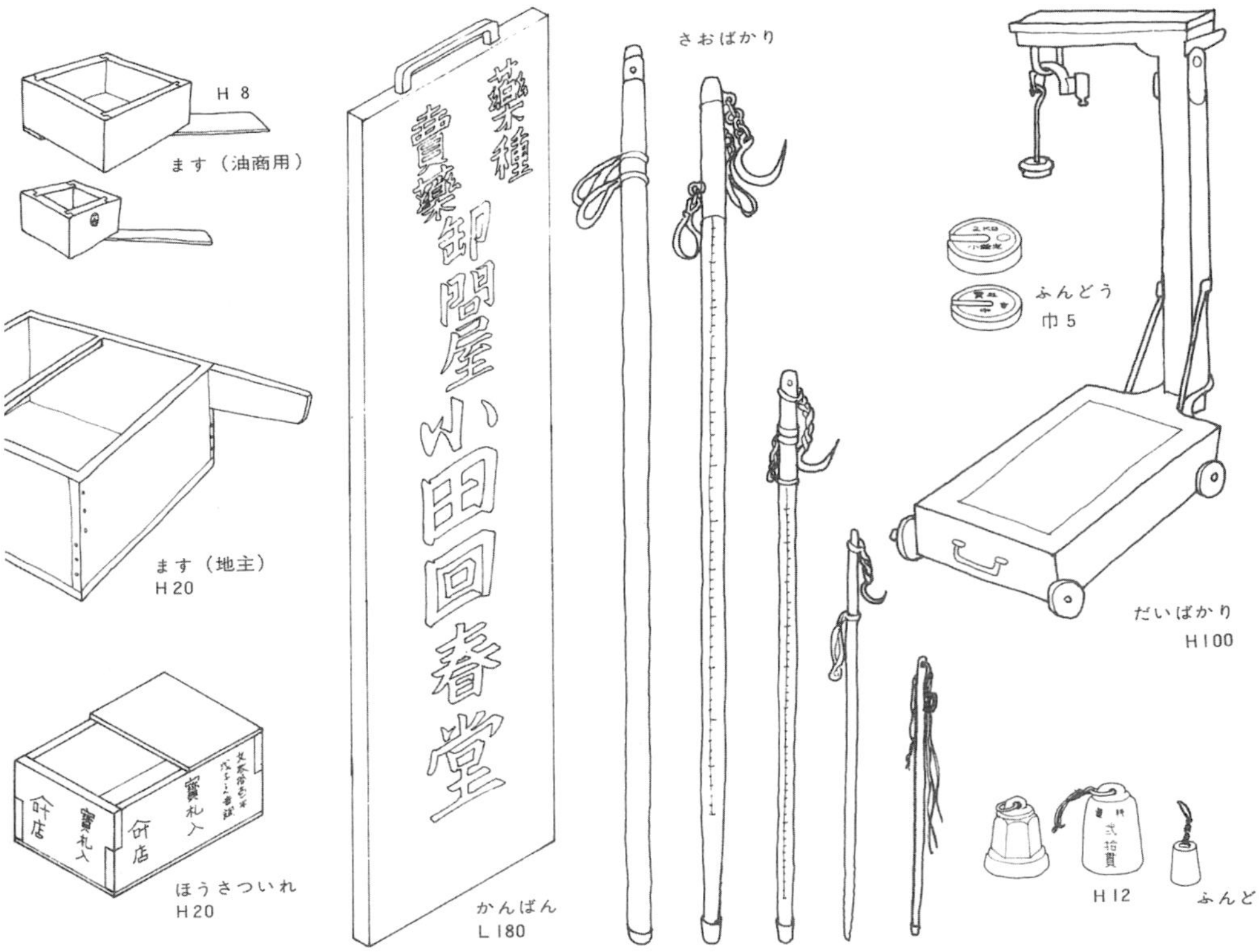

るのではないか、そうすれば商店街も賑わうと思いたち、屋号の「室屋」をとって「むろやの園《その》」と銘うって、展示公開することにしたが、さてそれではどのようにして公開したらよいか、広島大学の後藤先生に見ていただいたり、平凡社の社長（夫人の義兄）に相談したところ、宮本先生に相談してはどうかということになり、正月に下見分をして貰った。まず調査をして台帳を造らねばならないということになり私にその調査や整理の中心になって世話をするようにとの話があった。その話を聞いて正直に言ってこれは大変なことになったと思ったが、郷里が山口県のことであり、生家へかえる機会も多くなるので引受けることにした。

民家の調査は、まず品物を蔵や納屋から出す・掃除をする・写真を撮る・計測をする・聞取りをする・台帳に記入する・元の置場所に返す・という作業をするので、それがスムーズに行なわれるためには四人一組が一番やりよい。さてこの人手を集めるには、今まで一緒に調査してきた人達がよい。そこで、武蔵野美術大学・民俗学研究室所属の生活文化研究会の仲間に声をかけた。食事や、宿泊のことを考えなければならないので三人一組の六人を予定していたが希望者は一〇人になった。

寝袋を持って行って土蔵の中へ寝てもよいから…ということで、皆んなで相談の上、運賃節約のために四人は鈍行の電車で行ってもらうことになった。一行一〇人は専攻の科も学年もさまざまであった。

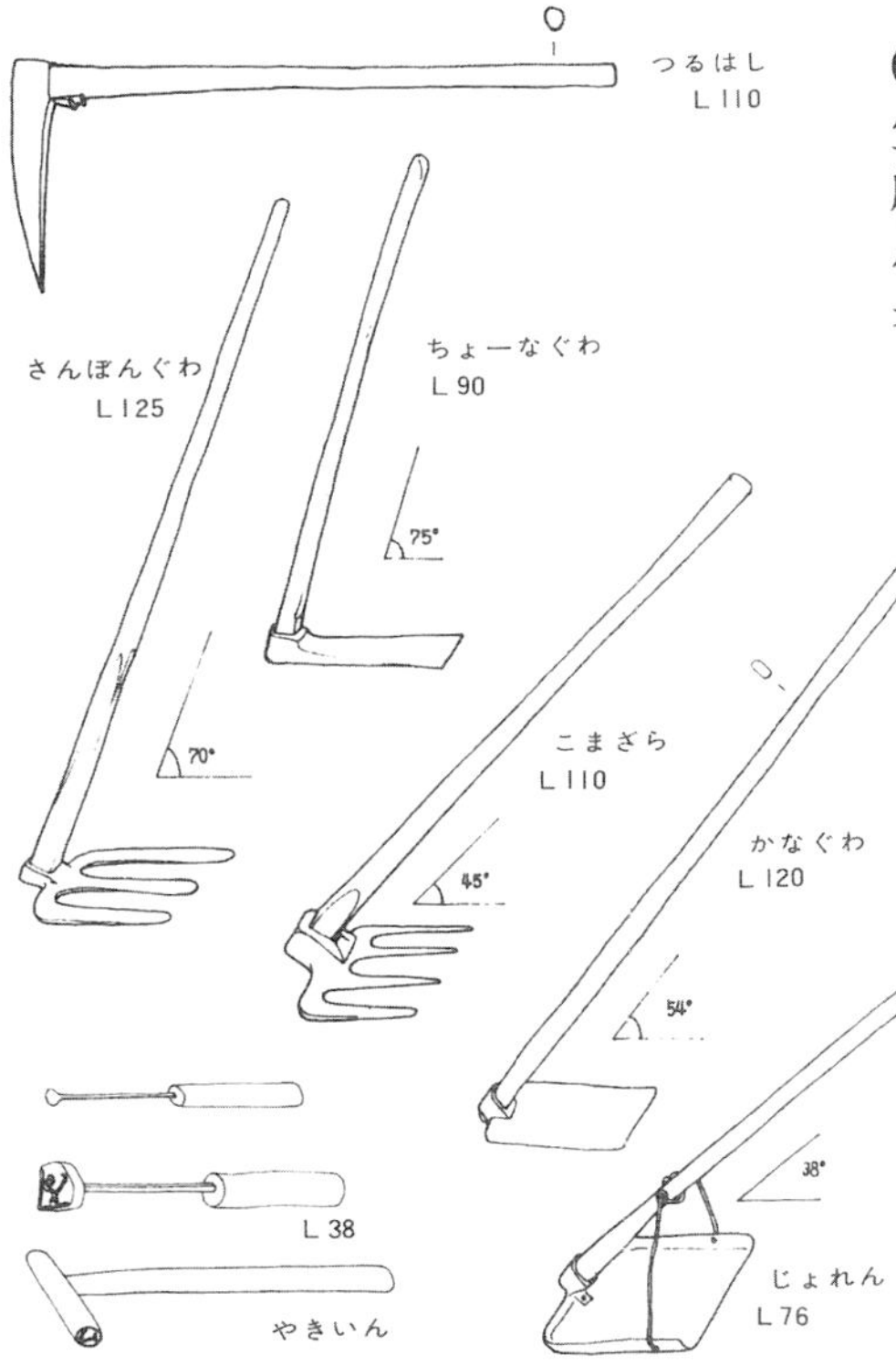

●生産用具

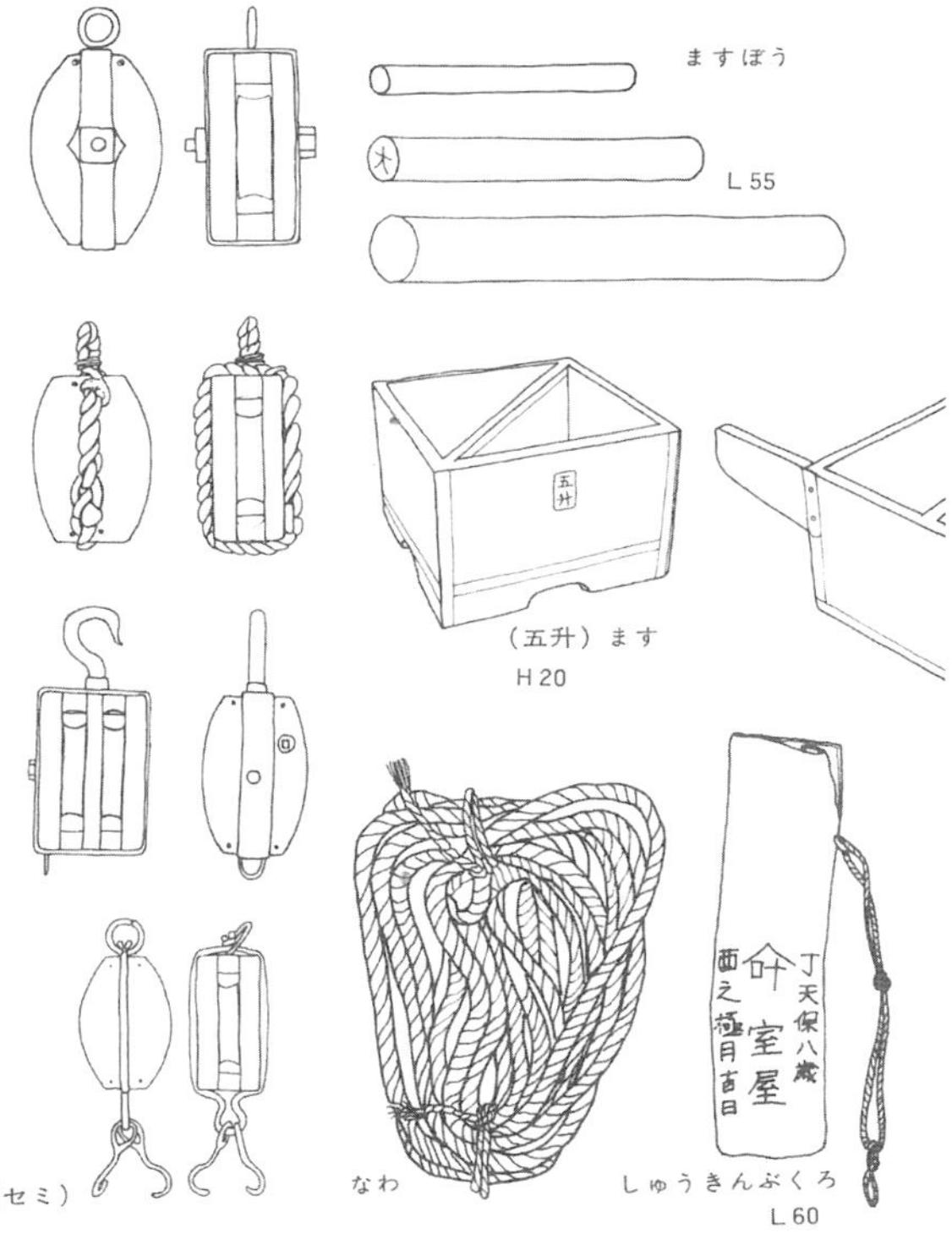

第一回の調査は四月末から五月始めの連休を利用した。山陽線柳井駅におりて駅前の通りを真すぐに北へ行き、柳井川を渡って少しいった右に銀天街という商店街がある。「むろやの園」はこの銀天街に面した古い門構の家である。

門を入ると路地（といっても狭いものではない）があり、また門がある。それをくぐるとセドと称するニワがある。隅に井戸があって昔はこのニワで出荷するための荷造りをした。左側には厩があって、馬が二、三頭飼ってあったというが、八〇歳位の人は親から聞いた話としておぼえている。

そこを通り抜けるとまた門があり左側に米蔵・勘定蔵、正面に二階建の本蔵と土蔵が続く。本蔵の前の土蔵は今はとりこわされて桃の木や、大甕、石の挽臼などを配した庭になっている。本蔵の両側には深い溝が掘ってある。これは土蔵の湿気を防ぐためのものであろう。本蔵の右側に中間部屋があり、その並びに鍛冶小屋・味噌小屋・物置がならんでいる。中間部屋の向うに井戸があり、今はそこで行止りになっているが、その向うが母屋で、現在は中がいろいろ改築されて貸家になっており、母屋は本町の通りに面していて、本町通りの方から母屋に入ると商家という感じがする。母屋の横裏に立派な屋敷神の社殿がある。御神体は祇園様である。

もとにもどって本蔵の正面、言い替えると第三の門をくぐって右側に半閑舎《はんがんしゃ》という建物がある。藩主吉川公の磯遊びの宿になったもので、六畳と三畳台目の茶室を持つ二階建で、庭は、面白い枝ぶりの松が七本、ナナモトノマツと呼ばれており、手水鉢《ちょうずばち》、燈籠などが配置されている。袖垣の向う側は外腰掛けをもつ茶庭になっている。

庭に面した部屋の袋戸棚の襖絵も面白く、江戸三筆の一人貫名海屋《かいおく》の書もかかっている。そのさまざまなたたずまいに、往時の豪商の姿がしのばれる。

半閑舎は現在茶の湯、活花のけいこ場、集会場として有料で公開されている。

主屋は棟札によって元禄十四年（一七〇一）三月十日上棟されたことがわかる。土蔵もおなじころにできたものであろう。土蔵は土台の上から屋根に向かって細目になっている。瓦は後に葺き替えられて本瓦葺が平瓦の漆喰止めになっている。本蔵の棟の木組みを下から見上げると圧倒されるような大きな材が使ってある。内側の柱や横木、外側の壁もよく補修されて手入が行き届いている。補修した材木にもそのときの年号が書き入れてあり、几帳面な家風が伺える。

調査は今までの方法を少しかえてスケッチをなるべく多くとることにしたので、まず二班に別れて始める。一班は近藤班長でカメラを担当。二班は段上班長でおなじくカメラを担当。一班は味噌蔵から、二班は物置に積み上げられた屏風の空箱からはじめた。それには求めた年月と求めた人の名、画題などが記入されているものもあるので大事な資料になる。埃や煤を拭いて文字を読みとって台帳に記入、計測、撮影、スケッチ、番号をつける。分類番号もつけるので、二つの班の調査の重複をさけるために大きな表を作って格子戸にはりつけ、正の字で数を入れていき、夜は宿でその日に作った台帳を分類しておく。スケッチの補正など、重複番号が出た場合は翌日訂正する。物が多いのでなかなかはかどらない。そして鍛冶小屋、中間部屋、米蔵、勘定蔵とすすめてきたが、とうとう本蔵には手を触れることができないままに期日が来てしまった。

人形や小道具の組合せも時間をとった。この家にはりっぱな雛人形があった。暑さに疲れも出てくるし、授業や、他の仕事のために二人、三人と人がへったが、五日目には、大島郡久賀町の資料館で民具図をかいているOBの小林淳がカメラの応援にきてくれ、井戸の周りに置かれていた箱車などの雑物を片づけることができた。

その頃、四国の金比羅宮から、久賀の資料館へ視察に廻られる文化庁の木下調査官に乗替のついでに「むろやの園」も見ていただいた。そして、久賀から迎えにきた車に私も便乗して柳井をたった。一〇人の者が一週間もかければ、あらまし片付くように思っていたが、手をつけてみると意外なほど量が多かった。しかし、それでもこの家に伝えられてきた家具のすべてではなかった。

この家が油屋や廻船業をいとなみ、地主として多くの小作米を収納するために使用したであろうと思われるような道具類はほとんど残っていなかった。旧家に多く保存されている食器類もそれほど多いとは言えない。ある時期にかなり処分されたものであろう。しかしあとに残されたものだけでも、この旧家の様子をうかがうことはできた。

第二回目の調査を七月十日から一週間ほどの予定でお

●住用具

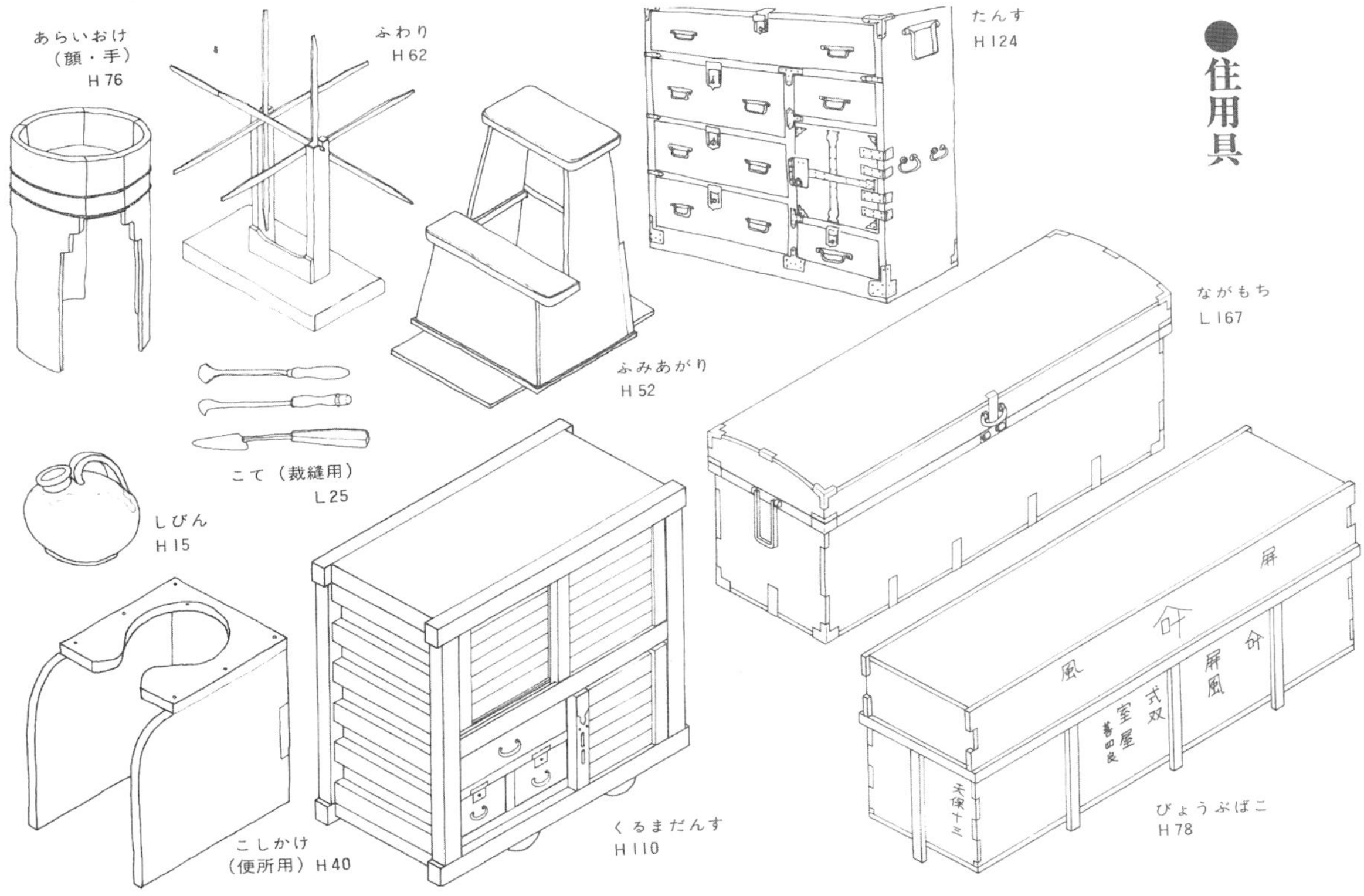

こなうことにし、前回の近藤、藤井、福田、日崎、田辺のほか、岡部真木子、香川県琴平で石灯籠を調査している印南敏秀が参加し、別に谷沢明が古い町家を調査のため加わった。谷沢は無論小田家についてもしらべ、また柳井の古い町家がどういうものであったかをも知りたいためであった。

土蔵の中はうだるような暑さであった。風通しのわるい上に、五〇〇ワットのライトを四個もつけているので、汗だくだくになる。その上本蔵は貴重品が多く、戸棚や引出しの中からはてしなく物が出て来る。中には目をうばうようなりっぱな物がある。その多くは床などに飾りとしておいたものであろう。そういうものも一々計測して写真をとっていると、夜半一時すぎることが多かった。

長い間の蓄積であり、人形のようなものはかなりいたんでいるが、豪商の家の三月節句の日がどんなにはなやかなものであるかをうかがうことができた。その人形は前回整理のつききらなかった勘定蔵の屋根裏にあった。

ところでそれらの家具類の展示の仕方であるが、これは経験の全然ない学生ではどうにもならないので日本観光文化研究所の神崎宣武（芸能デザイン卒）さんに来て貰った。仕事の早い人なので夜は小田館長とディスカッションしながら二泊三日でパースを何枚か書き上げて貰うことができた。

その後は藤井さんが一人で展示の手伝いを行ったり、私が暇を見て聴取りにいったり、屏風その他についてさらに追加調査をおこなって、漸く片をつけることができた。家具や道具類は全部で三〇〇〇点ほどにのぼった。

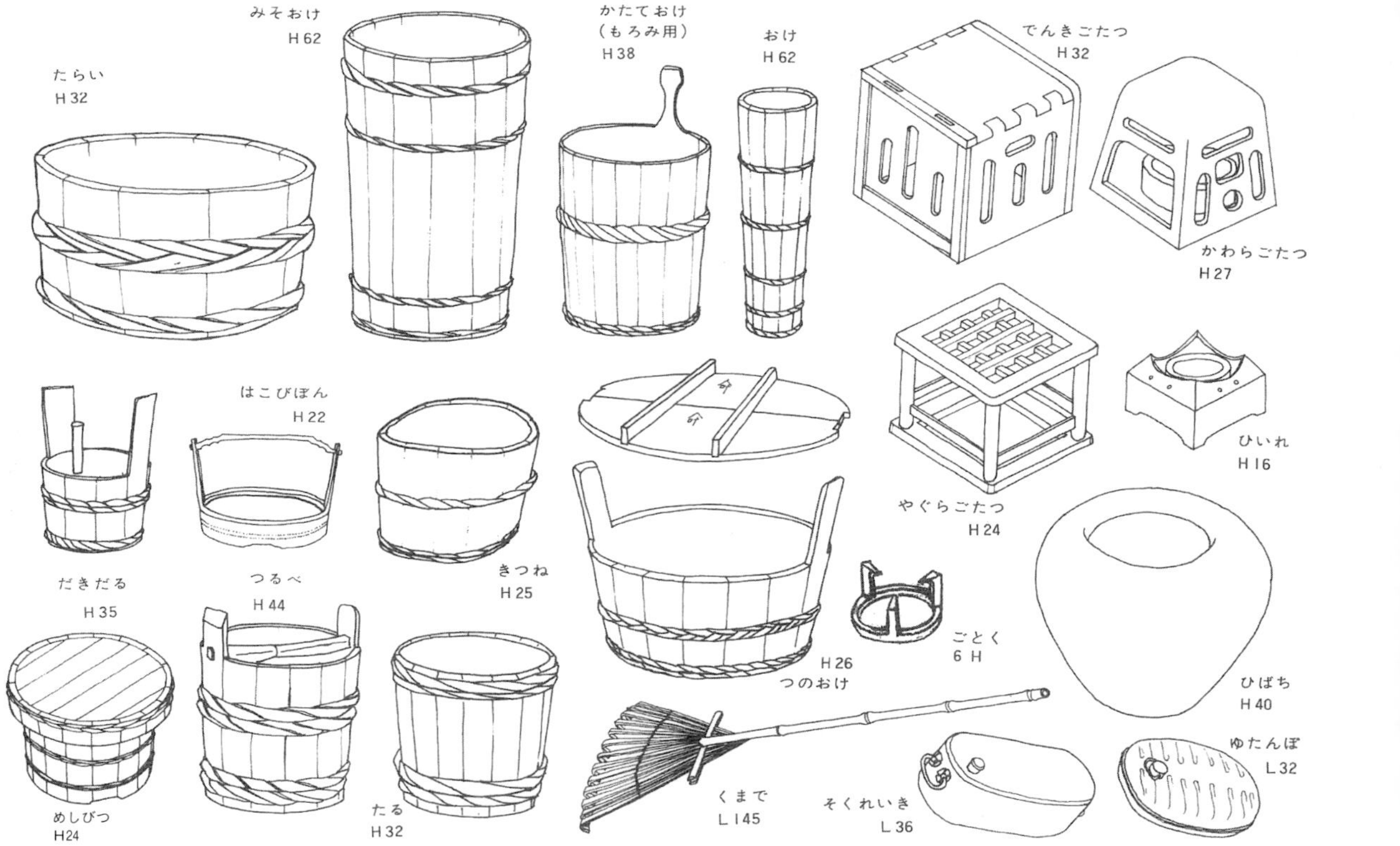

もしこの家で二八〇年間に使用した道具類が一通りのこっているとしたらそれは一万点をこえているに違いない。

それらのものは大半は購入したものだが、手作りのものもある。手作りの技術がどういうものであるか、あるいはこの家の家具がどこで作られたものか、それがどのような経路でこの家の所持品になったのか。そういうことがわかれば、それはそのまますばらしい文化史になる。それでは小田という家はどういう家であったのか。

本家は柳井の西の新庄村（現柳井市）の庄屋小田清信家で、織田信長から出た家といわれている。その次男小田善四郎が柳井津へ分家し、屋号を「室屋《むろや》」と称して商売を始めた。打綿、反物を船で出荷、塩、鉄、油なども扱い出荷先は五島を含む九州一円から大阪までで、三代室屋善四郎（天明の頃）の最盛期には五〇石から一二五石の帆船を五〇艘も抱えていたといわれる。

慶応年間（一八六五〜一八六八）には献金覚金千両などという文書が二度も出ていることでその繁栄ぶりを知ることができる。両替屋も経営し、惣年寄をつとめ、岩国藩の御用商人となり、士族に取り立てられた。文久の初め（一八六一）頃からの「永代売渡家証文之事」、明治二十年以来の「貸家賃取立簿」、同四十一年「加調米記帳」などを見ると次第に大地主に移行していったことがわかる。

しかし、小田家も隆盛の日ばかりは続かず、大正二年（一九一三）には「周防銀行事件。周防銀行関係日誌（塩屋）弁償金請求」などという文書が出てくる。朝鮮の釜山等にも支店を持っていた周防銀行が倒産。副頭取であった小田伴輔はその負債の責を負うことになり家財の処分をしなければならなくなった。大正六年（一九一七）「小田家所蔵品目録」、「書画・道具売立帳」、同七年「小田家蔵品入札台帳・札元　田原」などという文書があり、そのときに書画・道具を売却したことがわかる。そして七代伴輔は東京へ移住した。

一方第二次世界大戦が起り、物資の統制によって米蔵はガランとあいてしまった。鉄や銅の供出に小田家からは一貨車分を出したという。

そんなところへ八代光伴《みつとも》夫人が子供三人と疎開してきて、沢山あるふとんを焼け出された親類縁者に贈り、娘の嫁入ぶとんにもし、夜具類が散失した。

戦は敗戦に終って、財閥解体、農地解放、財産封鎖などの政策がとられ、小田家も農地を解放され、封鎖でお金も使えなくなった。

私たちは小田家の民具についてしらべたのであるからそのことについてふれてみたい。

期をみるに敏というか、素晴しい経営で長く続き、いろいろな衝撃を受けながらなお今日までつづき、家屋敷と多くの道具を持ち伝えたこの家にも、失われたものもまた少なくなかった。始めてこの家を見たとき私が不思議に思ったことは、柳井の人が普通に使っている民具らしい民具がない。箱膳、茶碗類、盃、徳利、大釜、大鍋、擂鉢など―。今まで調査してきて広島県瀬戸田の塩田経営者堀内家、宮島の厳島神社宮司野坂家、古い商家小西家、広島県土師の在郷商人であった岡崎家などでは、古伊万里、有田、などの赤絵のサハチ、金蘭手の盃洗、九谷の三ツ揃井、中国製の陶磁器など必ずあったが、小田家にはほとんどない。漆器にしても吸物椀も蒔絵の種類、輪島ものがもう少しあってもよい。衣類では女物がない。箪笥もない。お茶の道具も小堀遠州の軸があるにしては他の物が揃わない。

家業の方の道具にしても、油をしぼるのに使われたであろう花崗岩の挽臼と半円形で下の方にミゾのあるものがあるだけ、木綿に関してはヒが一つ、カセドリが一つ残っているだけ。しかし「むろやの園」の管理をしている藤沢さんの話では、こわされた土蔵の中に織機が四、五台、縞帖もあり、嫁入りのときの輿などもあったというから、蔵をこわしたとき置場所がなくて処分されたのであろうが残念なことこの上ない。勘定業（金融業）では木製の珍しい金庫と銭勘定をする板などがあり、印鑑もいろいろあるがこれが直接必要なものであったかどうかはわからない。しかし鍵の数はまた驚くばかりたくさん残っている。

これらの疑問は、先にのべた小田家の歴史をふりかえればなるほどとうなずける。

しかし蔵の中にていねいに保存されたものはすべて新品のように美しい。物の有り方に片寄があるが残っているものには商家の生活を物語る貴重なものが多い。たとえば燈火用具についてみると、小田家の燈火の変遷を追うことができる。ただし肥松をたいた燈台（またはヒデバチ）とガス燈がない。提行燈《あんどん》、掛行燈などはその工夫とデザインに感心する。種油使用から、ローソクになるとボンボリ、提燈はその種類が殆ど揃う。萩藩や岩国藩では櫨《はぜ》の植付を奨励し、櫨蝋をとったから櫨蝋燭は幕末の頃には盛んにつかわれていた。

　土蔵の前に鉄の帯をした大きな花崗岩の丸い石がある。鉄帯鉢巻きには鉄のリングがついている。これに綱を通して十月の亥《い》の日に子供たち大勢でその綱を持って地面を打ってまわる。柳井では亥の子石をへんぽ石とよぶ。柳井生えぬきの郷談会会長をしている藤田さんの話では、へんぽ石には飾《かざり》へんぽと当《あて》へんぽの二種類がある。旧暦十月の初亥の日の前日までにへんぽ石の準備をする。当日は町内毎に祭壇を設け、飾りへんぽに御幣をつけておき野菜など供えて祭りをする。祭りが終ると当へんぽで「わしのお父は千松で、馬のり上手で馬に乗る。馬の上から飛下りて……」と口説を唱えながら町中を家々の繁盛を祝って搗いて廻った。

　ひととおり町中搗きおわると各町対抗でへんぽ石を当てて砕き合う。大人も加わって殺気だち、しまいには石を投げ合ったりした。明治初年に金屋町と久保町の試合で金屋町が勝ち、久保町の一部の土地を占領されて町界がかわり、今日までそのまま続いている。大正の初めに小学校で児童がへんぽ祭りに参加することを禁じたのでだんだんこの行事もすたれていった。小田家の当へんぽは鉄で出来ているのでかなわないと恐れられたというので、古く出入りしていた山本さんに尋ねると御幣と綱をつけて見せて下さった。土蔵の前にある花崗岩の大きなのは飾へんぽであろうか。

●灯火用具

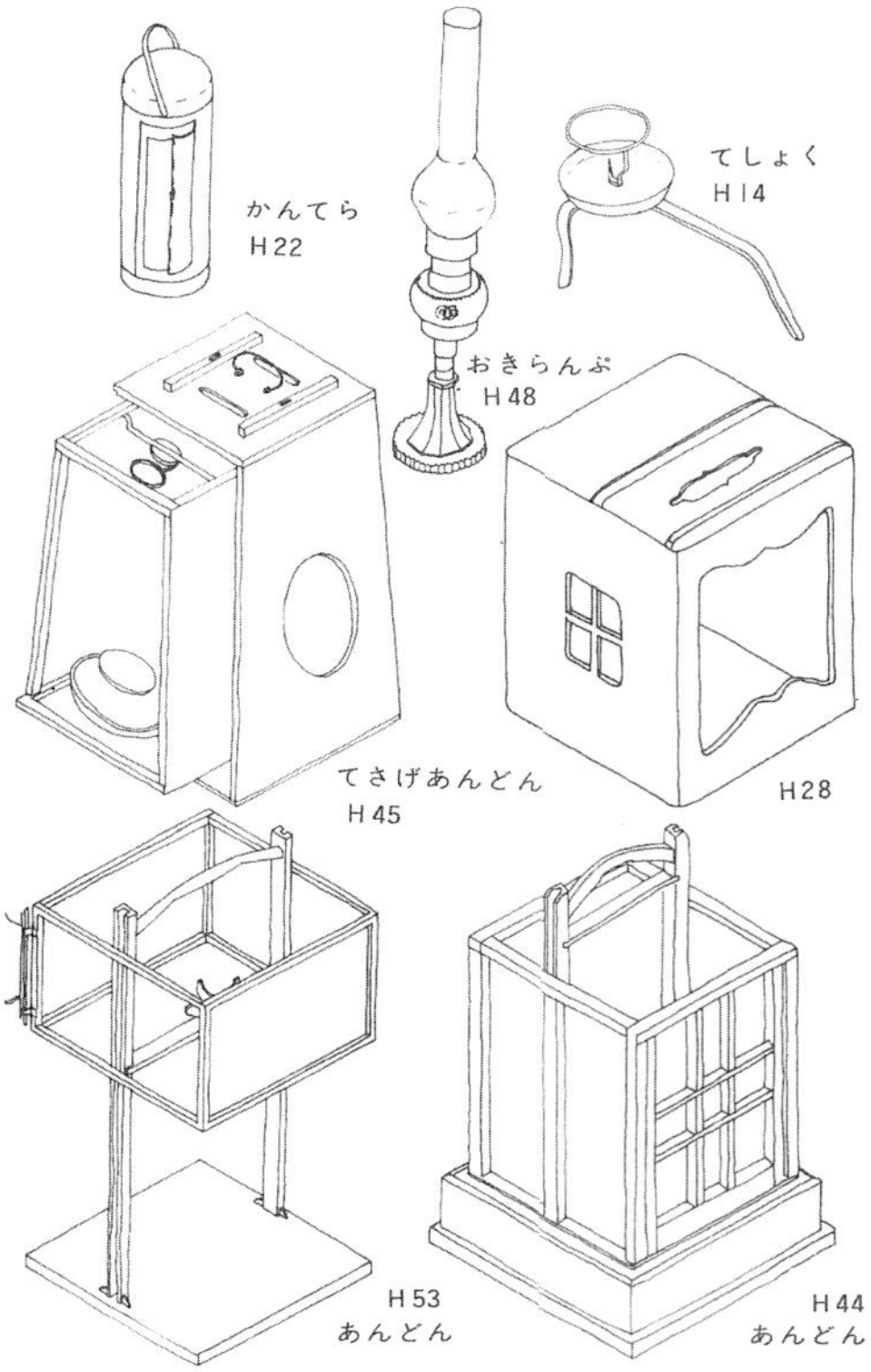

柳井の町家が白壁の塗りこめ造りになったのは江戸時代の大火のためであるという。今も古市、金屋地区には白漆喰大壁造りの町屋が沢山残っており、本町通りの南側には十三棟もずらりと並んで重厚な景観をみせている。火事装束も小田家に立派なものが残っており、一組は鹿皮を黄土色に染め、小田家の紋と裾に水玉模様を白く抜いたモダンな上衣に、同じかぶりもの、いま一組は濃紺の織物で、前後に家紋、裾は波、背の中ほどに兎を白く染ぬき、前には打返りの衿がどんす風の織物で裾までついており、濃紺のかぶりものである。昔の消防は今のように水圧の高い、遠くまで放水できるポンプはないので、水で火を消すよりは、建物を倒して消したり、まだ燃え移らない建物を倒して、延焼を防ぐ方法をとっ

●接客食用具

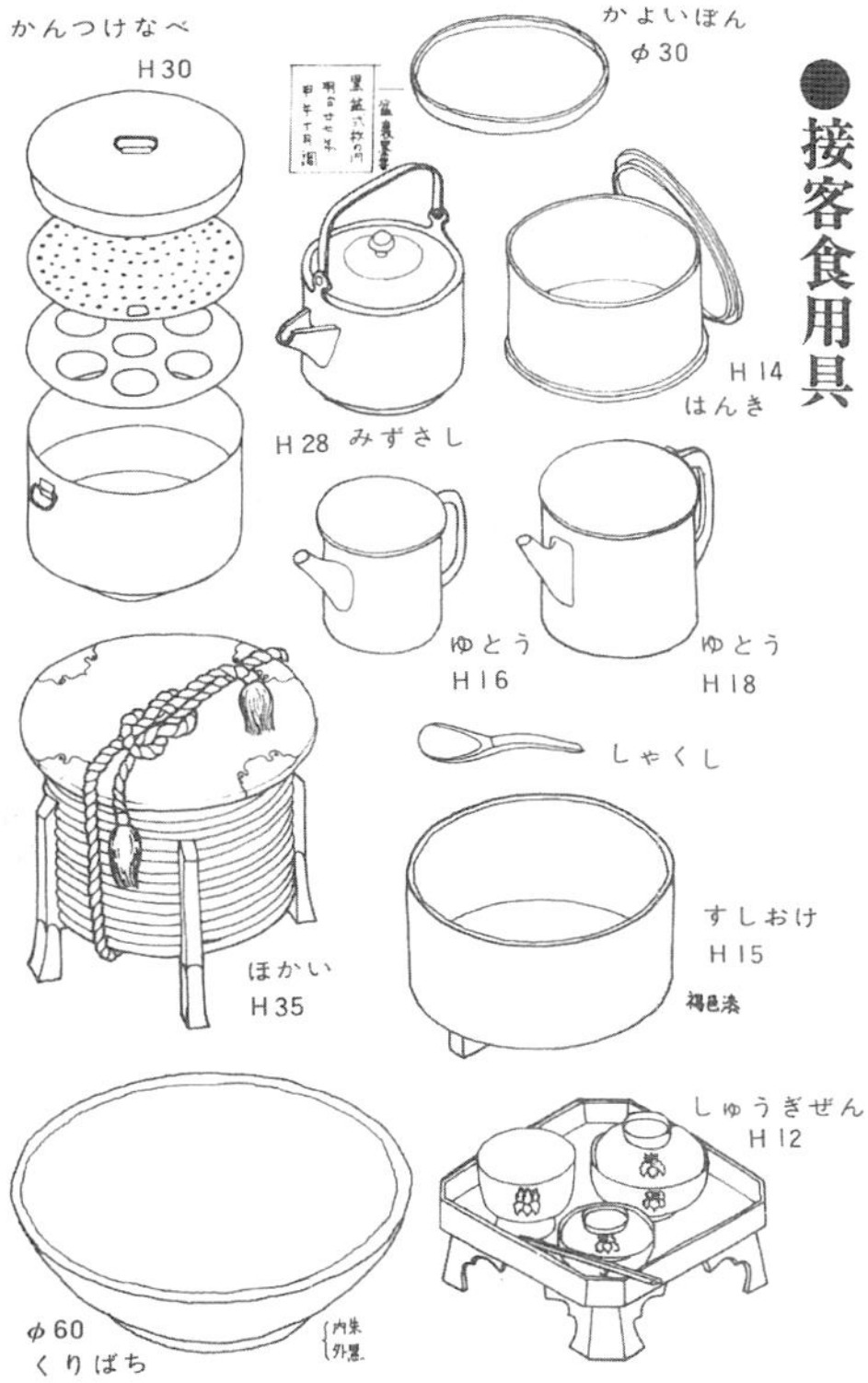

●祭祀用具

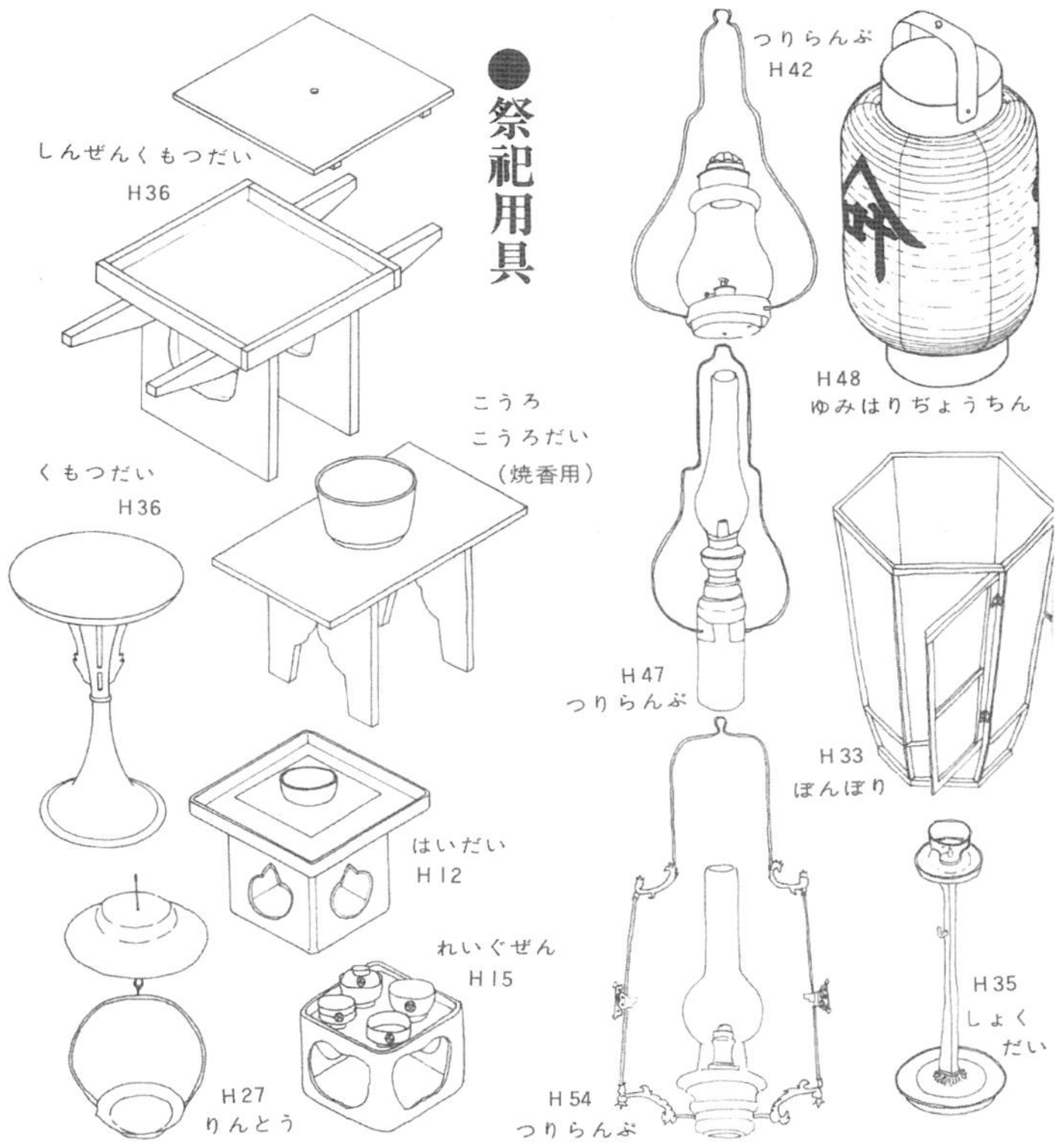

たので、この火事装束をつけて火粉をよけながら、高い所から作業の采配を振るったのである。

水道ができるまでは台所になくてはならなかった水甕もいくつか残っている。今庭に置かれている大甕は、水や油を入れるには深すぎる。古老にきいてもわからない。種子籾を入れたものではなかろうか。油屋をしていたというから、もとは甕や壺も多かったであろう。

柳井には「嶽《だけ》ヶ《が》山《やま》壺」といわれる古備前によくにた固い焼物があり、嶽ヶ山とは氷室岳の別名で、山の八合目あたりに氷室大権現がまつられ、窯跡は字堂屋敷の下にあったという。そこで焼いた壺は山麓まで転がして運んでもこわれなかったという。農家ではその大きいものは種子入れ、水甕として、小さいものは茶入れとして珍重したと伝えられているが、窯跡はまだ発見されていない。作風も備前ににているので、備前の陶工が伊陸《いかち》へ来て焼いたのではないかともいわれている。製品は鎌倉、室町、江戸、各期のものが四〇個余り発見されているが、明治にはもう焼かなくなっていた。

桶類は山口や広島の農家にくらべると、そんなに多くない。目につくのは手桶で、井戸からつるべで汲み上げた水をこの手桶に入れてひしゃくを添え、洗面所に置き、手洗盥《たらい》に汲んで使う。コックをひねると水が出る今の時代には忘れられてしまうこのしょうしゃな手桶が少しずつ形がかわって五個残っている。大阪生れで檜の柾木地である。

小田家には銅製の大きな水注やかんがある。藤田さんによると、金屋町で麻生為吉が作ったものであろうとのこと。大内氏の時代の鋳物師は鍋、釜、農具などの日用品や、梵鐘、仏具などの鋳造に従事し、領主から特殊技能者として製作の独占権を認められ、保護されていた。中世鋳物師の集団住居地は、今「金屋町」という町名で残っている。その他にも中梅という銀細工の名人が、明治七年（一八七四）に柳井で開業したという。技術は江戸へ修業に出て習得したものだという。

余談になるが、藤田誠二さんの話によると「参勤交代のために西から上る大名の一行は品川で足りない人数を雇って行列を整える。銀細工の修業に出ていた中梅はたまたま品川でこのさまをみて絵巻きものに出てくるような行列に深い印象を受けて故郷に帰り、柳井のシンボル、天神祭りの行列を大名風に組立てたもので、他所の天神祭りの行列とは少し違うのだ」ということであった。

小田家にはまた看板が何枚か残っている。その中に今はめずらしくなった大きな一枚板の仁丹の看板があり、その下に小田回春堂と書かれている。回春堂は小田一族で、明治時代には大阪から下関までの間で一番大きな薬問屋ではなかったかといわれている。

むろや小田六代目の孝十郎に子がなく、柳沢家から養子を貰ったところ、実子、伴輔が生れ、この養子には回春堂を開業させた。「回春堂算用帳（明治二十年正月）」「薬種仕入受取簿」などが残っていて盛業のほどがしのばれる。明治三十七年（一九〇四）頃、一二歳で回春堂へつとめた山本さんの話では、子供の頃であまりはっきりはわからないが、包丁で木の根のようなものをきざんでいた記憶があるという。始めは漢方薬も扱ったと思われ、小抽出しの沢山ついたタンスは漢方薬入れではなかっただろうかと思う。塩野義、武田から薬を仕入れ、小売業や病院へ卸した。当時丁稚は一七、八人もおり、漬物も一〇丁漬けたという。今は建物も焼失して看板が小田家に残っているだけとなった。盛んな頃はこの看板は大島郡の薬屋にもあちこちに見かけた。

秋の穫り入れが終って米を俵に詰めると、小作人たちはそれを猫車に積んで細い道を馬車の通うところまで運び、馬車に積みこむ。赤い鉢巻きをした男衆にたずなをさばかれながら、ガラガラガラと高い轍の音をひびかせて、小田家の門を走りぬけ何台も背戸の方へ入り、倉に米をおさめた。近所に住んでいた人びとにはいまもその轍の音が耳に残っているという。秋の深まりを知る音、威勢のよい音が思い出として語られている。

米はニワで目方を計り、検査をされて米蔵に積み込まれる。

この日小田家では九月から麹をねせて仕込んだ甘酒を加調米を納めに来た小作人にふるまった。人びとはそれを楽しみに一家総出で来たという。

この家には神事、仏事のための道具はよく揃っている。元旦には新しい茶碗に抹茶をたててその中へ梅干を一個入れて神前に供える。この風習は今も続いていて、一昨年は中里《なかざと》作の茶碗、昨年は影正《かげまさ》作の茶碗を用いた。その他、鏡餅は火の神、水の神、仏前などに供え、盆にはきまった献立によって仏迎えの十三日、十四日、十五日、送りの十六日にそれぞれ、新仏と命日に当るお霊供膳を供える。毎日の陰膳は二六膳も供えたという。

仏具の中に享保十五年の打敷、天保十二年のお霊供膳など年号やそれを求めた当主の名が書き入れられたものがある。

仏像も立派なものがあるが位牌とともに東京の調布宅に移されており、今も盆などにはわざわざ柳井の檀那寺欣慶寺から住職を迎えて法要が行なわれている。

屋敷神は祇園様で、或るとき悪者に追われて胡瓜畑に隠れて難を逃れたので、胡瓜を輪切りにした形を紋《もん》にしたといわれ、小田家では代々相続人は胡瓜を食べないとされている。

小田家の祇園祭りには、参拝する近所の人、親類縁者に神酒や、御馳走をふるまったという。

近郷で有名な柳井の天神祭りには、小田家では馬に小田家の吉川公拝領の馬具を定まった流儀によってつけ、祭りの行列に加わるのを例としていた。その馬具は今も残っている。

勘定蔵の内部と展示の様子

美術品はいまもかなり残っている。多いのは屏風で、屏風は本蔵の二階に収納されており、その数三〇余を数える。墨絵もあり、彩色で中国清朝のマリ遊びなどの風俗を画いたものもある。平安の貴族を描いたもの、また文字を書いたものなどさまざまである。

掛軸も、神仏をはじめ、当家代々当主の肖像画、美人画、墨跡などがあり、これも七〇本余。

工芸品の中に螺鈿がいくつかある。これは朝鮮のもののよう。室津半島からは朝鮮への出稼ぎが多く、また白木綿を織って朝鮮へ出荷したという話もきいた。朝鮮との交流によってもたらされたものではなかろうか。

人形は足がとれたり、鼻がかけたりしたものもあるが古い人形が沢山あり、衣装に金糸の使ってない織の着物の巴御前などから官軍の兵士まで、人形を研究する人にとっては興味ある資料かも知れない。伴輔の長男、長女の五月人形、雛人形は豪華な素晴らしいもので、前にのべたいろいろの経済的な衝撃の中で伴輔夫人の賢明な処置で家財道具は売ったが、田を売らなかったために、米価の騰貴によって家運が立ち直ったというが、その後この立派な人形が揃うほどになってきたのである。小田家の人寄せのときの酒宴は、母屋の広間に屏風を張りめぐらせて催された。その道具は一通り揃っている。

屏風、掛軸、生花の器、香炉はそれぞれの招客のときに用いられたものであろうが、いつ何が使用されたかについてはわからないことが多い。それだけに商家としての生活も消えて来たのである。いろいろ道具を使っての酒宴の再現も考えてみてよいことではないかと思う。

分家の小田恒彦夫人ハルエさんは、「私どもの結婚式、披露宴はここでいたしました。この家ではこれが最後のものになるでしょう」と語る。小田恒彦氏は几帳面な性格の人でむろやの大番頭を務め、東京に移った小田家の留守番をした。神仏事はハルエ夫人にとっては大変な仕事であった。

旅の用具もいろいろある。旅好きな人がいたようで、「参宮併有馬入湯道中控」(嘉永七年)、「いつくしま日記」(万延元年)、「四国巡拝道中記」(文政五年二月)、「道乃記」(九州長崎旅、明治四十四年)、「八重垣導入日記」(出納簿)、「船中覚日記」(明治九年)などの記録が残っており、道中着(手甲、脚絆揃)、雨の日用の美しいミノ、旅行用の手提カバン、外側は草、木、皮などで編み内側にビロード等の布を貼り、鍵のかかるもの、手携の柳行李、皮製の大トランク、などその時々の流行の先端をいったであろうと思われる旅行用具も目につく。

また人の乗る駕籠が完全な形で残っているが、この駕籠に誰が乗ったのかは今は知る人もいない。

沢山の道具の中で日常必要な限られた道具以外は使った人がすでにこの世にいないので、名前も使い方も、誰が使ったのかもわからない。

以上のように小田家に所蔵されたものを通して柳井の古い商家の生活についてのべてみたのであるが、この町でかつて栄えた商家の多くは明治から昭和の初めまでの間に多くこの町を立ちのいて、東京、京阪地方へ移住したというが、古い商家を買って住みついた者はその家をこわさないで今日にいたったものが多い。内実には大きな変化がありつつ、外観にはなお古いものの多く残っているのは何故であろうか。そのことの中にも柳井の心のようなものがうかがわれるのである。

小田家だけでなく、柳井の古い商家の歩みが一軒一軒しらべられるとき、日本の民衆がどのように生きのびて来たか、また日本の地方都市がどのような歩みをつづけて来たかもわかって来るのではないかと思う。

そういうことを見ていくための多くの資料をのこす小田家の存在はまた貴重である。

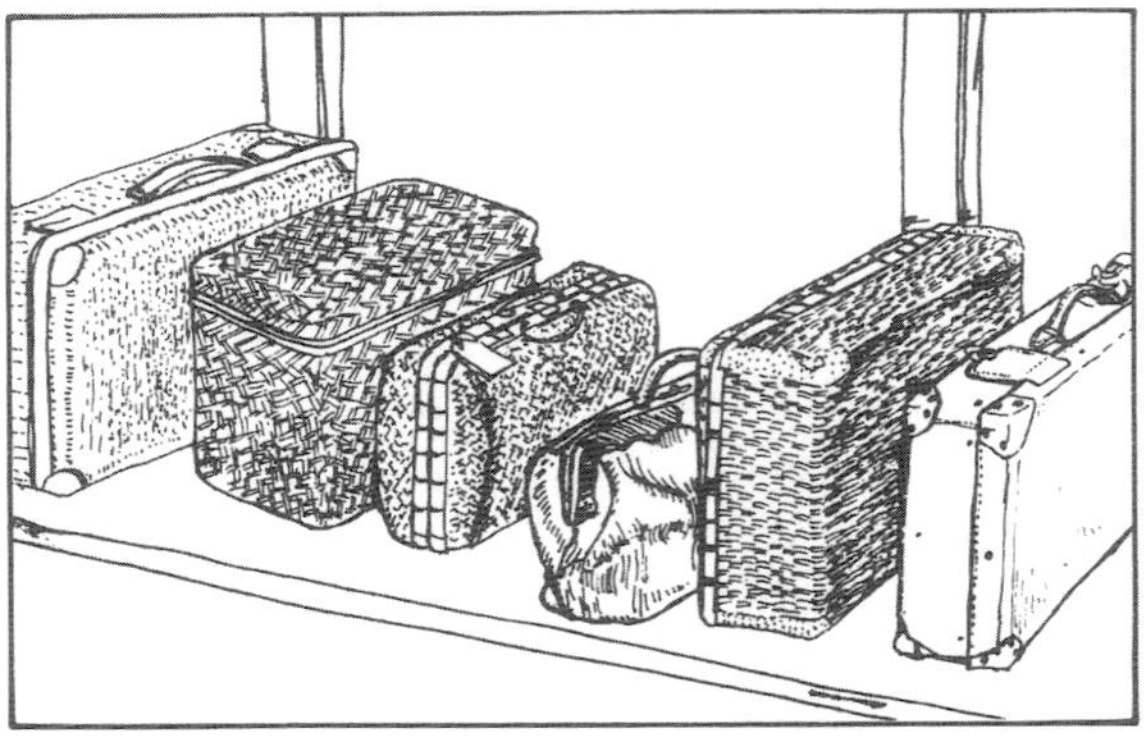

展示されている旅行鞄のいろいろ

柳井川を境に町は新旧に分かれる。左が古い町

柳井の商家と町並

文・写真　谷沢　明

はじめに

「柳井に小田善一郎さんという旧家があり、屋敷取りも昔のままの商家である。ひとつ行って調べてみないか」と突然、宮本常一先生からお電話をいただいた。ちょうどどこか調査旅行に出かけてみたいと思っていた矢先であり、さっそく夜汽車に乗って柳井へ向かった。実に呑気な話であるが、小田家がどこにあるのか正確な場所を聞いておくのを忘れていた。わかっていることは小田さんの名前と電話番号、そして駅から北の方へ五、六分も歩いた所に家があるということだけであった。

列車を降り、私は北に向かって教えられたとおりに五、六分歩いた。駅から北へ五分も歩くと柳井の古い町並に入る。小田家がこの一角にあるのはまちがいないのだが、念のため近くの八百屋で場所を尋ねてみた。そしたらそれは小田家の裏側にある店であった。確かに五、六分も歩いたら小田家に着いたのである。

小田家を調べる

先着の調査の一行が集まっていたのは、半閑舎《はんがしゃ》という離れである。台所と部屋続きになった四帖半より少し大きめの部屋があり、古風な茶ダンスが作りつけになっていた。ちょうどその部屋で先着の仲間がトースターをかこんで朝食をとっている最中で、自然とその席に入るように勧められたのが、小田家に足をふみいれた最初であった。調査仲間の一人が私に紅茶をさりげなく出してくれた。私にとっては初対面の人であったが、その時の好意がとてもうれしく思え、調査メンバーの雰囲気の一

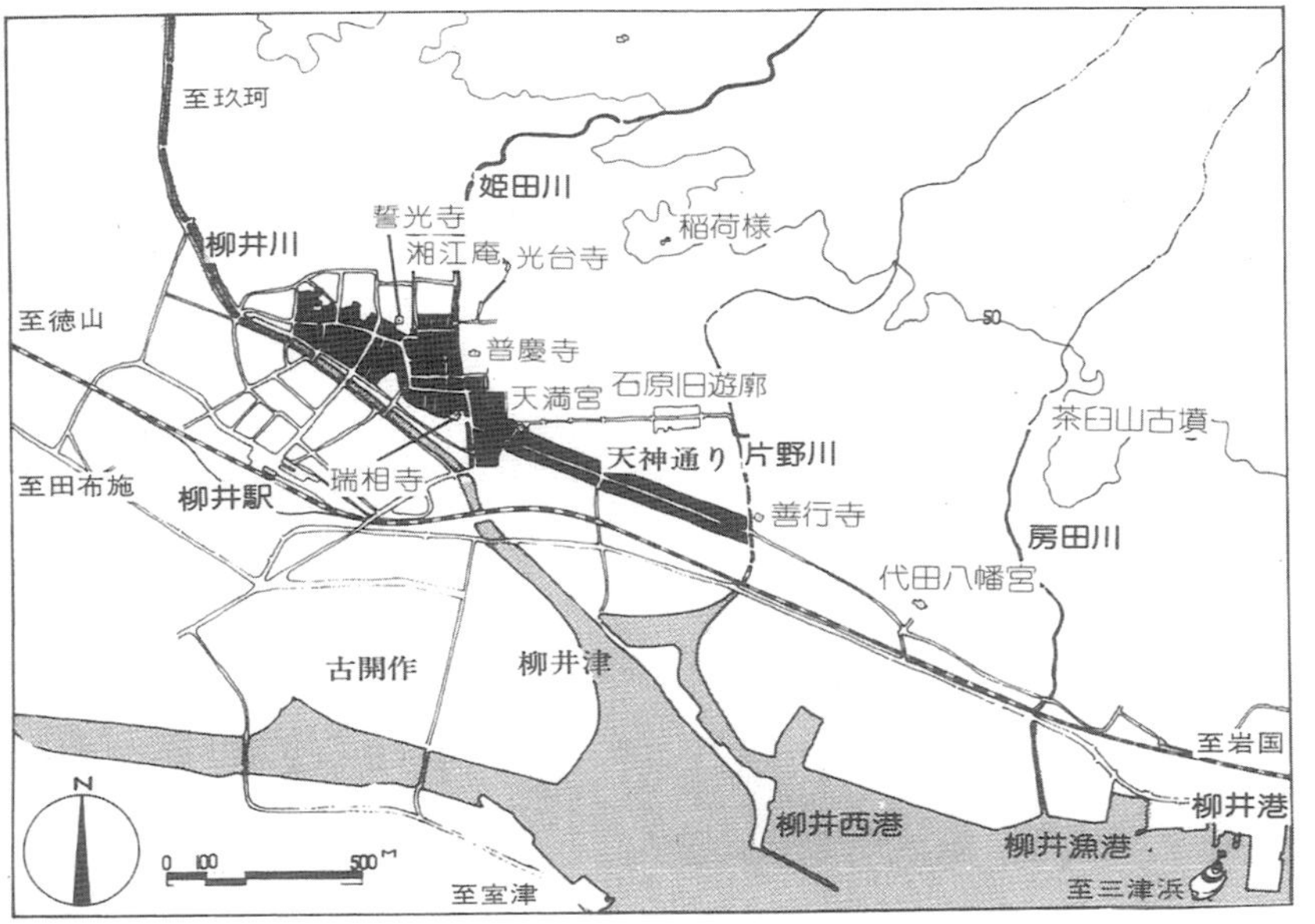

柳井市略図

端を知ることができた。それは梅雨も終わったある夏の日の朝である。

　路地の木戸口からそのまま離れに入ったせいか、小田家の様子が今ひとつつかめなかった。そこは、広大な屋敷地のなかに数多くの土蔵が点在するという風景で、町の中心地にありながら、なぜか人里離れた場所にいるという印象を受けた。屋敷は古い町筋の金屋《かなや》町から新しい商店の銀天街までをつらぬき、百十メートル余の奥行きがある。金屋町の道筋に主屋を配し、裏側に土蔵が並ぶという屋敷取りで、江戸時代の商家の姿がほぼ完全に残っていることに驚いた。

　小田家の屋敷取りの概要は古い町筋の金屋町通りに面して主屋があり、裏に本蔵、勘定蔵《かんじょうぐら》、米蔵、中間部屋、道具小屋、離れ等を配し、銀天街通りの入口に長屋門が建っている。また木戸口のある路地に面して二軒長屋がある。庭は主屋及び離れの裏に古くからのもの、本蔵の手前及び銀天街入口右側に新しくこしらえたものがある。主屋の庭に祇園様を祀った祠がみられる。井戸は主屋と中間部屋の境、長屋門の近辺の二カ所に掘られている。

　主屋は三棟から成る白壁造りの建物である。中心となる棟は妻入り二階建てのもので、横に平入り平屋建て一棟、ななめ後に妻入り二階建て一棟が接続している。それらはそれぞれ店舗を借りている履物商の商品置場兼事務室、応接室、住居として、使用されている。主屋には、元禄十四年（一七〇一）三月十日上棟の棟札がある。平入りの棟の建築年代は明らかでない。

私は小田家の屋敷内の建物を測りながら当時の姿に想いをめぐらした。主屋の中心になる棟の入口を入ると、左に内法《うちのり》約二・四メートルの通り庭が奥まで続き、横に田の字型の部屋四室、裏に大きな部屋一室、表に土間がある。入口右手前の部屋一室及び裏の大きな部屋が化粧天井で、あとは二階に物を置くことのできる根太天井《ねたてんじょう》となっている。裏の部屋は長押《なげし》があるため、座敷として使われていたものと考えられる。田の字型の部屋の左手前の部屋には大きな神棚が作られており、商売をしていく上で最も大切な場所であったものと思われる。この後の二室は敷居で区切られてはいるものの材料は前の部屋と比べると細いものを用いており、後からつけたした様に思われ、もとは一室であったとも考えられる。田の字型の部屋の前の土間の柱をみると地上より十八センチの所に上り框《かまち》を差し込んだ穴が残っているため、以前ここは土間ではなく、床《ゆか》の低い部屋であったと考えられる。

二階は頑丈な床板張りの部屋で、天井はない。外観をみると表に窓が二つ付き、鉄格子が入り、内開きの土の戸が閉じる様に作られている。ちょうど住居の上に倉をのせた様な作りになっており、これは柳井の他の町家にも共通した所である。ここは商品の保管場所として大切な場所であり、作りをみてもそれがうなずける。また一階の入口には幅三十五センチの石の敷居が入っており、これは火災の時、土でできた戸を入れるために設けたものである。二階には八帖の座敷と七帖半の部屋が作られている。座敷は後につけたしたものである。主屋の横の平入りの棟は十二帖半の座敷を中心に裏に三帖、一帖、表に十帖の板の間、土間から成る。十二帖半の座敷は付書院、床の間、違い棚を設けた立派なもので、今も店舗を借りている履物商が客間として使用している。座敷裏の三帖と二帖の境の敷居は新しいものであるため、以前は五帖の部屋であったと考えられるが、部屋の用途はわからない。座敷表の十帖の板の間は幅三間の床《とこ》の間があり、座敷との境に立派な欄間《らんま》が入っているため以前は次の間として使われていたものと考えられる。この前側の土間はどのように使われていたかは明らかでない。ただ屋根が不自然な形でかかっているため、部屋として使われていたとは考えられない。

主屋のなめ後の妻入りの棟は一階に六帖一室、二階に六帖一室を設けたささやかな作りである。この棟から東に登り梁で屋根を作り、台所が設けられている。

さて付属舎はどの様になっているであろうか。本蔵、勘定蔵は二階建て、米蔵は平屋建てで作られている。中間部屋は二階建てで、三帖よりひとまわり大きな部屋が二室あり、傍らに台所、便所が設けられている。道具小屋は内部が三つに仕切られている。

敷地の裏には離れがあり、半閑舎と名付けられている。一階は六帖二室の座敷、三帖二室の玄関、茶室、台所等から成り、二階は六帖二室、四帖半一室から成る。二階は小田さんが帰省した際の寝室、一階は客室として使用されており、私たちもここに泊めてもらった。

路地には小田家の二軒長屋がある。「キジヤ小路」と呼ばれるこの路地は昔の面影を残している。この長屋には建具屋、司法書士の家族が住んでいる。長屋といって

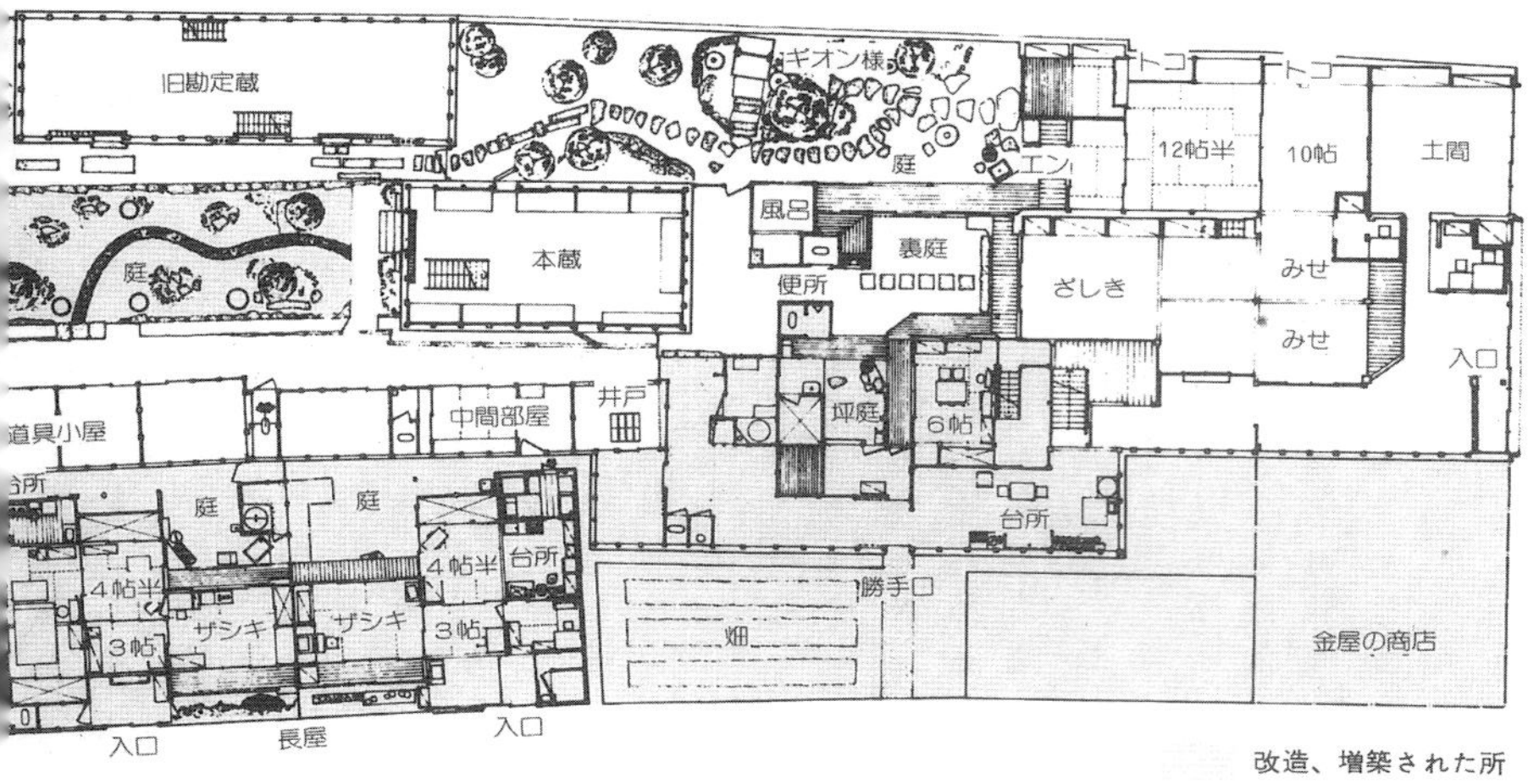

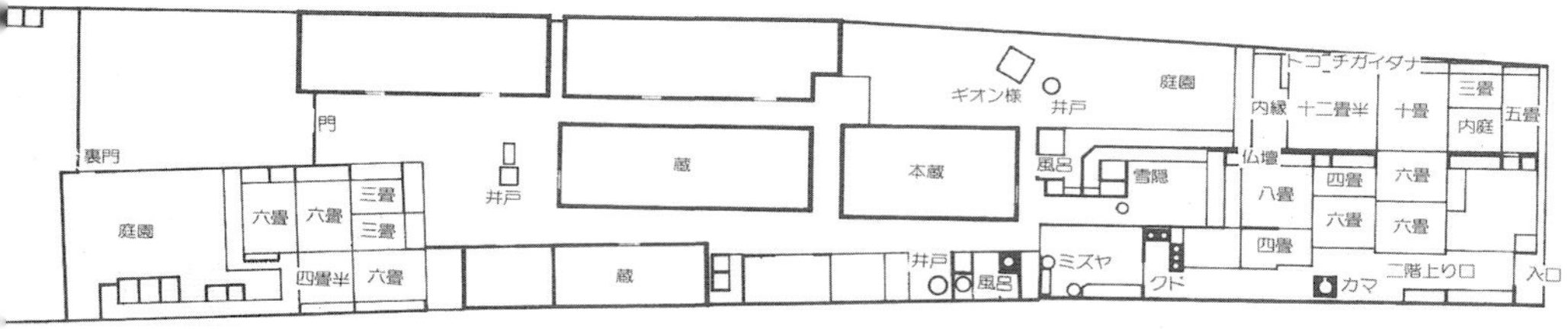

作図・谷沢明

もけっこう立派な作りをしており、床の間の付いた部屋や坪庭まである。建具屋の入っている北側の棟は、六帖の座敷、三帖の個室二室、四帖半の居間、同じく台所兼食事室の計五室から成る。南の棟は、六帖の座敷、三帖の玄関、四帖半の居間兼食事室、四帖半、三帖の寝室の計五室から成り、台所は独立して作られている。基本になるのは同じ型の間取りであるが、思い思いに使い方を工夫し、適度に手を加えて家族にあった住居としているのに気付く。

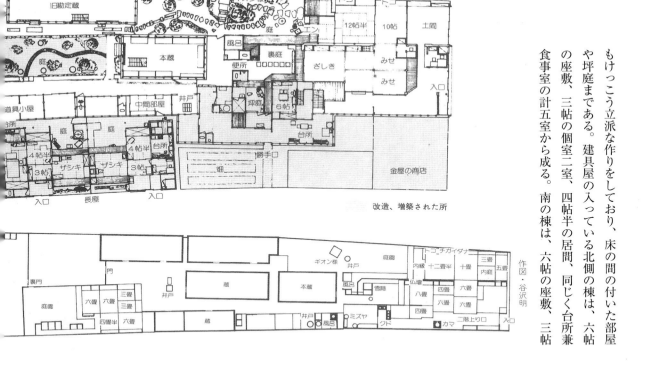

小田家の古図

小田さんから昔の屋敷の古図が東京の家にあるということを聞いた。私たちは夏の調査を終え、秋になったら調布のお宅にお伺いすることとした。古図を見て、夏にいだいたいくつかの疑問点が解け、さらに新しい事実を知ることもできた。その古図は天保六年（一八三五）家相をみるために作られた図である。

古図を見ると、現在ある建物の大半が当時すでに形作られていたことがわかる。建物の配置は本蔵の南に一棟の蔵、米蔵の南に長屋がさらにあった。本蔵の南は現在新しい庭園となっている所で、中庭として美しく整備されているが、ここには当時の石垣が残っている。米蔵の南は現在馬屋の跡らしき建物が建つが、当時は五軒長屋であった。長屋の一戸分は間口二間半、奥行二間半であり、六帖と三帖の部屋が並び、奥にそれぞれ押入れが付き三畳の間の入口が土間庭となった作りである。長屋の北と東には別棟でそれぞれ各戸分の物置と便所が作られている。井戸は現在の二カ所に加え、主屋裏側の庭、道具小屋の横の二カ所にあった。主屋内の井戸は炊事用、主屋裏庭の井戸は風呂水用、道具小屋横の井戸は作業用、そして長屋横の井戸は長屋の人々の飲料水として使われていたものと考えられる。
主屋の間取りは、基本的に変わりはない。建築年代の明らかでない平入りの建物も当時すでに作られていたこ

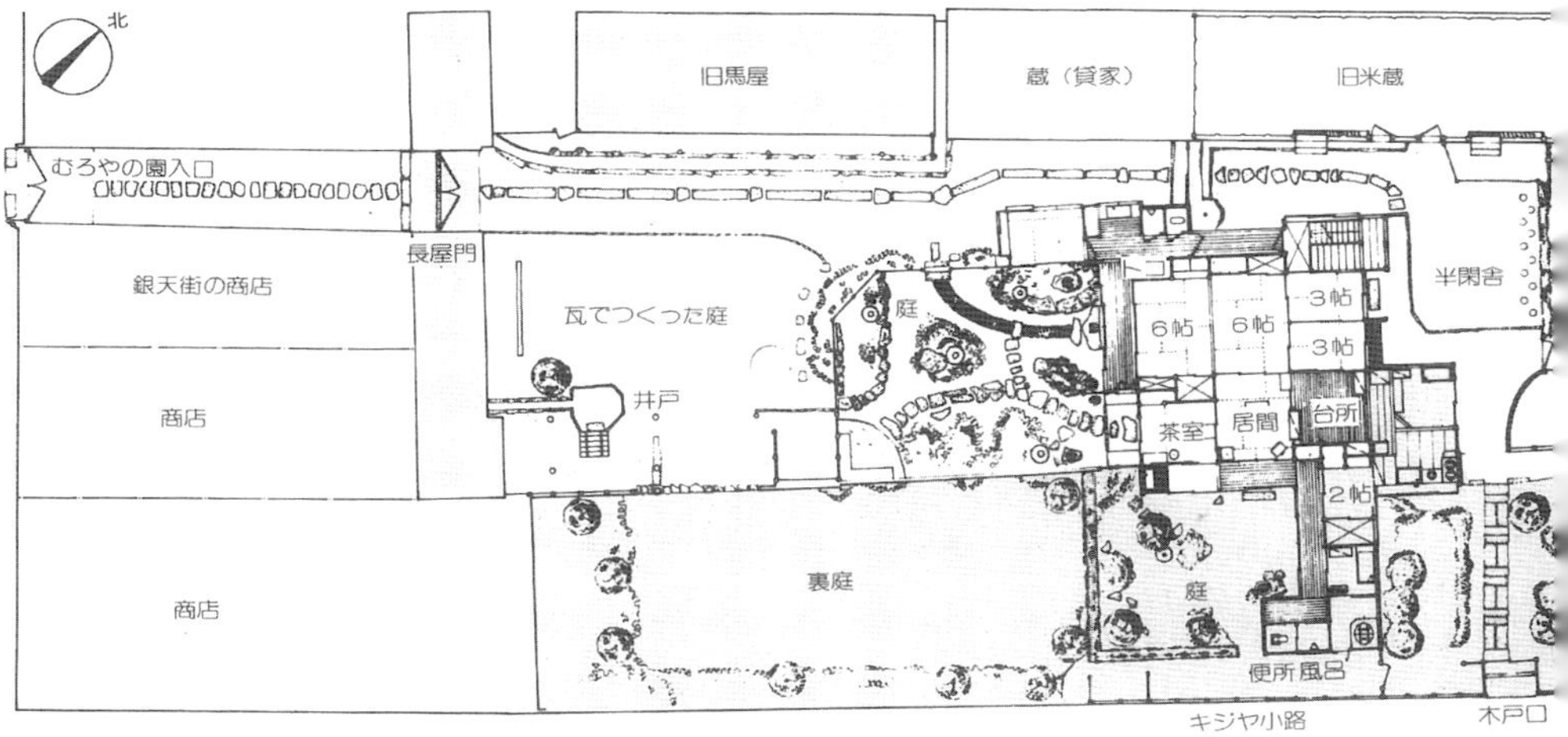

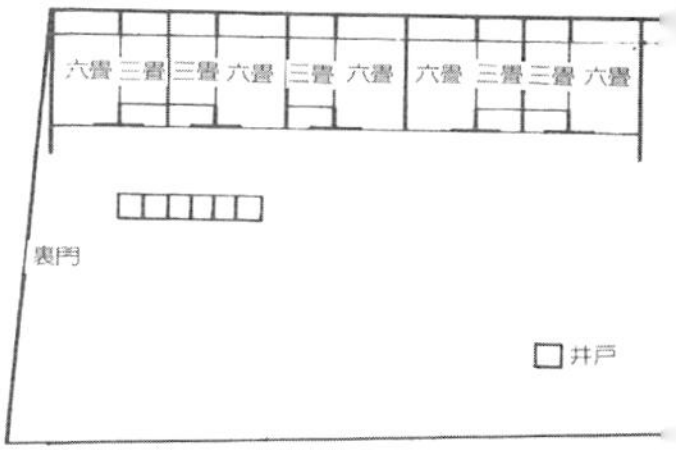

小田家屋敷取りと古図●金屋の町並にミセを構え、妻入りの古い主屋が建つ。主屋の裏には立派な庭園を取りギオン様を祭る。蔵も多い。本蔵、勘定蔵、米蔵と並ぶが、以前は本蔵の南にさらに一棟の蔵が建っていた。これらに混じり中間部屋、道具小屋、旧馬屋も別々の棟で作られている。敷地のほぼ中央には離れがあり、半閑舎と風雅な呼び名を持つ。半閑舎の裏庭にはナナモトの松という枝ぶりの良い七本の松が見られる。裏門は長屋門として建てられているが、柳井川が商品の流通で主要な位置を占めていた頃の名残りであろうか。屋敷の東の路地はキジヤ小路と呼び、小路に面して二軒長屋が建つ。古図は天保6年に家相を見るために描かれたもの。旧馬屋が五軒長屋になっている等多少の時代の流れを感じさせるが、ほぼ当時の商家の面影を残している家といえる。

とがわかる。ただ台所を登り梁で東側にせり出したのはこれ以後のことであり、当時は通り庭の奥が台所として使用されていた。台所には大釜一つ、クド二つがある。クドはたき口が三つと二つである。古図の台所には水ガメが二つ、水屋が一つ描かれている。

主屋の中心となる棟は八帖の座敷、四帖、六帖、六帖二室、十帖と六室が並ぶ作りで、夏の調査の際に考えた昔の姿がほぼ当っていた。ただし座敷は仏間として使われていた様である。主屋横の平入りの棟は十二帖、十帖の座敷が基本になる事は変わりはない。十帖前の土間の部分がどの様になっていたかわからなかったが、古図によると坪庭を囲んで五帖と三帖の部屋が作られている。十帖の次の間の前に坪庭を取って座敷としての格式をあげていたことがこれによりわかる。十二帖裏の幅一間の部屋は内縁となっており、さらに外にぬれ縁が付いている。

離れの半閑舎も現在とは多少作りが異なっていた。六帖二室、三帖二室が続いた間取りは現在と同じで、これが基本となる。当時茶室は半閑舎内には作られていない。現在庭先に茶室らしき建物の跡が残っており、別棟として作られていたものと考えられる。現在の居間が庭に面した四帖半の部屋となっている。半閑舎の東に延びる化粧部屋、風呂等の建物は古図には描かれていないため後に増築したものであろう。古図を見てようやく小田家の全貌をとらえることができた。

小田家にて

再び柳井に調査に入ったのはその年の冬で、暮れもおしせまった慌しい季節であった。小田家には神保教子さん、近藤雅樹さんが先に着いていた。小田さんと時候の挨拶を交わし、夏のお礼を述べ、再びお世話になることをよろしくお願いした。土蔵を活用した民具資料館は夏よりいっそう充実し、近藤さんが精魂傾けて製作した解説のパネルがかかっていた。まずパネルにそって展示品を見学し、次に調査の準備にとりかかった。夏は小田家を実測することで終わったが、今回は柳井の町を時間をかけて歩き、他の商家なども調べさせてもらおうと考えていた。夏に何軒か調べたい民家の目星をつけておいたので、調査の依頼に出かけ、国森家、八木家、鍬原家倉庫を見学することとなった。

冬の調査は、小田さんを含めて七人が集まった。夕食時になると半閑舎でコタツを囲んでみんなが集まった。少し多めの家族くらいの人数であり、うちとけた雰囲気である。私は柳井に入るまでの二週間一人旅を続けてきたので、なぜかそんな団らんが身にしみてうれしく思えた。柳井も旅の途中であるには変わりがないが、旅のさみしさを忘れさせる雰囲気であった。

夕食を終えても話は続く。食器のあとかたづけの当番は決めてなかったが、皆進んでこれにあたった。九時過ぎになると小田さんが腰をあげて入浴される。ひととおり全員風呂に入り終わるのは十二時前になる。風呂を待つ間それぞれメモの整理をしたりして時間を過ごす。またこの時は神保さんの疲れをとるための按摩の時間でもある。

「宮本先生が渋沢家にいらした頃の話ですがねエ、書庫に電気を引くと先生が無理をして結核になると困ると渋沢先生が心配され、初めは電気を引かなかったそうですヨ。そうすると先生はどこかからランプを捜し出してきてせっせと机に向かっていましてね、ついに書庫に電気が引かれるようになったということですよ」

調査期間中、神保さんから、こんな宮本先生のエピソードを聞かせてもらえるのである。

柳井の町

柳井は岩国と徳山のほぼ中間に位置する商人町である。町は瀬戸内海に臨み、南西に室津半島が伸び、南東

上：小田家の半閑門より望む中庭
下：小田家母屋の裏庭

に周防大島をひかえる。町の南に山陽本線柳井駅、東には松山との航路を持つ柳井港があり、鉄道の南に国道一八八号線が通っている。商業地は駅の北側に発達をし、柳井川を境に南の新しい町、北の古い町に二分される。駅の南側は工場地、農地となり、日立製作所等が置かれている。また市街地の北側はゆるやかな山地となる。

　江戸時代の町はどの様な姿をしていたのであろうか。柳井の図書館の応接室の壁に古図が掲げられている。寛文八年（一六六八）、岩国の藩主吉川公が作らせた地図の写しである。実物は岩国の徴古館に所蔵されており十年程前に模写したとの話である。これを見ると、江戸前期の柳井の町並や近在の集落の様子が手に取る様にわかる。次に古図に基づいて当時の柳井の姿を概観してみよう。

　古図によると、柳井の町は瀬戸内海に面して発達をし、誓光寺の前が小さな入江になり、町の南西に新開が広がり、現在の柳井川が海との境であったことがわかる。誓光寺前の入江は、後に述べるが、柳井の町割りの上に大きな意味を持っているものと考えられる。縮尺二千五百分の一の地形図を見ると、誓光寺の南に四メートルの等高線の入っている所があり、これが当時の入江の線と思われる。新開は現在の古開作にあたり、古地図には人家は描かれていない。古開作東の南浜は当時、海の中であった。

　柳井の町は海岸に平行して古市、金屋、その東に新町、今市、魚町、亀岡町の四筋がやはり海岸に平行して発達をする。また、今市と亀岡町を結ぶ一本の路地、そして姫田川に沿って一本の道が発達をする。これらが江戸前期の柳井の町で、これを核に以後町は発達をしていく。町中には真宗誓光寺、真言宗普慶寺、浄土宗瑞相寺の三カ寺があり、瑞相寺は海岸端に位置している。

　姫田川を渡って東に行くと、天神通りがわずかにあるばかりで、この道は途中で跡切れ、あとは松原が続く。新市通りは、当時はない。柳井の東には片野、宮本、白《しら》潟《かた》、遠崎《とおざき》の集落が海岸の近くに点々とある。一方、柳井の北にも集落は発達し、新生《しんじょう》、忠信《ただのぶ》、ヒロセ、馬皿《ばさら》、ゴタニク、石井、横川の地名が見える。これらの集落は谷ぞいや山の裾に家々が発達をしている。また室津半島には伊保庄《いほのしょう》、クロシマ、小野、田布施《たぶせ》川流域には曽根、ウサノギ、立ヶ浜、荒木、川添《かわぞえ》ヒラキ、田布施、波野《はの》、連《れん》台寺《だいじ》の集落が見られる（漢字は五万分の一の地図に出ている地名のみ改めた）。この地図により古い町の姿や近在の集落の情況をつかむことができる。

町を歩く

　今度は新しい地図を手に町を歩くことにした。町中に川が流れている土地は、風情がある。柳井には柳井川、姫田川の二つの川が流れ、鯉がのどかに泳いでいる。柳井は橋の多い町である。柳井川には、駅と古い町並を結ぶ本橋を中心に、西に緑橋、宝来橋《ほうらいばし》、柳西橋《りゅうさいばし》、東に銀座橋、三角橋《みかどばし》が架かり新旧の町を結んでいる。姫田川には名もない小橋がいくつも架かる。宝来橋のたもとには石の雁木《がんぎ》が残っている。話によると柳井が港町として栄えた頃の古い船着き場がここであったという。銀座橋から三角橋にかけての川の北岸の民家は川にせり出した掛け造りになっており、川の中にヤグラが乱立する景観である。

　川の北側本町通りが古い町並で古市《ふるいち》、金屋《かなや》の地区から成る。ここには二十数軒の白壁造り妻入りの古民家が並び、古い商人町の面影を残している。町には卸商の家が多い。道路は川よりわずかに高い位置にあり、家々の境に幅一尺ほどの石で築いた溝が作られている。これは道路の水ハケを良くする排水口として計画されたものという。民家の屋敷地は地形の関係で南に緩やかな坂をなしている。宝来橋北から柳西橋までの古市通りの家並には、古い家は見あたらない。かつては宝来橋の所が柳井の町の西のはずれで、これより西は粗末な藁屋が散在する土地にすぎなかったが、のちに家が建ち並ぶ様になったという。宝来橋から西は道が川沿いに玖珂、田布施、室津方面に向かっており、ここが分岐点となっていた。

　古市から東へ金屋へ向かうと、道は誓光寺の門前で南に折れ曲がって久保町へ入り、ここで再び東へ折れて亀岡町へ続く。町家の地割りは道に対して垂直方向へ延びるが、久保町の西側に一部不規則な場所がある。ここが古図にでている入江のあった所付近と考えられる。亀岡町は昔は浜小路《はまこうじ》と呼ばれ、浜に人がようやく歩けるほどの道があった程度の町であったという。古図と照らしあわせると、久保町から亀岡町瑞相寺に至る海岸線がほぼ推定できる。町が複雑に折れ曲がっているのは、海岸線に小さな入江があったためと考えられる。

　久保町、亀岡町は現在アーケードの商店街として栄えている。久保町は古市の町並続きで、問屋も何軒か見られる。亀岡町から北に三本の平行した道が通る。魚町、今市、新町がこれにあたる。ここは主要道路からはずれているため道幅は細い。魚町は現在飲み屋街となっているが、古くは魚市がたっていたという。今市と新町はひなびた路地にこじんまりと町家が並んでおり、商家は少ない。

　道は亀岡町から姫田川に沿って南に折れ、再び東の天神通り、新市《しんいち》へ続く。姫田川沿いの町は川の片側に発達をした町で、土手町と呼ばれる。天神通りは天満宮門前を東西に延びる通りで、天満宮が普慶寺の境内からこの地に移されてから後に発達をした。新市は松原を開発して町としたもので、大正初期頃までは藁屋が半分程を占めており、現在のように商店街としては発達をしていなかった。

　新市の北に石原《いしはら》がある。まわりはのどかな田地であるが、突如、格子造り総二階建ての家が出現する。石原は明治四十二年（一九〇九）に遊廓地として作られた町であり、当時十数軒の貸座敷があり、娼妓六十名を数えた。石原の町が作られる以前は新市が色町であった。

　柳井川以南の地は埋め立て地であり、寛文元年（一六六一）に古開作、貞享三年（一六八六）に宮本開作、同年中開作、文化七年（一八一〇）柳井浜と埋めたてられていった。川の南の町は柳井の商人が分家を出すことによって発達をした。なかでも柳井川南の樋《ひ》の上《うえ》には初期に分家が多く出されたという。明治になり山陽線の駅が置かれると、そこは商業地として発達をするようになり、現在大きな商店が多く、賑わいをみせている。柳井川の北に銀天街と呼ばれる商店街がある。いわゆる「〇〇銀座」と呼ぶ地方都市特有の町である。ここはもとは金屋の裏通りであったが、亀岡町と駅前通りを結ぶ商店街として整備され、昭和二十七～二十八年（一九五二～五三）頃より栄えてきた町である。銀天街は裏通りの小さな店の集まりであったが、ついには表通りをしのぐ商店街として発展するに至った。

明治期の柳井

　小田さんの家で『柳井案内』という小冊子を手にした。それは明治四十三年（一九一〇）馬関毎日新聞記者鎌原成治が著わしたもので、柳井の商工案内を主たる内容としている。明治末期の町の様子を詳しく記したものとして興味深い本である。それに基づき当時の町の様子を記してみよう。

江戸と明治時代の建物が混在する町並

　当時商業地として栄えていたのは本町、亀岡町、久保町、古市等であった。商人の風俗は「一般に質朴の風あり、着衣の如きいずれも木綿縞を用い、ひたすら家業に営々たり」とある。しかし店先の様子はだいぶ新しい物を取り入れている模様である。「近来店頭装飾にも意を用い、蓄音機等をもって顧客をひきつつあり」と記されている。

　それによると当時は次の様な商売がみられる。材木商二軒、物品問屋三軒、洋服商三軒、自転車商三軒、紡績商三軒、学校用品紙商六軒、陶器商五軒、薬種商五軒、飴製造二軒、菓子商三軒、金物商二軒、畳表雑貨五軒、履物商五軒、食料品商七軒、木綿織物六軒、米穀商九軒、油類肥料五軒、酒類販売四軒、呉服商六軒、雑貨商十軒、他に三二種類の商業があげられている。なかでも雑貨商が最も多く、米穀、油類、肥料、酒類関係の店や織物や衣料関係の店もかなりあったことがわかる。米穀、肥料の店が多いということは柳井が背後の農村とつながりを持った町であるといえよう。柳井では玖珂《くが》、高森方面からの米や大島郡、室津半島一帯の海産物等が集散された。一方これらの地域は柳井の商圏でもあった。

　柳井は醸造業が栄えた町である。当時、酢醸造三軒、醤油醸造六軒、清酒醸造三軒を数えている。現在も琴泉酒造、柳井醤油、重枝甘露醤油、佐川甘露醤油の醸造元がある。甘露醤油は柳井の名産であり、天明年間（一七八一～一七八九）に発明され、寛政年間（一七八九～一八〇一）に岩国藩主吉川家に献上されている。藩政時代は藩内にのみ需要されていたが、明治になると満州、韓国、台湾、ハワイ等へ販路を広めた。

　柳井は織物業の町でもある。柳井木綿、柳井縞が古くから名を知られている。その起源は明らかではないが、江戸時代に農家の副業として盛んに織られていた様である。土地の娘、お婆さんが織ったものを問屋が集め、柳井縞として販売をしていた。

商工業が盛んになると金融業も発達をし、当時周防銀行本店を初め、華浦銀行、日本商業銀行、山陽貯蓄銀行、平生銀行の支店と五つの銀行が置かれていた。

また会社組織を作って経営をおこなう者もおり、株式会社五社、合資会社四社、合名会社三社がみられる。株式会社は火葬業、ガス業、遊廓地の賃貸業、水産物養殖業、製油業、運送業、酒造業が、合名会社は莚縄製造業、製造業、牛馬市場営業が組織している。合資会社は倉庫煙草元売所、呉服店がそれぞれ組織している。それらは明治四十年代初期に組織された会社が多い。明治四十二年（一九〇九）には柳井町商業協会が創立される。また九つの工場があり、織物、鋳物、ランプのホヤを作ったり、製油、精米をおこなっていた。『柳井案内』という小冊子が書かれたのも、商工業が盛んになった時代を背景としてのことであろう。

明治になると公共施設も整えられた。明治三十八年（一九〇五）に柳井津町、柳井村、古開作が合併して柳井町が生まれ、愛宕町に役場が置かれた。警察署は始め土手町に出張所として置かれたが、明治二十九年（一八九六）に柳井警察署に昇格して亀田町に移された。その他柳井区裁判所、塩専売局官吏柳井派出所、山口県土木係柳井出張所、柳井娼妓健康診断所などが置かれている。

教育機関の整備もなされた。小学校は尾上《おのうえ》に柳井町立尋常小学校として作られるが、この前身は湘江庵《しょうこうあん》の寺子屋である。湘江庵は柳井の地名のおこりと伝えられる柳の井戸のある寺である。続いて白潟、馬皿にも小学校が創立されていく。高等女学校は明治四十年（一九〇七）に発足した。他に光台寺住職が漢学、歴史を教える道義夜学会、織物関係の教育機関として山口県染織講習所があった。柳井中学はまだその頃はなく、大正十年（一九二一）の創立である。

国森家を調べる

柳井には国の重要文化財に指定された町家、国森伸爾家がある。小田家を調べ終えたら次に国森家を見せていただこうと考えていたので、お伺いした。

国森家は伊予の出身で、先祖は河野水軍に属しており、陶晴賢《すえはるかた》の乱で柳井市郊外の余田《よだ》へと落ちのび、のち柳井へ店を構えたと伝えられる。柳井に進出した初代は八左衛門という人であり、生まれた年は明らかでないが、安永八年（一七七九）に亡くなっている。主屋は明和六年（一七六九）の大火後に建設されたもので、小田家と並ぶ古い建物である。国森家は室屋という屋号の油商を営んでいた。

国森家は白壁造り妻入り民家の続く町並の古市の一角にあり、ひかえめな構えであるが、付近の建物とよく調和した景観をみせている。屋敷は以前は古市の通りから柳井川までつらぬいていたが、現在裏側は当主伸爾氏のオジにあたる方の屋敷地となっている。ここは昔、油工場が置かれた所であったが、一時魚市場に貸し、のちアメリカから帰国したオジが居住する様になった。古い町筋から川までつらぬいた屋敷は国森家、小田家、他に醤油屋二軒、計四軒である。

屋敷取りは古市通りに面して主屋があり、裏庭の西に六帖の棟、南に四帖半、風呂、便所のある棟を配し、その奥に新築住居を建てるという形式である。六帖の棟は奥様の趣味の絵画のアトリエ、四帖半の棟は離れの客間として使われている。新築住居は主屋が文化財として指定されたのを機に建設されたものであり、十帖、八帖、台所兼食事室より成る。十帖は客を応接する座敷、八帖は居間として使われている。以前の屋敷取りは裏庭の南に什器蔵、鬢付油《びんつけあぶら》の蔵、隠居屋を配し、新築家屋の建つ所には茶室が置かれていた。土蔵は当主の話によると、寛延二年（一七四九）の建築であったという。隠居屋は六帖二室がある作りで、油の蔵より少し距離をおいて建っており、茶室は六帖、三帖の二室であったという。井戸は屋敷に三箇所、主屋の南、茶室の南、油工場の一角に掘られていたという。現在主屋南の井戸が一つあるのみで、他の建物は残っていない。

江戸時代からの店もある路地に、子どもたちの声がはじける。

主屋は通り庭に沿って十二帖大の板敷きの部屋、六帖二室、四帖と六帖、台所と八帖の座敷がある。板敷きの部屋と六帖二室は店として使われ、夜は奉公人の寝室になった。道路に面した外観は、現在ガラス戸が建具として入っているが、以前は蔀帳《ぶちょう》であり、昼間はこれを吊り上げ、上は奉公人のフトン置場として利用していた。柳井では鍬原家倉庫が蔀帳を残す唯一の建物である。板敷きの部屋は以前は半分程の広さで、残りは土間で、ここに油ツボを置いて油の販売をおこなっていた。六帖の店には立派な神棚が作られている。店の奥の四帖は帳場、六帖は仏間、主人の寝室として使われていた。台所横の炊事場は下屋庇《げやびさし》の屋根がかかり、その前は車庫として利用されている。二階は倉庫の役目を果たした。小田家と比べると入口の位置が異なるが、間取りはほぼ共通しており、江戸中期の柳井の豪商の家の作りの典型を知ることができる。

柳井を考える

町を歩いて気づいたことであるが、柳井の旧市街には、ほとんど空地がみられない。人々がちょっと立ち話をする路地も少なく、広場らしい広場もみあたらない。市民の憩の場としたら、光台寺の東の山の頂に岡の上公園、誓光寺の西の丘の上に小さな公園がある程度である。岡の上公園は辺ぴな山の上にあるため、わざわざここまで行ってくつろぐ人もあまりいない。誓光寺横の公園は猫のひたいのような所で、付近は墓地になっており、ここでもあまり人はみかけない。また空地としては寺の境内があるが、塀と門構えのある所が大半で、気軽に立ち入るわけにもいかない。このようなことが町に少し息苦しさを感じさせる。住んでいる人はもっと強く感じていることであろう。

そのためか、喫茶店を多くみかける。ちょっと話でもしようとなると喫茶店にでも入るより他はない。これは柳井に限ったことではなく、日本の多くの都市についていえる問題である。もっと市民が気軽に顔をあわせることのできる場所はできないものであろうか。

柳井には町中に川が流れていて、ここが少々ゆとりを感じさせる所であるということは先に述べたとおりである。川の両側に道があり、自動車の通りも少ない。またここは町の中心にも位置している。その川沿いをうまく利用して市民の憩いの場に利用できたらすばらしいと思う。宝来橋から緑橋にかけて、あるいは本橋にかけての界隈などはそれに適した場所であろう。たとえば日曜日など日を定めて、自動車の通行はこの両岸に住む人を除いて制限をし、子供が安心して遊べるような道にもどすこともこれから考えてよい問題のひとつと思われる。子供が遊んでいるとけっこう若い親や老人なども自然にそこに集まってきて話に花を咲かせるものである。市民のちょっとした工夫でこれらの場を作っていくことができるように思われる。

今回の調査では、柳井の町がどのように発達をしてい き、町並を構成する民家がいかなる作りをしていたかを探ってみた。私自身、これだけの町並を作りあげた柳井という町に迫力を感じ、こぞって白壁の家々を建てた人々のエネルギーに驚きを感じる。百年も二百年も風雪に耐えて今なお建ち続けている民家に対し、技術的な水準とともに、それを創りあげた人々の気迫に心を打たれる。あわせてそれらの人々が生きた社会というものはどのようなものであったか、ということも町並が暗黙のうちに語っているように思われる。

柳井の町並はある時代の文化遺産として位置づけることができるのではないか。また柳井という町が今日あるのも、これらを生み出した人々の努力の上に成り立っているとも言えよう。

小田善一郎さんが留守中の本宅を開放して商家に関する資料館を作ろうとしたのも、柳井の商人の文化遺産を評価し、広く人々に見学してもらおうとする試みと考えられる。小田さんにとって、それは家というもの、それをはぐくんだ柳井という土地に対しての思い入れであり、これからの人生をかけた活動であるにちがいない。

文化遺産を現代に生かすといっても、それは最終的には生かす人間の問題であると思う。町並保存をして観光客の目を楽しませてくれるのもけっこうだが、結局は土地の人々や私たち旅行者の心にひびく重みのあるもの、優れた感覚を持った遺産のある町のみが将来、生命を保ち続けていくことであろう。

人に見せるための町並保存だけでなく、ひとつの町に住むことを誇りにするようなまちづくりが何より大切であると思う。私自身の調査も、その方向を見つけようとする姿勢を持っておこなおうと努力している。

編者あとがき

私は昭和四二年（一九六七）三月から日本観光文化研究所、通称「観文研」に正式に出入りするが、その前、昭和四一年の暮れから正月にかけて伊勢志摩を歩いた。観文研の一員になって写真を撮りたいという私の希望に対して、宮本常一はとりあえず田村善次郎と歩いてこいといった。このときの伊勢志摩は、『あるくみるきく』二二号となる。「あるくみるきく双書」では七巻の近畿①に収録される。

正式に観文研の一員となった最初の取材地は四国である。出かける前に、宮本常一からどこにどんなものがあるというあらましを教えられて三月二〇日に出立、伊予（愛媛県）、土佐（高知県）を一八日間にわたり取材した。帰ると宮本常一は撮った写真を丹念に見てくれた。どんな評と叱りを受けたかはもう覚えていないが、このとき北里研究病院に入院していた宮本常一は、昭和四二年四月二〇日の日記につぎのように記している。〈須藤君来る。『あるくみるきく』の第二号ももって来てくれる。よくできている。だんだんよくなるだろう。第一号の礼状ももって来る。大体好評のようである。須藤君の四国の写真も割合いい。つかいものになるのが多い。こうして全国的に写真をあつめておけばつかいみちになる〉

しかし私自身は写真にいいようのない不満があって、編集長をかねた事務局長の宮本千晴に頼み、もう一度、四国に行かせてもらった。帰ると『あるくみるきく』に「土佐路」として書くようにいわれた。旅をして取材して、初めて長文を書くことに、私がどれほど難儀したかということはおいて、もう一度、宮本常一の日記を見る。六月三日〈須藤君の「土佐路」の校訂骨折れる〉六月四日〈朝から午後四時までかけて須藤君の「土佐路」をなおす。よみものにするには骨が折れる〉七月一〇日〈第五号「土佐路」できる。まとめて見ると写真がそれほどさえていない。むずかしいものである〉

私が書いた「土佐路」は最後の数行が残っただけで、あとは宮本常一の校訂文だった。それをそのままこの巻に収載してあるが、文・須藤功としてあることに、まったく反省がないというわけではない。ただ、当時、私が密かにナニクソと思ったことだけは確かである。

須藤　功

宮本常一は写真を丹念に見て、あれが撮られていない、これはダメだめだなどと撮影者を厳しく指導した。昭和43年（1968）6月　撮影・須藤　功

著者・写真撮影者略歴（掲載順）

宮本常一（みやもと　つねいち）
一九〇七年、山口県周防大島の農家に生まれる。大阪府立天王寺師範学校卒。柳田國男の『旅と伝説』を手にしたことがきっかけとなり民俗学者への道を歩み始め、一九三九年に上京し、渋沢敬三の主宰するアチック・ミュージアムに入る。戦前、戦後の日本の農山漁村を訪ね歩き、民衆の歴史や文化を膨大な記録、著書にまとめるだけでなく、地域の未来を拓くため住民たちと膝を交えて語りあい、その振興策を説いた。一九六五年、武蔵野美術大学教授に就任。一九六六年、後進の育成のため近畿日本ツーリスト（株）・日本観光文化研究所を設立し、翌年より月刊雑誌「あるくみるきく」を発刊。一九八一年、東京都府中市にて死去。著書『忘れられた日本人』（岩波書店）、『日本の離島』（未來社）『宮本常一著作集』（未來社）など多数。

須藤　功（すとう　いさを）
一九三八年秋田県横手市生まれ。川口市立県陽高校卒。民俗学写真家。一九六七年より日本観光文化研究所所員となり、全国各地歩き庶民の暮らしや祭り、民俗芸能等の研究、写真撮影に当たる。日本地名研究所より第八回「風土研究賞」を受賞。
著書に『西浦のまつり』（未來社）『山の標的―猪と山人の生活誌』（未來社）『花祭りのむら』（福音館書店）『写真ものがたり　昭和の暮らし』全一〇巻（農文協）『大絵馬ものがたり』全五巻（農文協）など多数。

姫田忠義（ひめだ　ただよし）
一九二八年兵庫県神戸市生まれ。旧制兵庫県立神戸経済専門学校卒業。一九五四年演出家を目指して上京し、民俗学者宮本常一に師事。一九六六年「日本観光文化研究所」の創立に参加し、中核所員として活動する一方、対馬や沖縄、アイヌの人々など日本各地の村々を取材する。一九七六年「民族文化映像研究所」を設立し、「アイヌの結婚式」「イヨマンテ―熊送り」「椿山―焼畑に生きる」「越後奥三面―山に生かされた日々」など二〇〇本以上の映画作品を制作。一九八九年フランス芸術文化勲章オフィシエ受勲、一九九八年日本生活文化大賞個人賞を受賞。
著書に『ほんとうの自分を求めて』（筑摩書房）『忘れられた日本の文化』（岩波書店）『育ち行く純なるものへ―映像民俗学の贈物』（紀伊国屋書店）などがある。

相沢韶男（あいざわ　つぐお）
一九四三年茨城県水戸市生まれ。武蔵野美術大学建築学科卒。宮本常一の教えを受け、日本観光文化研究所に入り、福島県南会津郡下郷町の大内宿の保存運動にかかわる。武蔵野美術大学教授（民俗学・文化人類学）。
著書に『大内の暮らし』（ゆいでく有限会社）がある。

秋田忠俊（あきた　ただとし）
一九二四年愛媛県宇和島市生まれ。國學院大學国文化卒。元県立高校教諭。県内の伝説や風俗研究を発表し、晩年は会員制月刊誌「伊予の民俗」発行に精力を傾けた。一九九三年没。
著書に『伊予のことば』（愛媛新聞社）、『伊予の石仏』（愛媛文化双書刊行会）、『愛媛の文学散歩』（愛媛文化双書刊行会）などがある。

菅沼清美（すがぬま　きよみ）
一九四七年長野県小諸市生まれ。東京写真大学（現東京工芸大学）短期大学部写真撮影科卒業。一九六七年、日本観光文化研究所の雑誌「あるくみるきく」の創刊に参加し、以後ドキュメンタリー写真家として歩む。一九七六年、映画「列車黄害」製作。
著書に『胎内被爆者』（自費出版）『シルクロード紀行』（自費出版）『ファーム&ファンクションシリーズ①ジャパニーズバンブーバスケット「竹籠」』『ファーム&ファンクションシリーズ②ジャパニーズティポッド「土瓶・急須」』（講談社インターナショナル）などがある。

山崎禅雄（やまざき　ぜんゆう）
一九四三年島根県桜江町生まれ。早稲田大学第一文学部史学科大学院博士課程修了。宮本常一没後の日本観光文化研究所「あるくみるきく」編集長。同研究所の閉鎖後、帰郷し日笠寺住職。桜江町「水の国」初代館長、江津市教育委員等を歴任。
主な著書に『水の力―折々の表情』（淡交社）などがある。

小林　淳（こばやし　じゅん）
一九五二年神奈川県相模原市生まれ。武蔵野武術大学商業デザイン科卒。大学で宮本常一と出合い、民俗学を志す。日本観光文化研究所では三原市史民俗編や奥会津地方の民俗調査に参加。また「周防猿回しの会」の設立時には、猿の調教過程を記録し、『あるくみるきく』に発表した。その後、海外を目指し一九八二年にタイ、インドを経由し、アフリカを目指し旅立ち、現在に至る。

谷沢　明（たにざわ　あきら）
一九五〇年静岡県生まれ。法政大学大学院修士課程修了。博士（工学）。日本観光文化研究所所員を経て、現在、愛知淑徳大学交流文化学部教授。
著書に『瀬戸内の町並み―港町形成の研究』（未來社）『楢川村史』（共著）、『瀬戸田町史』（共著）、『東城町史』（共著）などがある。

鈴木　清（すずき　きよし）（現姓　福永）
一九五一年東京都生まれ。法政大学工学部建築学科卒。建築文化研究所、（株）歴史環境計画研究所に勤務後、一九九〇年「民俗建築研究所」を設立し、日本全国の民家の研究に励み、現在に至る。

高橋建爾（たかはし　けんじ）
一九五〇年仙台市生まれ。建築士。法政大学建築学科卒業後の二年間、大学時代の仲間と瀬戸内海沿岸の民家調査を行う。日本観光文化研究所で三原市民俗調査や福島県奥会津地方の民俗調査に参加した後、仙台に帰郷し建築設計事務所に勤務。二〇〇八年に独立し設計事務所を開設し、現在に至る。

神保教子（じんぼ　のりこ）
一九二〇年山口県大島郡周防大島町（旧東和町）生まれ。旧制高等女学校卒。戦後まもなく大島郡の生活改良普及員となり、宮本常一と知り合う。以後『久賀町史』編纂や、全国離島振興協議会、武蔵野美術大学資料室などで、宮本の仕事を補佐する。

監修者略歴

田村善次郎（たむら　ぜんじろう）

一九三四年、福岡県生まれ。一九五九年東京農業大学大学院農学研究科農業経済学専攻修士課程修了。一九八〇年武蔵野美術大学造形学部教授。武蔵野美術大学名誉教授。文化人類学・民俗学。

大学院時代より宮本常一氏の薫陶を受け、国内、海外のさまざまな民俗調査に従事。『宮本常一著作集』（未來社）の編集に当たる。著書に『ネパール周遊紀行』（武蔵野美術大学出版局）、『棚田の謎』（農文協）ほか。

宮本千晴（みやもと　ちはる）

一九三七年、宮本常一の長男として大阪府堺市鳳に生まれる。小・中・高校は常一の郷里周防大島で育つ。東京都立大学人文学部人文科学科卒。山岳部に在籍し、卒業後ネパールヒマラヤで探検の世界に目を開かれる。一九六六年より近畿日本ツーリスト・日本観光文化研究所（観文研）の事務局長兼『あるくみるきく』編集長として、所員の育成・指導に専念。

一九七九年江本嘉伸らと地平線会議設立。一九八二年観文研を辞して、向後元彦が取り組んでいた「（株）砂漠に緑を」に参加し、サウジアラビア・UAE・パキスタンなどをベースにマングローブについて学び、砂漠海岸での植林技術を開発する。一九九二年向後らとNGO「マングローブ植林行動計画」（ACTMANG）を設立し、サウジアラビアのマングローブ保護と修復、ベトナムの植林事業等に従事。現在も高齢登山を楽しむ。

あるくみるきく双書
宮本常一とあるいた昭和の日本 ❹ 中国四国 1

2011年11月25日第1刷発行

監修者　田村善次郎・宮本千晴
編　者　須藤　功

発行所　社団法人　農山漁村文化協会
郵便番号　107－8668　東京都港区赤坂7丁目6番1号
電話　03（3585）1141（営業）　03（3585）1147（編集）
FAX　03（3585）3668
振替　00120（3）144478
URL　http://www.ruralnet.or.jp/

ISBN978－4－540－10204－2

印刷・製本　（株）東京印書館

乱丁・落丁本はお取り替えいたします。
定価はカバーに表示